普通高等教育"十三五"规划教材

大学体育实用教程

主编 许振刚 徐振文

中国轻工业出版社

图书在版编目（CIP）数据

大学体育实用教程/许振刚，徐振文主编.—北京：中国轻工业出版社，2016.10

普通高等教育"十三五"规划教材

ISBN 978-7-5184-1029-3

Ⅰ.①大… Ⅱ.①许… ②徐… Ⅲ.①体育—高等学校—教材 Ⅳ.①G807.4

中国版本图书馆 CIP 数据核字（2016）第 206720 号

责任编辑：张文佳　　责任终审：劳国强　　封面设计：锋尚设计
责任监印：马金路

出版发行：中国轻工业出版社（北京东长安街6号，邮编：100740）
印　　刷：北京君升印刷有限公司
经　　销：各地新华书店
版　　次：2016年10月第1版第2次印刷
开　　本：787×1092　1/16　印张：18
字　　数：440千字
书　　号：ISBN 978-7-5184-1029-3　定价：34.80元
邮购电话：010-65241695　传真：65128352
发行电话：010-85119835　85119793　传真：85113293
网　　址：http://www.chlip.com.cn
Email：club@chlip.com.cn
如发现图书残缺请直接与我社邮购联系调换
161070J1C102ZBW

编委会

主　编　许振刚　徐振文
副主编　于克巍　蔡文燕　林翠娟
编写人员（按姓氏笔划排序）

　　丁建敏　王　阳　石东哲　边福荦　杜　琳
　　李　阳　李　蓬　陈　昌　姜　丽　韩　流

前　　言

近年来，随着我国独立院校数量的激增和办学规模的不断壮大，大学体育教学迫切需要一本精练实用、理论与实践相结合、针对独立院校学生特点的教材。本教材始终以"素质教育""健康第一"和"终身体育"教育为指导思想，旨在培养复合型人才为宗旨，全面推进大学生身体素质教育，增强大学生体育锻炼意识，为学生提供科学、实用和有针对性的体育运动知识指导。同时引导学生走出课堂，走出宿舍，走出网络，学会并掌握科学的身体锻炼方法，积极参与到体育锻炼当中。本教材内容丰富，形式多样，具有较大的选择性，不仅可以作为独立院校大学体育必修教材，亦适用于普通高等院校、中等职业学校及成人教育等体育选修课教学，还可以作为课外体育锻炼和训练的参考指导用书。

本教材融理论和实践为一体，是编者根据当代大学生的身体素质情况和在总结多年教学经验的前提下编写的。本教材分为基础知识和运动技能两部分。其中，基础知识部分就大学体育、如何科学锻炼身体和体育文化进行了全面的阐释。运动技能部分介绍了大球类、小球类、民族传统体育项目、形体健身和休闲运动等基本知识和基本技能。编者坚持本教材内容的科学性、合理性、理论性、原创性和实用性，对学生和广大群众系统性、针对性地学习体育基本知识、掌握基本运动技能有较好的辅助作用。

本教材由教学经验丰富和学术造诣较高的教师共同承担完成，许振刚副教授和徐振文讲师负责全书的统筹与定稿工作。其中，许振刚副教授负责编写第一章；徐振文讲师编写第四章；于克巍讲师编写第五章、第七章第二节，并负责对全书内容的修改和协助定稿工作；蔡文燕研究实习员编写第三章，并协助对全书内容的汇总、校对和定稿工作；韩流助教编写第二章；王阳讲师编写第六章第一节；林翠娟讲师编写第六章第二节；丁建敏助教编写第六章第三节；陈昌讲师编写第六章第四节，第八章第一节、第二节、第三节；杜琳讲师编写第六章第五节，第七章第四节，第九章第二节；边福荦助教编写第六章第六节；姜丽讲师编写第八章第四节；李阳助教编写第七章第一节、第五节；李蓬副教授编写第七章第三节；石东哲助教编写第九章第一节。

由于时间仓促，水平有限，书中不乏疏漏、不妥之处，敬请专家、同行和广大读者予以指正。

编写组

2016 年 7 月

目　　录

第一部分　基础知识 ··· 1

第一章　大学体育 ·· 1
一、大学体育是什么 ·· 1
二、为什么要开设大学体育课 ·· 2
三、当代大学生如何上好大学体育课 ·· 4

第二章　科学锻炼身体 ·· 7
一、科学体育锻炼的重要性 ··· 7
二、科学体育锻炼的基本原则 ·· 8
三、科学体育锻炼的内容与方法 ·· 10
四、大学生科学锻炼身体的注意事项 ··· 15

第三章　体育文化与校园文化 ·· 17
一、体育文化 ·· 17
二、校园文化 ·· 17
三、校园体育文化的起源与发展 ·· 18
四、校园体育文化的内涵 ·· 19
五、校园体育文化的特征 ·· 20
六、校园体育文化在校园文化建设中的作用 ··································· 21
七、积极投入校园体育活动，促进校园体育文化建设 ······················ 23

第四章　奥林匹克运动 ··· 27
一、奥林匹克运动的历史 ·· 27
二、奥林匹克运动的思想、组织与文化体系 ··································· 28
三、中国与奥林匹克运动 ·· 32
四、奥林匹克文化与高校教育 ··· 34

第二部分　运动技能 ·· 37

第五章　田径 ··· 37
第一节　田径运动概述 ·· 37
第二节　走跑类项目 ··· 40
第三节　跳跃类项目 ··· 43
第四节　投掷类项目 ··· 46
第五节　田径运动的健身理论与学练方法 ······································ 47

第六章　球类运动 ·· 52

第一节	篮球	52
第二节	排球	67
第三节	足球	79
第四节	乒乓球	89
第五节	网球	104
第六节	羽毛球	119

第七章 民族传统体育运动 136
  第一节 初级长拳第三路 136
  第二节 初级剑术 149
  第三节 太极拳 163
  第四节 跆拳道 181
  第五节 初级刀术 202

第八章 形体健身运动 218
  第一节 健美操 218
  第二节 体育舞蹈 229
  第三节 啦啦操 235
  第四节 瑜伽 244

第九章 休闲运动 259
  第一节 毽球 259
  第二节 赛龙舟 273

第一部分 基础知识

第一章 大 学 体 育

【学习目标】

1. 大学体育是什么？
2. 为什么要开设大学体育课？
3. 如何上好大学体育课？

一、大学体育是什么

在我国，中小学开设了体育课，高中开设了体育课，大学也开设了体育课。所以，许多人认为大学体育就是大学体育课。这种说法显然是错误的，还是让我们先来看看体育的概念吧。

一般来说，在我国，体育是指"Physical Education"，直译为身体的教育，这是我国体育理论界公认的说法。其实体育包括学校体育、群众体育和竞技体育三部分。我们说的身体的教育只是指学校体育这部分。学校体育是全面发展学生的身体，增强其体质，并向其传授体育知识、技能，提高其运动技术水平，培养其道德和意志的有目的、有计划、有组织的教育过程。很明显，大学体育和中小学体育一样，都是学校体育的一部分。具体来说，大学体育是指非体育类专业的大学生，按照"健康第一"和"终身体育"思想的要求，完成学习体育文化、增强自身体质、提高自身身心健康水平和适应能力的有目的、有计划、有组织的教育过程。

大学体育课包括狭义的大学体育课和广义的大学体育课。狭义的大学体育课包括理论课和实践课两个部分；广义的大学体育课不仅仅是指理论课和实践课，还包括课外体育活动和高水平运动队。

（一）狭义的大学体育课

1. 理论课

理论课是依据体育理论教材在室内或体育课堂讲授体育科学知识和体育实践方法的教学形式。理论课可以加强大学生对体育科学知识和文化内涵的理解，也是实践课的基础部分。体育理论课内容主要来源于体育实践，对体育实践起指导作用；体育理论课是大学体育课不可或缺的部分。所以，理论课也是体育课考核内容的一部分。

2. 实践课

实践课是以身体练习为基本手段，使学生达到增强体魄、促进身心全面发展的目的。

实践课要根据大学生生理、心理、体育运动技能的基础和健康现状等因素，遵循教学原则，采用科学的方法指导学生练习，同时重视学生体育锻炼的兴趣、习惯与能力的培养，以此来达到体育课教学的目的。

大学体育实践课程分为三种形式：

（1）普通体育课。普通体育课是为低年级学生开设的必修课，要求完成学校体育教学大纲中规定的基本任务。

（2）体育选项课。这是我国高校开设体育课的主要形式。体育选项课是依据学生的学习兴趣和欲望，在学校的教学设施及师资力量等条件容许的情况下而开设的体育课程。在整个学习过程中，要求学生根据自身的兴趣和爱好选择两项以上的体育项目作为学习内容。

（3）体育保健课。体育保健课是专门为患有慢性疾病和有残疾的学生开设的。其目的在于增进学生的体力，帮助其恢复健康、调节其生理功能和矫正其某些身体缺陷。根据《大学生体育合格标准实施办法》的有关规定，参加体育保健课的学生必须经医院证明、经体育教研室（组）同意后，才可以上课。

（二）广义的大学体育课

广义的大学体育课不仅包括狭义的大学体育课，还包括课外体育活动和高水平运动队。

1. 课外体育活动

课外体育活动包括早操、课间操、课余体育活动和校外体育活动等多种形式。一般来说，课外体育活动要求学生每周自觉锻炼 3~5 次，每次 60 分钟左右。课外体育活动可采用组织或自发等形式，如大学生体育社团活动和各单项体育活动等，体育锻炼的内容不受任何限制。

2. 高水平运动队

高水平运动队是根据《学校体育工作条例》的规定，高等学校设立的专项运动队。高水平运动队是利用课余时间，对部分热爱体育运动、身体素质好、有专项特长的学生，按项目有组织地进行系统训练的一种专门的教育过程。一般是根据定期的比赛任务来安排训练计划。运动队项目的设置根据学校传统运动项目和上级比赛的竞赛规程来决定，其目的主要是代表学校参加校际或上级组织的比赛，也是为学校和国家培养高水平的体育后备人才。

综上所述，大学体育是学校体育的一部分，是大学期间学生接受身体教育的过程。大学体育课则是实现大学体育的主要形式和表现内容。

二、为什么要开设大学体育课

由于大学体育本身就是学校体育的一种，所以，为什么要开设大学体育课和开设什么样的大学体育课都可以在学校体育研究领域内寻找到部分答案。我们主要从学校体育思想角度和中国开设大学体育课的相关法律文件以及规定的相应内容角度来寻找答案。

（一）从几种学校体育思想角度来看

1. 军国民学校体育思想

军国民学校体育思想是军国民教育思想的一种。所谓军国民教育，是军国主义思想在教育上的体现，即以体育为手段对学生进行军事训练与教育，并磨炼学生的战斗意志，使之成为统治者的工具。例如，在公元前8世纪，古希腊的斯巴达是一个军事化的城邦国家，全体斯巴达人都是军人，所以"斯巴达教育训练的唯一目的，就是要通过严酷的军事体育锻炼，把氏族贵族的子弟训练成为体格健壮的武士"。而同时期的雅典教育则是在注重军事体育的基础上同时强调"体育操练不仅要使学生身强力壮，更要求其发育匀称，为个人的和谐发展打基础"。在中国，1903年，清朝政府颁布的《奏定学堂章程》，将"体操"纳入学校课程体系，并规定大、中、小学堂每周分别设置2～3学时的体操课，则是受日本军国民主义教育的影响。

2. 自然主义学校体育思想

这种思想受杜威实用主义教育思想的影响，把体育理解为"通过身体活动的教育"，即体育通过身体的运动来教育人，其明确提出"体育必须和生活打成一片，使体育成为生活的实践"。因此"生活比体育不仅偏重于技能的训练，还必须注重体育理想、态度和习惯的养成，使学生离开学校还有爱好体育的习惯"。这种思想出现的主要时间是在新中国成立前。

3. 体质教育思想

该思想以"体育的真义在于增强人的体质，完善人的身体"为前提，提出"体育的科学化必须从以运动技术教学为中心转移到增强体质为中心上"等。体质教育思想注重的是学生身体素质的培养和提高。这种思想出现在中国的20世纪八九十年代。

4. "终身体育"思想

这种思想主要产生于终身教育思想，而终身教育思想是1965年联合国教科文组织在《终身教育导论》中提出的。该组织认为，"教育贯穿于人的生命过程的始终，学校教育只是一部分，只占一个人一生的10%～20%，80%的教育是在学校以外得到的"。1972年，联合国教科文组织发表了《学会生存——教育世界的今天和明天》，对终身教育的理论和原则进行了系统的论述。所以"高校体育必须以终身体育为指导，不仅要培养学生具有健康的体魄，更主要的是强化高校体育的功能。培养学生的体育健身意识和健康意识，养成经常锻炼身体的习惯，树立终身体育观念"。"终身体育"思想对于现当代的学校体育产生了深刻的影响。

对比以上几种学校体育思想，我们不难发现，学校体育是服务于国家和个人需要的体育教育过程。在这个过程中，学校体育功能主要是通过作为个体存在的"学生"来实现的。即满足学生的体育需求，实现学生的运动愿望，体现学生的自我价值是国家和社会需要的基础性条件。所以，大学体育课的开设是学生生理（如增强体质等）和心理（如磨炼意志等）的需要，也是国家培养人才的需要。所以，不同国家在不同时期都会出现不同的大学体育法律文件。

（二）从中国开设大学体育课的相关法律文件以及规定的相应内容的角度来看

（1）1952年10月13日，在教育部颁发的《关于制定高等学校工科本科和专修科各专业教学计划的两个规定（草案）》中，规定了体育课必修2年，每周2学时。体育课的教学安排，基本是参照苏联的。高等学校教学计划是针对体育课的安排而制订的。

1956年，教育部组织编写了《高等学校体育课教学大纲（草案）》，并在全国高等学校试行。

(2) 1990年3月,《学校体育工作条例》(中华人民共和国国家教育委员会令第8号)通知中规定,"中小学校、农业中学、职业中学、中等专业学校各年级和普通高等学校的一、二年级必须开设体育课。普通高等学校对三年级以上学生开设体育选修课";并且还规定"体育课是学生毕业、升学考试科目。学生因病、残免修体育课或者免体育课考试的,必须持医院证明,经学校体育教研室(组)审核同意,并报学校教务部门备案,记入学生健康档案"。

(3) 1995年8月29日第8届全国人民代表大会常务委员会第15次会议通过的《中华人民共和国体育法》第五条规定:"国家对青年、少年、儿童的体育活动给予特别保障,增进青年、少年、儿童的身心健康。"

(4) 2002年8月在教育部关于印发《全国普通高等学校体育课程教学指导纲要》的通知(教体艺[2002]13号)中的第一条和第二条明文指出,"体育课程是大学生以身体练习为主要手段,通过合理的体育教育和科学的体育锻炼过程,达到增强体质、增进健康和提高体育素养为主要目标的公共必修课程,是学校课程体系的重要组成部分,是高等学校体育工作的中心环节","体育课程是寓促进身心和谐发展、思想品德教育、文化科学教育、生活与体育技能教育于身体活动并有机结合的教育过程,是实施素质教育和培养全面发展的人才的重要途径";并且在第五条中明文规定,"普通高等学校的一、二年级必须开设体育课程(四个学期共计144学时)。修满规定学分、达到基本要求是学生毕业、获得学位的必要条件之一"。

三、当代大学生如何上好大学体育课

(一) 确定目标

1. 美国

美国于1995年出台了《走向未来——国家身体教育标准:内容和评价指南》学校体育国家标准,这个标准规定一个受过身体教育的人要达到以下六条目标:

(1) 能够示范多种运动方式并精通几项运动。
(2) 在动作技能的学习和发展中能够应用运动的概念和原理。
(3) 形成积极运动的生活方式。
(4) 达到并保持健康的体质,在身体活动环境中能够表现出负责任的个人和社会行为。
(5) 能够理解和尊重人们在身体活动环境中的差异。
(6) 懂得身体活动能够提供快乐、挑战、自我展现和社交机会。

2. 中国

教育部于2002年8月印发《全国普通高等学校体育课程教学指导纲要》的通知。该通知明确了课程的基本目标是根据大多数学生的基本要求而确定的,具体分为五个领域目标。

(1) 运动参与目标:积极参与各种体育活动并基本形成自觉锻炼的习惯,基本形成终身体育的意识,能够编制可行的个人锻炼计划,具有一定的体育文化欣赏能力。

(2) 运动技能目标:熟练掌握两项以上健身运动的基本方法和技能;能科学地进行体育锻炼,提高自己的运动能力;掌握常见运动创伤的处置方法。

（3）身体健康目标：能测试和评价体质健康状况，掌握有效提高身体素质、全面发展体能的知识与方法；能合理选择人体需要的健康营养食品；养成良好的行为习惯，形成健康的生活方式；具有健康的体魄。

（4）心理健康目标：根据自己的能力设置体育学习目标；自觉通过体育活动改善心理状态、克服心理障碍，养成积极乐观的生活态度；运用适宜的方法调节自己的情绪；在运动中体验运动的乐趣和成功的感觉。

（5）社会适应目标：表现出良好的体育道德和合作精神，正确处理竞争与合作的关系。

我们把中美两国的目标进行对比分析，可以发现它们的共同点。这个共同点就是以运动技能的学习和提高，甚至是表演或展示，来达到人们增强体质、愉悦身心和与人和谐共处的目的，并且熟练地掌握运动技能，逐渐地使其成为自己的一种生活方式。这个共同点也给我们一个提示，掌握运动技能是当代大学生的主要任务，因为增强体质、愉悦身心和与人和谐共处都是以学习、提高和掌握运动技能为前提的。既然运动技能这么重要，那么，我们也就有必要了解和学习运动技能这方面的知识。

（二）学习和掌握运动技能

1. 运动技能形成阶段

运动生理学认为，运动技能是指人体在运动中掌握和有效完成专门动作的能力。这种能力的形成过程有其自身规律，它可分为粗略掌握动作阶段（泛化过程）、改进与提高动作阶段（分化过程）、动作的巩固与运用自如阶段（巩固过程）。

粗略掌握动作阶段（泛化过程），其实就是指我们刚刚学习一项体育技术的开始阶段。在这一阶段，同学们首先要注意听教师的讲解，同时要注意观察教师的动作示范，然后按照老师的要求，反复地进行动作练习。在这一阶段，往往会出现动作幅度小、不规范，动作僵硬、不协调，并伴有错误动作或多余动作。这是因为大脑皮质中的兴奋与抑制都呈现扩散状态，使条件反射暂时联系不稳定而出现的泛化现象。这些都属于正常现象，同学们不要灰心和气馁，在老师的指导下继续练习，逐步地就会进入到改进与提高动作阶段（分化过程）。

在改进与提高动作阶段（分化过程），学生在不断地练习中，经过教师的指导、纠正就会对该动作的内在规律有了初步的理解，动作质量会有明显提高，动作节奏性较强、协调性较好、动作到位、多余动作消失。这是因为在大脑皮质运动中枢兴奋和抑制过程中的错误逐渐得到纠正，能够较连贯地完成整个动作技术，初步建立动力定型。

在动作的巩固与运用自如阶段（巩固过程），人体的运动技能得到了巩固和提高，人体可以在无意识的条件下完成所学的动作；同时，这一阶段动作的节奏性强、幅度大、完成动作省力、自如，给人以美的运动享受。此时，大脑皮质的兴奋和抑制在时间和空间上更加集中和精确，达到了建立巩固的动力定型阶段。我们也称此阶段为动作自动化阶段。人体运动技能得到了巩固和提高，是体育课教学的基本目标，也是同学们学习过程中要完成的学习目标。

2. 勤于锻炼、磨炼意志

大学生在确定了自己的体育目标后，在掌握了一定的运动技能的基础上，就要充分利用课余时间，经常性地进行体育锻炼。锻炼的形式有一人和多人。例如，跑步运动可以一人完成，也可结伴完成，而集体项目如篮球、足球则需要多人共同参与。经常性地进行体育锻炼本身就要求同学们要有坚强的意志，不要"三天打鱼，两天晒网"，争取做到"每天锻炼 1 小时，健康工作 50 年，幸福生活一辈子"。

【思考题】

1. 结合体育的定义，试分析大学体育、大学体育课和学校体育的关系。
2. 认真查找资料，仔细分析为什么要开设大学体育课（可以从不同的角度来说，更不需要拘泥于课本资料）。
3. 简述自己如何上好大一和大二的体育课，自己如何过好大学体育生活。

【参考文献】

［1］卢元镇．体育社会学［M］．北京：北京体育大学出版社，2000．
［2］周登嵩．学校体育学［M］．北京：人民体育出版社，2005．
［3］体育课程教材研究开发中心组．美国学校体育国家标准研究［M］．北京：人民教育出版社，2007．
［4］曲宗湖，等．新中国学校体育 50 年回顾与展望［M］．北京：北京体育大学出版社，2000．
［5］张世响．现代日本学校体育的变迁（1945—2008）［M］．北京：北京体育大学出版社，2009．

第二章 科学锻炼身体

【学习目标】

1. 了解体育锻炼的重要性，学习科学体育锻炼的内容、方法、原则与途径。
2. 在了解基本理论知识的基础上根据自身实际情况选择适合自己的体育锻炼内容、制订锻炼计划与适合自己的运动处方。

一、科学体育锻炼的重要性

生命在于运动，运动在于科学。实践证明，科学的体育锻炼是健康的重要前提和有力保障。它可以促进青少年的正常发育和健康成长，改善和提高人们的神经系统、心血管系统机能；可以调节人体的新陈代谢、防治疾病、延缓衰老，使人保持旺盛的精力和良好的体力；可以调节人的心理状态，使人朝气蓬勃，充满活力。它是促进人际关系的良好方式，也是一种重要的社会参与。

（一）体育锻炼与生理健康

1. 体育锻炼可以促进运动系统的发展

运动系统是人们正常生活、工作和运动不可缺少的器官与系统。运动生理学研究表明，体育锻炼有助于促进人体骨骼的生长发育，可以使关节的灵活性、稳定性增强，并能够有效地增加肌肉的体积和力量。

2. 体育锻炼可以提高心血管系统机能

人的心血管系统由心脏、血管和血液三部分组成。心脏是血液循环的动力中心，体育锻炼可以使心脏毛细血管开放量增多，心肌血液供应和新陈代谢加快，从而增加心肌中蛋白质和糖原的储备量，使心肌纤维变粗、心肌增厚，使心脏向着良好的形态发展。随着心肌收缩力量的增强，心脏容量、每搏输出量也会增加，这是心血管系统机能增强的表现。此外，经常参与体育锻炼还会影响血管壁的结构，改变血管在器官中的分布状态，使冠状动脉口径变粗、心肌毛细血管的数目增加，从而可以预防心血管系统疾病的产生。因此，科学体育锻炼是一种保护心脏健康的积极手段。

3. 体育锻炼可以提高呼吸系统机能

人体的呼吸系统是由呼吸道（包括鼻、喉、气管和支气管）和肺组成的。呼吸道是呼吸运动时气体的通道，肺是进行气体交换的场所。经常参加体育活动可使呼吸系统的机能得到改善，因为运动可以保持肺组织的弹性，改进肺廓活动范围，使呼吸深度加深、肺活量增大。

4. 体育锻炼可以改善神经系统机能

神经系统包括中枢神经系统和周围神经系统。中枢神经系统是指挥整个机体活动的中心。周围神经系统散布于机体各处，负责把人体的各种刺激传到中枢神经，再把中枢神经系统的指令传到人体的各部分。经常参与体育锻炼可以使人头脑清醒，思维敏捷。因为大脑正常工作所需要的氧气由心脏血流量来供应，并且远远多于肌肉工作时所需的血流量。参与体育锻炼可以改善大脑供血、供氧情况，促使大脑皮层兴奋性增强，调节大脑皮层兴奋和抑制过程，从而改善大脑的神经系统机能。

（二）体育锻炼与心理健康

1. 体育锻炼可以调节心理状态，防治心理疾病

在当今社会的重压下，人们经常会出现忧虑、紧张、抑郁、脾气暴躁、失眠等现象，这些现象大多与人们的心理状态有关。体育锻炼被公认为是一种有效的心理治疗方法，经常参与体育锻炼可以减缓和消除类似的心理问题，预防心理疾病的产生，使人精力充沛、乐观自信。

2. 体育锻炼可以培养意志品质，提高人际交往能力

意志品质是指一个人的果断性、坚韧性、自制力以及勇敢顽强和主动独立的精神。在体育锻炼中参与者需要不断克服各种主观和客观、内在和外在的困难，这一过程能够培养人们坚强的意志品质。此外，经常参加体育活动还有助于人际交往能力的培养，因为大部分体育运动项目都是以集体或团队形式表现出来的。例如，各种球类运动能大大增加人与人之间接触和交往的机会。

（三）体育锻炼与社会适应能力

随着人类社会的发展，人们的生活水平日益提高，然而人与人之间的交流却越来越少，社会交际圈子逐渐缩小，以往亲朋好友之间那种紧密的关系也变得越来越淡漠，表面上是在追求友谊、和谐，但实际上却存在着激烈而残酷的竞争。体育的魅力恰恰就在于可以使人们冲破各种关系、隔阂和孤独，相聚在同一片运动场上，建立起平等、亲密、和谐的友谊，真诚地为同一个目标而奔跑、为同一场比赛而呐喊。体育活动在创建人与人之间和谐友谊的基础上，扩大了人们的社交圈，从而提高了社会适应能力。

二、科学体育锻炼的基本原则

科学体育锻炼的原则主要是对体育锻炼客观规律的反映，是体育锻炼者从事体育锻炼活动必须遵循的基本原则。在体育锻炼的过程中，只有正确地理解和运用体育锻炼原则，才能使体育锻炼达到最佳效果。

（一）积极性原则

参与体育锻炼想要达到预期的锻炼效果必须具有一定的积极性和自觉性。要想提高体育锻炼的积极性，必须注意两点。首先要提高对体育各方面知识的认知能力，树立终身体育锻炼的思想，把参与体育活动看作个人提高生活质量的一部分，使体育锻炼成为健身、健美和延年益寿的一种手段。其次要明确锻炼的目的和动机。比如，有些人锻炼是为了提高自身某一运动项目的运动技能，有些人是为了调节紧张的学习、生活状态，而有些人是为了塑造健美的身材，等等。

（二）合理性原则

合理性原则是指锻炼者锻炼身体时应从自身和外部条件的实际情况出发，确定锻炼目的，选择适宜的运动项目，合理地安排运动时间和运动负荷。

从自身的实际出发。由于个体性别、年龄、体质和健康状况的差异，锻炼要有目的地选择和确定运动项目、练习方法，合理地安排运动量，使运动的难度和强度不超过自身的承受能力。

从外部环境出发。即锻炼者选择锻炼项目时，要从季节、气候、场地、器材等外界条件的实际情况出发。例如，在冬季应着重发展耐力和力量素质，在夏季应尽量选择游泳或是各种室内运动项目以避免出现中暑、晕厥等不良身体反应。

（三）循序渐进原则

循序渐进原则是指参与体育锻炼时，体育锻炼的内容、方法和运动负荷等必须根据人对事物的认识规律、动作技能形成规律和生理机能的负荷规律，由小到大、由易到难、由简到繁、由低级到高级逐步进行。在体育活动中，最怕急于求成。想要一气呵成，只会事与愿违，甚至还会对自身造成不必要的伤害。因此，在进行体育锻炼时，学习动作要由易到难，运动量应由小到大，运动强度应由弱到强；同时，还应根据年龄、性别、身体素质水平，因人而异，安排相适宜的练习内容。

（四）经常性原则

经常性原则是指身体锻炼必须持之以恒，使之成为日常生活中不可或缺的一部分。运动技术的形成和提高是人体各组织系统机能的改善，是肌肉活动反复多次强化的结果。如果锻炼不能连续、不能坚持，将会出现用进废退的后果。俗话说"拳不离手，曲不离口"，讲的就是这个道理。因此，我们要有长期进行体育锻炼的计划，要树立终身体育锻炼的思想。

（五）全面性原则

全面性原则是指身体锻炼应全面发展身体的各部位、各器官系统的机能以及各种身体素质和活动能力，追求身心和谐发展。体育锻炼，不仅应包括不同身体部位的活动，更重要的是应该包括多种项目和不同性质的活动。身体各系统都是相互联系、相互制约的。身体方面的发展必然会影响到其他方面的发展，而全面发展则可以相互促进并共同提高。

目前，大学生年龄多处在17～23岁，这是身体发育逐渐成熟的阶段，具有一定的可塑性。因此，在体育锻炼中贯彻全面性原则尤为重要。从体育项目对人体锻炼的作用来看，也是有所侧重的，如短跑主要是发展速度、投掷与举重主要是发展力量、长跑则侧重于发展耐力、球类则以发展灵敏性与协调性为主。所以，进行全面锻炼可以使人们的身体素质获得全面发展，使其能更快地掌握运动技术和技能，以增强体质。

（六）因地制宜原则

因地制宜原则是指锻炼者在参与锻炼前，要根据现有的场地、器材合理地安排运动项目和锻炼方法。参与体育锻炼的形式多种多样，不同的锻炼方法所达到的锻炼效果不同，只要方法灵活、因地制宜就能达到理想的目标。例如，下雨天不能进行室外活动，则可以选择一些室内项目，如乒乓球、健身操等，或是在宿舍、教室的空地进行仰卧起坐、俯卧撑、引体向上等项目的练习。

（七）安全性原则

安全性原则是指锻炼者在进行体育锻炼前应考虑到运动项目或器材的安全性，在锻炼过程中应注重方式、方法，时刻保持自我保护意识，避免对自身造成不必要的伤害。在进行体育锻炼之前，首先要对场地、器材的安全性进行检查，其次要做好运动前的准备活动。例如，在冬季进行激烈的体育运动前，要先做好充分的热身活动，活动各个关节，以避免肌肉拉伤或关节扭伤等情况的出现；在锻炼后应积极进行放松活动，以减轻疲劳或避免出现不必要的损伤。

上述锻炼身体应遵循的几项原则，是互相联系、互相制约的，只有科学地、有目的地、全面地贯彻这些原则，才能不断增强体质，从而取得预期效果。

三、科学体育锻炼的内容与方法

（一）科学体育锻炼的内容

体育锻炼的内容包括很多种，在日常生活中人们参与体育运动大多是为了强身健体、休闲娱乐。

1. 健身运动

健身运动主要是指一般健康者为了强健身体而从事的身体锻炼。通过身体练习来增强身体各系统机能，提高自身身体素质和运动能力。在进行健康锻炼前，可根据自身特点和兴趣，选择不同的锻炼方法。

2. 健美运动

健美运动是在健身运动的基础上，为使身体健美而进行的身体锻炼。通过各种身体练习，形成良好的身体形态。健美运动的针对性相对较强。例如，为了发展肌肉体积，可采用举重、俯卧撑、引体向上以及各种器械练习；为了锻炼优美的身材，增加协调性和韵律感，可选用健美操和体育舞蹈等项目。

3. 娱乐体育

娱乐体育是为丰富日常学习、生活，调节情绪、缓解精神紧张而进行的体育活动。娱乐体育以消遣、娱乐为目的，在内容的选择上以个人兴趣爱好为前提，例如，各种体育游戏、球类活动、郊游、爬山、钓鱼等。

（二）科学体育锻炼内容的合理选择

科学地选择体育锻炼内容是获得良好效果的重要环节。体育锻炼内容的选择应根据个人的身体特点、兴趣爱好及需要进行。由于人的个体差异较大，在选择锻炼内容时还要考虑年龄、性别、身体条件、运动基础、健康状况等，从锻炼的目的着手去选择适合自己的运动项目和运动形式。

体育锻炼的内容应具有实用性、方便性、全面性。力求通过锻炼使身体各个系统、器官机能得到改善，使各种身体素质得到全面发展。与此同时，还要考虑可参与锻炼的实际条件，因地制宜地选择一些实效性较强而且简单易行的锻炼方式。所谓因地制宜，就是要根据当时的季节气候、场地、器材等条件合理安排适宜的运动项目，从实际出发充分利用现有条件。

（三）科学体育锻炼的基本方法

体育锻炼方法是根据人体发展规律，运用各种身体练习和自然因素来发展身体的有效途径，是达到体育锻炼目的的桥梁。在运用过程中，应从实际出发，灵活运用。

1. 重复锻炼法

重复锻炼法是指多次重复同一练习，在两（组）次练习之间安排相对充分的休息时间的锻炼方法。通过对同一动作或同组动作多次重复，以不断强化运动条件反射的过程。通过相对稳定的负荷强度的多次刺激，可使机体尽快产生较高的适应性机制，有助于锻炼者掌握和巩固技术动作。重复次数的不同，对身体的作用也不同：重复次数越多，身体承受的负荷量越大，对身体产生的影响也越大。但是，如果重复次数过多则会导致身体承受的负荷达到极点，甚至破坏身体的正常状态，对身体造成伤害。因此，运用重复锻炼方法的关键是应根据实际情况掌握好运动负荷。

2. 间歇锻炼法

间歇锻炼法是指对动作结构和负荷强度、间歇时间提出严格的要求，以使身体处于不完全恢复状态下，反复练习的锻炼方法。通过这一过程，可以使运动员的心脏功能得到明显的增强；通过调节运动负荷的强度，可以使机体各机能产生与有关运动项目相匹配的适应性变化；通过较高负荷的心率刺激，可以使身体的耐酸能力得到提高，以确保锻炼者在保持较高运动强度的情况下具有持续运动的能力。自古以来就有以静炼身的经验，但在现代科学的基础上，人类更清楚地了解了间歇时间内有机体的各种变化，认识了保持间歇锻炼的重要性，所以把间歇练习作为一种健身的基本方法。进行间歇锻炼时，负荷量的控制与重复训练法同等重要。一般来说，当负荷反应（心率）指标低于有效价值标准时应缩短间歇时间，而高于价值标准时则可延长间歇时间。在间歇时，不要做静止休息，而应边活动边休息，如慢速走、放松活动、伸屈腰腿等。

3. 持续锻炼法

持续锻炼法是指负荷强度较低、负荷时间较长、无间断地连续练习的锻炼方法。练习时，平均负荷心率指标应在每分钟130～170次。持续训练主要用于发展一般耐力素质，可使机体运动机能在较长时间的负荷刺激下，产生稳定的适应，内脏器官产生适应性的变化，可提高有氧代谢系统供能能力以及该供能状态下有氧运动的强度。

4. 变换锻炼法

变换锻炼法是在变化各种因素的条件下反复进行练习的方法。对于比较枯燥的运动项目来说，采用变换锻炼法可以在一定程度上提高运动员的练习兴趣和积极性，从而提高练习的效果。变换锻炼法所变换的因素一般包括锻炼形式、锻炼时间、锻炼次数、锻炼负荷等。在实际锻炼中究竟采用哪种方式，应根据实际情况而定。比如，想要加大对机体的负荷刺激，就要增加负荷；想要提高机体对负荷刺激的适应能力，就应注意负荷的变化，时增时减，以免机体出现不适应的现象，造成不必要的受伤。

5. 游戏锻炼法

游戏锻炼法是指采用游戏的形式锻炼身体的方法，目的在于提高兴奋性、激发锻炼者对运动的兴趣。在体育游戏中，锻炼身体不仅可以愉悦身心，还有助于减轻压力与释放情感。要注意的是，在采用游戏锻炼法进行锻炼时，应根据自身的具体情况选择运动量相当的锻炼方式。

（四）运动处方

1. 运动处方的概念

运动处方是指针对个人的身体状况而制订的一种科学的、定量化的周期性锻炼计划。

它是根据对锻炼者所测试的实验数据，按其身体健康状况、体力情况及运动目的，用处方的形式制定适当的运动类型、强度、时间及运动频度，使锻炼者进行有计划的周期性运动的指导方案。

2. 运动处方的基本要素

运动处方的基本要素包括运动目的、运动强度、运动时间及运动频率等。

（1）运动目的。每个人参与锻炼的目的都不同，想要达到适合自身的锻炼目的，要根据自己身体的具体情况进行，主要可以从几个方面进行选择。例如，保持健康，延缓衰老，增强体质，丰富业余文化生活，掌握运动技能，提高竞技水平，等等。

（2）运动强度。运动强度是指在单位时间内完成的运动量或肌肉单位时间所做的功。运动强度可以用最大吸氧量、心率、功率、速度（米/秒）等表示。根据大小，运动强度可以分为大、中、小三种。运动强度是否适当，直接影响到锻炼效果的好坏和参与者的安全性。因此，应根据个人特点，选择适宜的运动强度。一般锻炼者在锻炼时会选择中等运动强度的运动量，极少数会选择大运动强度。适宜的运动员与运动强度是制定和执行运动处方的关键。

（3）运动时间。运动时间是指运动者持续参与体育锻炼的时间。每次运动所需要的时间应根据运动强度、运动负荷、运动项目、运动目的等多方面因素来确定。运动强度的大小与时间的长短成反比关系，即运动强度越大运动时间就越短，反之亦然。如果想要达到相应的运动效果，运动时间至少为20分钟以上，当然这是指健康的锻炼者；如果锻炼者身体不适或患有某种疾病，则应该根据个人健康状况而定，或是根据医生的安排进行合理的运动。

（4）运动频率。运动频率是指锻炼者每周参加体育锻炼的次数（运动次数）。体育锻炼所达到的运动效果与每周参加体育锻炼的次数是密不可分的。对于一般参与者，每周参加体育锻炼的次数为3~4次为最佳。参与体育锻炼的次数并不是越多越好，因为人体还受性别、年龄、身体健康状况等因素的影响，所以在参与体育锻炼的次数安排上要因人而异、量力而行。

3. 运动处方的制定与实施

（1）制定运动处方的基本原则。制定运动处方时，要根据一定的程序进行系统的身体检查，对健康状况进行评定，遵循一定的原则。①个体性原则。由于每个人都存在个体差异，那么适合所有人的运动处方是不存在的。再说，每个人的身体条件和环境条件都是在变化的，今天的处方可能明天用就已经不再适合了。例如，若中老年人和年轻人用同一种运动处方，那么中老年人很可能完成不了任务，甚至对身体造成伤害。因此，在制定运动处方时必须根据个人的具体情况，区别对待。②调整性原则。各种健康类书籍上已制定好的运动处方，应用于不同的个体时，有的人适用但有的人却不适用。即使根据个人的检查结果，科学计算出来的运动处方，也不一定是本人所有时候都适用的处方。对于制定好的运动处方，在运动实施的过程中，如发现不合适应及时进行调整，使之成为符合自身条件的运动处方。即使运动处方合适，在运动一段时间后，随着身体条件的改善，也应对处方进行细微的修改，以求新的适应。③以全身耐力为基础的原则。在制定运动处方时，体能的差别比年龄、性别的差异更加重要。因此，在指定运动处方时以锻炼体能（即全身耐力）作为基础，所制定出来的运动处方大多是适宜的。④安全性与有效性原则。为了提高全身耐力水平，运动处方的强度必须达到能改善心血管系统和呼吸系统功能的有效强度，也就是靶心率范围。如果运动强度超过这个范围的上限就可能因运动强度过大而产生危险，而如果运动强度低于这个范围的下限则不能达到理想的锻炼效果。因此，我们在制定运动处方时应注意它的安全性和有限性。例如，老年人或身体较弱者，他们的运动条件限制性就更多一些；反之，身体条件好的人，自由度相对较大。再如，高龄者的运动可以从散步到快走，而健康的青少年则可以从跑步到所有的运动。总之，锻炼前体质较差的人，从事运动强度较小的运动项目就可取得显著效果；而锻炼前体质较强的人，则要求更高运动强度的刺激才能达到预期效果。

(2) 运动处方制定的步骤。①医学检查。制定处方前进行医学检查非常必要。也就是说，要到医院进行较全面的体检，确定自身的健康情况，有无疾病、有无体育运动禁忌症、有无潜在性疾病或危险因素等，检查的重点为心肺功能及各运动器官功能。体检的结果将成为制定运动处方的依据。如果身体健康，各器官系统功能正常，运动处方的限制性因素要少得多。此外，运动处方的制定必须要根据锻炼者的年龄、性别、健康状况来考虑其本身的承受能力。例如，有肢体功能障碍者只能以医疗体操、功能锻炼为主，身体发育畸形者以矫正体操为主，等等。②体能诊断。体能诊断是制定运动处方的另一重要依据。可运用的方法很多。例如，利用活动平板或公路自行车等，在试验过程中逐渐增加运动强度，同时测定某些生理指标，直到受试者达到一定用力程度或出现一些不良反应，运动停止。运动试验的目的在于了解一个人的最大运动能力。在试验过程中可同步测定个体的最大吸氧量和最大心率等重要的生理指标，它们也可作为确定运动处方强度的依据，特别是对体弱者或患病者。体能诊断也可以采用走、跑、游泳等方式，可以任选其中的一种，用来了解受试者的心肺功能和体力。目前，最简单的方法就是测试12分钟跑。通过测试12分钟跑可以了解锻炼者的心肺功能，并可以推测其最大吸氧量。③运动处方的制定。在通过医学检查、体能诊断以及与锻炼者交谈，了解了锻炼者身体情况、兴趣爱好的基础上，便可以制定与之相适应的运动处方了。但在锻炼计划的安排上还应注意以下几点：第一，运动形式应该是多样的，具有可选择性，必须包含有氧运动、力量锻炼和柔韧锻炼等基本内容。第二，确定运动负荷包括运动强度、运动时间、运动频率等。特别是运动强度的制定，应以健康检查和体力测验结果为依据。第三，讲解说明相关注意事项，因人而异地说明如何避免运动中可能会出现的危险因素，对于可能出现的情况应该如何处理，等等。第四，运动处方应时刻具备动态变化。运动处方适应一段时间后随着身体机能的变化，应根据具体情况进行合理的调整；调整后的运动处方如感觉良好，应坚持锻炼3~6个月。经过锻炼若身体健康状况和体能情况有了明显改观，则应重新制定下一阶段的运动处方。再返回去进行健康检查和体能测验，并根据此结果重新制定以后的运动处方。如此循环往复，不断提高锻炼效果。

(3) 运动处方的实施。根据运动处方中规定的运动目的、运动强度、运动频率、运动时间等要求进行体育锻炼即为运动处方的实施。运动处方的实施可分为三个阶段，即准备阶段、练习阶段、整理阶段。①准备阶段。通过做好准备活动使身体机能由相对安静状态过渡到适宜强度的运动状态，为进一步运动做好充分准备。②练习阶段。通过运动处方运动项目的实施，使身体维持在相对较高机能状态下持续运动的锻炼过程。③整理阶段。通过做整理活动，使身体机能由剧烈的运动状态逐渐恢复到相对安静状态的过程。

（4）运动处方实施过程中的自我监控。身体锻炼中运动量及身体状况的监控是极为重要的环节，必须予以重视。其目的是，通过监控获取锻炼中及锻炼后身体生理和心理方面的反馈信息，根据反馈信息调整锻炼计划，以防止过度疲劳和运动性损伤的发生。①心率的测量方法。为了科学地进行身体锻炼，每位体育锻炼参与者都应学会准确、熟练地测量心率。心率测量可以用食指和中指触摸手腕部位的桡动脉脉搏，也可以用中指和食指触摸心脏部位。此外，还可以采用计算的方法进行，即运动停止后即刻测得的10秒钟脉搏数乘以6所得的数值便是近似运动时的每分钟心率。②主观感觉法。主观感觉法是被应用最广泛的一种评价方法。如果运动量适宜，那么主观感觉应该是锻炼后身体微微出汗，精神、食欲和睡眠良好，虽有疲劳、肌肉酸痛等感觉，但休息后可以自行消失，次日早晨感觉精力充沛；如果运动量过大，则运动后会出现头晕眼花、胸闷、气喘、睡眠不佳、食欲减退等现象，次日出现周身乏力。

4. 常见的运动处方

（1）走的运动处方。走是一种简便易行而且十分有效的有氧锻炼方法，是延年益寿的最佳途径。它的优点在于任何人在任何时间和地点都可以进行，而且动作柔和不易受伤，因此特别适合身体肥胖、体弱、患慢性病的人和中老年人。

锻炼的基本要求有四点：①锻炼一般安排在清晨、睡觉前或饭后半小时为宜，地点宜选在小路、河边、公园、海岸、林荫道等环境清幽、空气新鲜的地方。②为提高健身效果，要注意基本姿态和动作要领：身体放松，抬头，眼看前方，挺胸稍收腹，两臂前后自然摆动，身体重心落在脚掌前部，配合脚步节奏自然呼吸。③走的形式不同，对增进健康的效果也不一样。例如，在走路过程中穿插上下坡，可增强运动强度和负荷量，而上坡下坡不仅对于呼吸系统有益，同时可增强腰部和腿部的力量；在松软的沙地、沙滩上也可以达到同样效果。如果想要增强锻炼效果，也可以负重进行，效果会更好一些。④走的速度和时间决定了运动强度和运动负荷的大小。走时可快可慢，也可快慢交替；但要达到健身效果，每次锻炼至少需要20分钟以上的持续运动，才能对身体各器官产生刺激，获得运动效果。

（2）跑的运动处方。根据跑的速度可分为快跑和慢跑。其中，慢跑是锻炼和健身者的首选项目，被誉为最有益于健康的有效手段之一。慢跑有别于一般中长跑，运动强度属于中等，适用于各种健康人群和有一定运动基础的慢性病患者。

慢跑锻炼的基本要求有四条：①刚开始参加健身跑时可走与跑交替锻炼，即先走后跑。一般是走1分钟跑1分钟，交替进行，每1～2周增加运动量。②由于个别人跑步动作不合理，使下肢关节受力较大，容易引起关节疼痛，发生某些运动损伤。③正确的跑步姿势是：上体正直或稍前倾，颈部肌肉放松，两眼平视。两臂摆动时，肩部放松下沉，肘关节处自然弯曲成90度，两手半握拳并轻松自然地前后摆动；下肢动作要求蹬地腿的蹬地与摆动腿的摆动协调一致，摆动腿的脚落地时尽可能做到全脚掌着地，同时注意脚掌落地后的缓冲。跑的过程中要求动作轻松自然、重心平稳、节奏性强、肌肉用力和放松的交替能力强。④进行慢跑时掌握好呼吸节奏是很重要的，一般采用"两步一吸，两步一呼"或"三步一吸，三步一呼"的呼吸方法。

（3）游泳的运动处方。游泳作为一项周期性的全身运动，是增强耐力的常用方法，因为游泳特定的水环境，具有帮助和促进功能恢复的特殊作用。经常参加游泳锻炼对提高内脏器官特别是血液循环系统和呼吸系统的功能，有积极的促进作用。水的导热性比空气快20多倍，游泳时身体热量散发很快。因此，在同样的时间、强度下运动，水中要比陆地上运动消耗更多能量。

（4）有氧运动项目综合运动处方。所谓综合运动处方，就是不局限于一个运动项目，而是把自己喜欢的、能够参加的体育项目组合起来。因此，适当地进行锻炼，既可以提高锻炼者的兴趣，又能达到锻炼的目的。采用综合运动项目锻炼，一般对青年人比较适用。

综合运动项目锻炼的基本要求有四条：①采用多种运动项目进行锻炼，首先要根据自身状况以及体育基础，选择一些适合自己的并有兴趣的运动项目，同时要掌握这些项目的基本要领和方法，以便运动时既比较轻松自如又能收到实效。②主观感觉很重要，当自己感觉疲劳时要及时调整，避免造成运动损伤。如果前一次球类活动运动负荷较大，这次是健身跑，则可以进行一下负荷调整，将跑的速度和距离适当降低，时间缩短，这样有利于身体的积极恢复。③每次运动或锻炼前要做好充分的准备活动；结束后要做一些整理活动，使身体尽快恢复到安静时的状态。④锻炼一定要保持经常性，中断锻炼后起点要适当降低。锻炼贵在坚持，不是特殊情况，一般不要停止锻炼。

四、大学生科学锻炼身体的注意事项

（一）正确处理好锻炼身体与学习的关系

自觉积极地锻炼身体，可以促使机体各系统不断得到提高与完善，以饱满的精神投入到学习中去。锻炼身体是一个不间断的过程，知识的积累同样也是一个不间断的过程。紧张的学习带来大脑疲劳，需要放松和恢复。而通过体育锻炼，使大脑得到积极性休息，进而消除大脑疲劳。从这种角度而言，锻炼身体和学习两者的关系是相辅相成的。但是，有的同学把锻炼身体和学习割裂开来，认为锻炼身体浪费了学习时间。显然这种观点是错误的，没有摆正锻炼身体与学习两者内在的关系。列宁同志曾讲过："不会休息的人，就不会工作。"因此，只有将体育锻炼科学地穿插到大学生活中，并通过锻炼使身心得到调节和放松，才能做到以饱满的热情和充沛的精力再次投入到学习中去。

（二）掌握锻炼前后的身体变化情况

身体锻炼要尽量做到有计划，要持之以恒，但人体有时由于某些原因发生不良反应或潜伏着某些疾病，要及时发现并引起注意，继而调整锻炼内容、方法和运动负荷。通常要在锻炼前注意自我感觉，密切关注学习时注意力是否集中、饮食是否正常、睡眠是否充足、情绪有无明显变化等；在锻炼后也要通过自我感觉和测量心率来检查身体的恢复情况。

（三）运动前做好准备活动

进行身体锻炼，人体从相对安静状态进入运动状态，要有一个准备过程，使神经系统的兴奋性得到提高，使内脏器官的惰性得到克服，这样神经系统才能更好地支配肌肉的运动。准备活动可以使全身各主要关节、韧带、肌肉得到初步活动，提高注意力，防止在剧烈活动中发生伤害事故。

准备活动的内容多种多样，例如慢跑、徒手操或者结合项目特点进行肌肉拉伸、关节绕环等。一般以10~20分钟为宜，以身体微微出汗为准。夏季准备活动的时间可适当缩

短，而冬季准备活动的时间可适当延长。

（四）运动结束时做好整理活动

整理活动是指运动结束时所做的放松运动。尤其是剧烈运动结束时，肌肉处于高度紧张的收缩状态，立即使身体停止到静止状态，会产生各种不良反应，甚至有损健康。这时可以做一些缓慢而柔和的放松运动，使大脑皮层由高度兴奋状态逐步过渡到放松状态。另外，放松活动还可以对血液循环系统起到调节作用。在剧烈运动时，血液被大量地输送到身体的各部位，以满足运动时所需要的营养物质供给。而运动结束后，停留在身体各运动器官毛细血管中的血液不能及时回流到心脏，有时很容易造成大脑因暂时性缺氧而昏倒。特别是长距离快速奔跑后，更需要由快到慢地过渡，逐步使身体静止下来。因此，剧烈运动后的整理与放松，同运动前做好准备活动同等重要，不可忽视。

（五）防止各种伤害事故

体育运动的主要目的是锻炼身体，增强体质。如果在运动中因缺乏运动常识或自己不小心而引起了各种伤害事故，不但不能达到锻炼身体的目的，而且还会影响生活和学习。因此，体育锻炼中要特别注意安全，防止各种伤害事故的发生。

首先，要注意场地器材的检查，检查活动场地是否不平或太滑，检查活动所用器材是否牢固可用，以避免由于场地和器材问题而造成的意外伤害。其次，要注意穿戴物品和服装，运动时不要戴手表、徽章，口袋内不要携带钢笔或小刀等尖利物品，以避免出现伤害事故，锻炼时最好穿运动鞋和运动服。最后，饭后、伤病恢复期和过度疲劳时应避免参加剧烈运动。

【思考题】

1. 简述科学锻炼身体的重要性。
2. 结合自身条件，简要说明自己应如何进行科学锻炼。
3. 根据具体情况，制定一套适合自身锻炼的运动处方。
4. 简要介绍大学生进行体育锻炼时应注意哪些方面。

【参考文献】

[1] 陈娇霞. 体育健康与科学健身［M］. 成都：电子科技大学出版社，2009.
[2] 吕新颖. 大学体育与健康［M］. 西安：陕西人民出版社，2004.
[3] 罗兴华. 科学健身新概念［M］. 广州：花城出版社，2003.
[4] 邓树勋. 体育与健康［M］. 广州：中山大学出版社，2002.
[5] 周雷. 学生体质评价及运动处方［M］. 北京：北京体育大学出版社，2009.
[6] 兰宇. 体育锻炼与健康生活［M］. 沈阳：辽宁大学出版社，2009.

第三章　体育文化与校园文化

【学习目标】

1. 了解文化、体育文化以及校园文化的基本知识，初步掌握体育的文化属性，校园体育文化的发展、建设对丰富校园文化的意义及促进作用。

2. 使学生在积极参加体育活动、基本形成自觉锻炼的习惯和形成终身体育的意识的同时丰富校园文化的发展。

3. 为丰富学生的课余生活、开展丰富多彩的课余文化体育活动提供一定的指导意见，以期促进校园体育文化的良性发展。

一、体育文化

体育文化是人类本身需求的特殊反映。它是人类在体育生活和体育实践中创造出来的，并通过有形的身体形态、动作技能、运动器材、物质以及无形的与社会属性相关的意志、观念、时代精神反映出来，显现了各具特色的存在方式。

体育文化和其他文化一样反映了一个时代、一个国家或民族的特征，并规范着人们的体育行为，也影响着人们的价值观念。东方，特别是中国体育文化，在儒家文化的长期影响下形成了以追求"统一""中和""中庸"，重在修身养性的内向性、封闭性、圆满性为主要特色的体育文化。像印度的瑜伽就反映了印度民族的体育文化特性。

所谓体育文化，是一切体育现象和体育生活中展现的一种特殊的文化现象。也就是说，体育文化是人们在体育生活和体育实践过程中，为谋求身心健康发展，通过竞技性、娱乐性、教育性等手段，以身体形态变化和动作技能所表现出来的具有运动属性的文化。从中可以看出体育文化反映了以下特征：①总是与人的体育生活紧密联系在一起。②反映本民族的、传统的体育特征，这些传统的体育文化规范着本民族的体育行为，也影响着人们不同的体育价值观念。③总是和一个地域或民族的社会文明、物质文明以及自身的发展产生具有互动发展的关系。

二、校园文化

教育是与人类俱生的、在原始人类诞生之初就具有的传承活动，学校这种集中教育的形式同样有着悠久的历史。现代社会学校更是重要的教育基地，人类几千年凝聚的物质与精神财富以知识、技能的形式通过学校教育一代一代地传承与发展，从这个意义上可以说学校是文化的天然的集中处所，并且形成学校独具特色的校园文化。越是历史悠久、沉淀深厚的名校，这种校园文化特色越为鲜明。所谓校园文化，目前尚未有十分准确完整的定义，只能理解为社会文化的方方面面在学校范围内的综合体现。它同样表现在物质与精神两个方面，诸如学校的地理环境、建筑风格、树木山川、历史掌故、办学方向、人才特色、大师水准、学术水平、教风学风、管理特色等不一而足。而体育作为一种特有的文化现象，同时也是年轻一代成长的重要教育内容（德、智、体全面发展），毫无疑问是校园文化的组成成分之一。

校园体育文化是学校教育的重要组成部分，是以培养学生体育精神、体育意识和体育技能，提高体育文化素养，增进学生身心健康为宗旨开展的各种各样的校园体育文化活动，在培养身心健康和具有创新精神及实践能力的人才中具有重要作用。

三、校园体育文化的起源与发展

（一）体育文化的起源与发展

关于体育文化的起源与发展有很多说法，但比较集中的有五种。

1. 劳动起源论

从总体上说，人类的文化是通过人类自己的双手和大脑的思维创造出来的。早期人类在求生存中学会了奔跑、跳跃等技能，并在追捕猎物等活动中发展了速度、耐力、力量、灵敏等各种身体素质。这个时候的体育鲜明地体现在以生存为直接目的，进行着各种能力的训练。

2. 军事起源论

这是由于个人之间为争夺猎物而产生的冲突，到后来发展到部落之间的武装冲突，各部落为了提高自己的力量进行有组织的身体训练，其中还包括摔跤、飞镖、棍棒等技能。

3. 游戏起源论

这是当原始人在获得丰富的猎物后，特别是当丰收之后，聚集在一起以游戏欢舞的方式庆贺；表明体育是在跑、跳、投等劳动形态中演化出来的，并以欢唱和舞蹈表达内心的喜悦。

4. 宗教起源论

原始社会后期，由于生产力水平低下，又受到四季交替和环境的困扰，原始人为求助于自然恩施，祭祀天地而形成的原始宗教活动，并以体育形式进行求助祭拜。

5. 教育起源论

生产劳动的发展以及在军事、游戏中演变出来的运动技能、技巧，以劳动教育的方式传授给后代。人们既发展了上述各种技能和身体素质，又逐步脱离了动物野性，向人性方向进化，形成了具有文化内涵的体育生活。

综上所述，体育文化的产生是在人类从动物野性变为人性的过程中上述因素相互综合演化的结果。也就是说，体育文化是人类在改造自身的过程中由动物本能改变成自觉行为人性时，原始的野性、进攻性通过劳动和游戏、教育以及合理的竞争方式逐步形成的人类社会特有的文化现象。

（二）我国校园体育文化的发展

在人类悠久文明的历史长河中，体育作为一种文化现象随着人类历史的发展而逐渐演变。校园体育文化的兴衰随着社会的发展而不断变化着。从校园体育文化的发展来看，其演变大致可分为古代校园体育文化、近代校园体育文化、现代校园体育文化和当代校园体育文化四个阶段。

1. 古代校园体育文化

中国商代学校称为"序"和"庠"。"序者射也"《孟子·滕文公》就是学"射"的学校;"庠"是一种乡学,是练"武"讲"礼"的学校,并容纳了有关其他体育的内容。周朝的六艺教育"礼、乐、射、御、书、数"中的"射""御"都是体育教育的内容。从严格意义上讲,古代体育尚处在原始教育阶段,因此,还谈不上具有规模性的学校体育。这种体育文化还不具备文化形态的特征,当然也就说不上校园体育文化了,但它也表现了不同时代的体育文化现象。

2. 近代校园体育文化

我国学校体育从孕育到诞生经历了一段漫长的历史过程。从1840年开始,帝国主义用炮艇轰开了我国闭关自守的大门。随着军事侵略,国外传教士纷纷来到中国,建立教会、兴办学堂、进行体育文化渗透,并在校园里积极开展各种西方体育活动。近代体育随着社会的发展逐渐成为一种独立的文化形态,校园体育文化也随着体育的发展而形成独立的文化形态,特别是1917年4月毛泽东发表了《体育之研究》,以朴素的辩证唯物主义观点阐述了体育的意义,全面论述了体育与道德、智育的关系,给中国的学校体育注入许多新的思想和观念,使体育无论在认识上、内容上、形式上都有了较大的拓展。

3. 现代校园体育文化

五四新文化运动对学校体育的贡献,在于对军国主义体育和国粹体育给予强烈的批评。与此同时,剔除了兵操内容,将体操课改为体育课,并引进西方体育。这虽然是文化流动的结果,但也引起了传统体育文化的冲突。然而,由于文化的融合性,又逐渐缓冲下来。尽管如此,学校体育还是在封建道德观的束缚下举步维艰。直到新中国成立,学校体育才确立了以增强体质为目标,并为学校体育的发展开辟了广阔的前景。

4. 当代校园体育文化

我国学校体育在摆脱了20世纪后期实用主义体育思想后,迎来了信息社会和知识经济时代对人才培养的新挑战。在教育要"面向现代化、面向世界、面向未来"思想指导下,我国先后颁布了《中国教育和发展纲要》《大学生体育合格标准》《学校体育工作条例》《普通高等学校体育与健康课程指导纲要》等,并进行了一系列有效改革,推动了我国校园体育的发展。当代校园体育文化在坚持具有中国特色社会主义体育教育方向的同时,既要发展中华民族传统的体育文化,又要引进国际先进的体育文化。我国当代校园体育肩负着以下历史使命:①树立健康第一的教育指导思想。坚持在生理上、心理上和社会相适应的全面性健康要求的观点,并明确要求加强学生的心理健康教育和对社会的责任感,培养他们坚韧不拔的意志和艰苦奋斗的精神。②为推行素质教育服务。体育教学中要更多地关注学生的个性发展,提高其人文体育的素养,培养其健康人格,增强其健身意识和品德修养,培养其人际关系的协调能力和合作精神。③培养终身体育教育观念。终身教育是法国的保尔·朗格朗于1965年任联合国教科文组织成人教育局局长时提出来的。他认为,接受教育应当是每一个人从生到死永不休止的事情,终身教育是教育定向上的整合,终身体育是终身教育的一个组成部分。

四、校园体育文化的内涵

校园体育文化是学校教师和学生这个特定群体所具有的体育观念,是校园内所呈现的一种特定的体育文化氛围;是在既定的现实社会大文化的背景下、在校园这一特定的人造环境中,校园社会群体所共认、共有、共享的所有体育精神产品的总和。它属于一种十分复杂而又特殊的亚文化形态。它既是学校体育教育文化的一个重要组成部分,又是广义体育文化的一个必不可少的重要方面,更是实施素质教育不可忽视的重要因素。校园体育文化的建设情况直接影响到学校体育活动的开展情况,与学生的身心健康有很大关系;良好的校园体育文化环境可以陶冶学生的情操,纠正学生的不良行为,促进学生的身心发展。

校园体育文化是以学生为主体、以课外体育文化活动为主要内容、以校园为主要空间、以校园精神为特征的一种群体文化。校园体育文化作为一种社会文化,它是在一定的社会政治、经济、文化、教育等条件下,由学校广大师生在实践过程中共同创造的体育物质财富和精神财富的总和。校园体育文化是一种特别的文化,它既是校园文化的一部分,又是体育文化的一部分,它是校园文化和体育文化两者相互影响、相互渗透且相互促进而发展起来的。

校园体育文化有着深刻的内涵和丰富的外延。首先,它与校园德育、智育、美育文化一起构成了校园文化群;其次,它又与竞技体育、群众体育等共同组成了广大体育文化群。从广义上讲,校园体育文化是学校广大师生在学校现存的环境中,在学校体育教育、学习和活动等过程中创造的物质与精神层面上的所有内容;从狭义上讲,校园体育文化是以学生为主体,以教师为主导,在各种体育活动中相互作用而创造的学校文化形态之一,其中包括体育精神、体育价值观念、体育道德和体育能力,是学校这一特殊社区的体育群体意识。

五、校园体育文化的特征

学校作为社会的重要组成细胞,不能脱离时代的文化背景而存在。与其他文化形态一样,校园体育文化在一定程度上是社会文化的缩影,也是社会大文化中的一个具体的组成部分。校园体育文化的生存与发展,既受到社会文化特征的制约,又有其自身的独特表现。

1. 校园体育文化的时代性

任何文化都是时代的产物,都具有在一定程度上反映时代本质的特征,同时又随着时代的发展而不断演化自己的形态。在学校体育文化的形成和发展中,其内容与形式都受到一定时代的政治体制、经济体制、教育体制以及社会结构、文化风尚等的制约,容易受到时代特征的影响。每个时代的政治经济改革都深深影响着学校体育文化,甚至成为那个特定时代校园体育文化的主旋律。在现代社会,校园体育文化体现了培养学生体育精神、体育意识和体育技能,提高学生体育文化素养,增进学生健康等现代校园文化的时代特征。

2. 校园体育文化的教育性

校园体育文化是生存于学校这一特定环境中的一种文化现象,肩负着教育的使命。学校体育在培养全面合格人才上具有其他教育所没有的独特功效:提高学生身体素质和机能、增进健康,获得体育理论、卫生保健知识并掌握运动技术,培养终身体育意识、能力和习惯,促进思想品德和个性的全面发展并对形成正确的世界观起着积极的作用,等等。校园体育文化所创造的氛围能激发学生愉快、自主地从事身体锻炼,促进其个性发展,培养其独立性、自主性、创造性等方面的能力;能充分挖掘学生的潜力去从事创造、享受体育运动,以获得技能提高的喜悦感、战胜困难的超越感、和他人共同参加体育运动的集体感、运动后的愉快感、实现目标的成就感,同时提高其感受美、欣赏美、创造美的能力,并创造美的人格和心灵。因此,体育文化是一种全方位的教育。

3. 校园体育文化的复杂性

首先,校园体育文化的复杂性表现在其内容方面,涉及体育教材、体育课程、体育法规法令、课外体育、运动队伍建设、体育观念系统、体育风俗习惯、体育生活方式等,以及因此所带来的学生体质增强、精神焕发、运动技能提高等多种有形或无形的效果反应。其次,校园体育文化的复杂性体现在其功能的多指向上。从发展的角度看,校园体育文化具有发展身体机能、提高身体素质、培养适应能力等特殊功能;从驾驭角度看,它具有提高思想品质、培养体育观念、培养道德作风、提高审美情趣、完善心理特征等良好作用;从社会角度看,它具有提高社会意识和培养社会情感,以及促进个体社会化、促进人际交往、培养社会活动能力、培养社会体育人才,以及促进其他文化发展的积极作用。另外,校园体育文化的复杂性还表现在其内外部关系的冲突或协调上。校园体育文化的内部架构中,体育课内文化与课外文化、体育教学文化与运动训练文化、学校竞技体育文化与学校业余体育活动文化之间常出现不同程度的冲突和摩擦;校园体育文化与外部文化,特别是学校智育文化与体育文化之间也出现冲突,竞技运动文化以正统体育文化自居,造成对校园体育文化发展的阻滞。

4. 校园体育文化的客观性

校园体育文化是在长期教学实践中逐步形成的,是一种文化的历史积淀,是在社会文化环境和学校本身发展的合力作用下形成的,从总体上来看是客观的、独立的。教育界有个共识:凡是育人工作有特色的、对外声誉高的学校,一般都有健康的、优良的校园文化,更有丰富多彩、生动活泼的校园体育文化。校园体育文化作为一种客观存在的文化形态,总是会对学校的发展产生作用。

5. 校园体育文化的新颖性

体育活动的最大特色在于其新颖性,譬如学校运动会上的团体操、健美操、武术表演及广播体操比赛和趣味性游戏等内容。

6. 校园体育文化的动态性

一般而言,校园的课堂教学活动是一种静态的教育形式,长时间"三点一线"式的学习生活,往往使学生感到枯燥无味。因此,在学习之余的校园体育文化,既可以调剂生活、陶冶情操,又能使学生得到积极的休息。

六、校园体育文化在校园文化建设中的作用

1. 校园体育文化是一种促进社会文明的精神文化

文明孕育体育,体育促进文明。作为校园文化一部分的校园体育文化,一方面对学生个体自身文明素质的培育与提高产生积极作用,同时还会通过多种形式和各种载体,对家庭体育、学校体育、社区体育乃至社会体育的内容、形式及风气产生直接或间接的影响;另一方面,学生时期形成的对体育的兴趣、爱好和锻炼习惯会随着生活方式、行为习惯传播于社会,从而使这种良好的体育行为产生相应的社会效应,对体育的社会化和社会精神文明建设有重大的促进作用。

2. 校园体育文化是强身健体、娱乐心情、增进学生身心健康的人体文化

校园体育文化是通过身体运动的方式进行的，它要求人体直接参加运动，这是校园体育文化最本质的特点之一，并决定了校园体育文化具有增进健康、促进学生身心发展的功能。主要表现在：能改善和提高人的中枢神经系统的工作能力，"8－1＞8"（指从8小时中拿出1小时进行身体锻炼，其学习和工作的效率大于连续工作8小时）这个富有哲理的公式充分说明了这一点；促进机体的生长发育，提高运动能力；促使学生身体机能的提高；调节学生的心理，使人朝气蓬勃充满活力。学生心情不好时，可以通过体育活动来发泄自己的不良情绪，从而达到调节心情的目的，这对学生身心健康发展是有利的。早在80多年前，毛泽东在求学时撰写的《体育之研究》中就提出了"德、智寓于体"的高明见解；新中国成立后，毛主席又号召青年应做到"三好"，即"身体好、学习好、工作好"，并将身体好放在第一位，充分指明了身体好是一切学业与成就的基础。另外，改革开放以来，我国青少年的人生观、价值观发生了巨大的变化，独生子女的人数急剧增长，社会竞争日益激烈，各种内外因素使青少年身心出现了问题，关注青少年的身心健康是全社会和每个家庭的大事，也是学校体育的首要任务之一。良好的校园体育文化环境，可以提供一个良好的体育氛围，鼓舞学生参加体育活动，潜移默化地促进学生的自我磨炼。

3. 校园体育文化是促进人际关系良好发展的有效途径

当今，由于独生子女人数的急剧增长、社会竞争的日益激烈，特别是网络的普及，导致学生自闭、孤独、缺乏沟通的现象越来越严重，越来越多的学生不懂得如何去处理同学之间的人际关系，出现问题常采用极端手段。有专家研究认为，青少年时期特别是大学学习阶段是人生的黄金时期，高校教育在赋予学生知识能力的同时，要帮助青年学生学会人际沟通技巧，掌握团结共事能力也是学校教育的重要任务之一。体育项目，特别是团体项目无疑是沟通人际关系、发展社交能力、交流情感、建立友谊的最佳方式。体育运动的诸多内涵可以在潜移默化中促进人的良好品德的发展，学生在参加体育竞赛和体育锻炼的过程中培养自己的竞争意识。在团体项目中，只有加强与队友之间的合作才能最终取得比赛的胜利；在这些项目中，团队的荣誉是第一位的，在这个过程中加强了学生与他人合作的意识以及学生的集体观念。

4. 校园体育文化是提高审美意识、培养良好品质的情感文化

体育是一种健与美统一的活动，体育锻炼能使学生体魄健美、体型匀称、姿态端正、动作矫健，这是健康的标志，也是人体美的表现。离开了健去谈美，是不可思议的；而没有美，健也失去了光彩。校园体育文化能以丰富的内容和独特的形式，培养学生形体美、动作美、姿态美、仪表美、心灵美，使学生树立正确的审美观，提高感受美、鉴赏美、表达美、创造美的能力。同时，学生在从事体育活动的过程中，要遵守体育规则，违反规则就要受到惩罚或谴责，这能督促他们改变自己的不良行为；在从事体育活动的过程中，会遇到困难和伤痛，只有克服它们才能真正享受体育的快乐。因此，体育活动可以培养学生吃苦耐劳、克服困难、挑战自我、超越自我等良好的意志品质。

5. 校园体育文化是传播社会文化的重要途径

校园体育文化作为一种社会文化是学校在长期教学实践过程中逐步形成的，更是在广大师生直接参与和精心培养中发展起来的。它对改善学生的智能结构，加强学校与社会的交往，传承、借鉴人类社会的文明，提高学生的积极性、主动性和创造性，促进教育改革的深入发展，等等，具有特殊的地位和作用。校园体育以其特有的健身功能、娱乐功能、教育功能等不断地充实和丰富着校园文化，为陶冶大学生的情操，发挥其聪明才智，欢娱其身心，净化其品德，培养其审美能力，充实其生活意义和人生价值，发挥着自身的特殊功效。

6. 校园体育文化是推动校园文化发展的催化剂

校园体育文化是营造校园气氛和文化氛围重要的且不可缺少的内容，可以说它是推动校园文化发展的最有力的催化剂。体育运动是体育文化发展的主要载体，它不仅能起到增进健康、增强体质的作用，更重要的是在体育运动中所崇尚的一种公平竞争、团结协作的道德风尚；同时，通过丰富多彩的活动，培养了学生的组织能力，增强了学生的参与意识，促进了学生人格的完善和情感态度价值的形成，提高了学生的品德修养。事实上，校园体育正是以其独特的健身、娱乐、休闲等功能，在构建精神文明的校园环境、教育环境和丰富多彩的校园文化、娱乐生活中发挥着其他教育形式所无法替代的积极作用。因此，在校园文化的传播、构建和发展过程中，校园体育的作用是不可低估的。

七、积极投入校园体育活动，促进校园体育文化建设

（一）促进校园体育文化建设与发展的意义

1. 建设校园体育文化是实现素质教育的重要途径

随着高校体育教育改革的不断深入，全面推进素质教育是当今高等教育改革与发展的主题。高校校园体育文化蕴含着丰富多彩的教育形式，是其他教育手段无法替代的。它不仅能激发学生愉快、自主地从事身体锻炼，促进学生的个性发展，更能培养学生的独立性、自主性、创造性和良好的道德风尚等，使学生在体验体育带来的超越感、集体感、成就感的同时，提高感受美、欣赏美、创造美的能力，并塑造美的人格和心灵。可见，高校校园体育文化的教育形式是综合的、全面的，高校校园体育文化是实现素质教育的重要途径。

2. 建设校园体育文化是实现学校体育教育目的的有效措施

在我国深化教育改革、全面推进素质教育的形式下，我国高等学校体育教育正向以强身育人的素质教育为中心的思想转变，从根本上明确了学校体育教育目的是促进学生的身心健康。校园体育文化有很强的教育功能，这种功能不同于我们的体育教学过程。它不是以强制性手段来使学生接受体育教育，而是使学生在一个充满体育文化环境的氛围中，领略体育的魅力，宣传体育知识和技能，感染、激发校园群体参与体育活动的意识。校园体育文化作为一种环境文化，使学生在不知不觉中接受体育文化教育，并内化为对体育的深刻理解，提高对体育的认识，从而养成体育锻炼的习惯，对学生终身体育锻炼行为的养成起到促进作用。

3. 建设校园体育文化能推动学校全面发展

高校体育具有教育、社会两重性。校园体育文化形成的主体是学生，体育运动的一个重要特征就是鼓励和要求学生不断创新。学生在参与体育运动中，正是在"努力拼搏，不断创新"的信念中潜移默化，这种文化特质正是校园文化建设必不可少的灵魂。在校园文化建设中，要积极倡导健康的体育精神，要把体育精神和学风建设、校园体育文化与社会文化融为一体，促进学校全面发展。

（二）促进校园体育文化建设与发展的措施

校园体育文化的灵魂和核心就是校园精神，校园精神是深层次的群体意识，又是群体的向心力与凝聚力，设计校园群体共同的价值认同、价值取向、心理特征、行为方式，校园体育文化以其高品质的内涵和深层次的底蕴，无可辩驳地以中坚先锋的形象在校园甚至整个社会文化中独领风骚。国家的有关全民健身计划将进一步推动校园体育文化的快速发展。在新形势下，充分发挥校园体育文化功能，丰富广大师生员工的体育文化生活，引导学生树立对体育学习的正确态度，培养其终身体育意识，已成为学校体育工作的当务之急。

1. 强化校园体育文化制度建设，树立发展校园体育意识文化的主导思想

学校教育作为一种社会活动的过程，旨在进一步增进人的知识和技能，培养人的品德情操，改善人的身心健康。我们可以通过"大教育"的形式，培养学生对体育的兴趣，提高他们对体育的认识。只有校园体育意识文化的发展和变迁，才能引起整个体育文化结构的变异。而体育意识文化的变迁，首先要使学校及与之密切相关的各个个体对体育的价值及社会历史意义有中肯、长期的认识。这需要在学校的制度上、理念上得到认可。校园体育文化建设需要健全的制度和持之以恒的努力以及领导的体育理念，形成一定的传统和风气；校园体育文化开展得如何，主要看学校体育传统和体育风气。因此，校园体育文化不是在短时间内可以形成的，需要长期的积累和坚持不懈的努力。

2. 建立和完善高校体育在校园文化建设中的运行机制

首先，建立党委领导的行政实体为主的建设体系和工作网络。条块结合、分层管理，由专职部门校体育运动委员会（体育系）负责、专业教师指导；制订具体的工作计划；加大改革力度，把工作落到基层，让学生在学习和锻炼中真正"玩"起来，充分发挥高校体育在校园文化建设中的作用，使校园文化建设焕发生机和活力。其次，强化高校体育对校园文化建设的引导作用，积极营造适合大学生成长的体育文化环境，开辟高校体育活动新天地。最后，加大校园相关网站的建设力度，宣传体育文化，不断丰富体育活动内容，吸引更多大学生参与；同时，活动中要注重引导、宣传，使广大学生更容易接受形象生动的社会主义意识形态教育。只有建立和完善高校体育在校园文化建设中的运行机制，才能融高校体育于校园文化；只有将高校体育列入提高大学生文化素质和教书育人的活动，才能使高校体育成为校园文化建设的主力军，建立充满生机与活力的校园文化。

3. 认真上好体育课是校园体育文化发展的基础

上好体育课，最基本的是接受健康与终身体育的教育，明确健康是人生的本钱，体育运动是伴随人一生的活动，它不仅事关个人事业的成功，更关系到国家和民族的繁荣与昌盛。随着社会上"健康热""运动热"等浪潮的兴起，越来越多的学生逐渐认识到健康的重要性，同时也认识到了体育运动就是最好的健身手段。尤其是新课程标准的实施，各校在体育教学中都将终身体育的社会健康理念和锻炼方法引入学校体育课程，通过系统学习，让学生正确认识体育与健康的关系，掌握人体健康自我检测与自我评价的方法，合理选择体育锻炼项目，养成终身锻炼的良好习惯。

上好体育课必须在掌握基本理论的基础上使学生掌握 1~2 项自己喜爱、有一定的运动技能、可以持之以恒进行锻炼的运动项目。学校体育教学改革以后，"三自主选课制度"教学模式和体育俱乐部教学模式成为学校体育教学模式的主流，这是发展学生个性、培养

学生兴趣的一项有力措施。新的教学模式特别是"三自主选课制度"教学模式充分满足了学生的需要，激发了学生的学习动机和兴趣，对其培养良好的体育习惯、形成正确的体育观念、提高生活质量，都起到了重要的作用；同时，"三自主选课制度"教学模式引入了市场经济的竞争机制，充分调动了教师教学工作的积极性，激励教师不断完善自己，提高自己的业务水平、教学能力和教学质量。新的教学模式改革了以往以技术水平为唯一考核标准的弊病，这在一定程度上激发了学生学习的积极性和学习兴趣，在上好体育课之余推动了学校业余体育生活的发展，为校园体育文化的形成与发展打下了良好的理论与实践基础。

4. 丰富多彩的课外体育活动是校园体育文化发展的基本手段

校园的文化特色既体现在学子们沉醉于知识海洋的学习之风，也体现在青年学生课余时间自觉锻炼身体、磨炼意志、展现自我的运动之风。科学地安排课余时间，在增长知识的同时提高素养、增强体质，为未来走向社会打下坚实的基础。课余体育锻炼要达到一定的锻炼效果，就必须做到持之以恒，形成习惯。"心血来潮"式的锻炼不仅达不到锻炼的效果，还往往会因运动过量而造成一定的损伤。随着教学改革的逐渐深入，课余体育锻炼的形式也越来越多样化，各种形式的体育俱乐部在课外体育活动中扮演着越来越重要的角色，吸引着更多的学生参与到体育锻炼中来。

学生课外体育锻炼俱乐部是一种融国外大学体育俱乐部与国内学生课外体育自主锻炼两种形式为一体的课外体育锻炼活动模式，使学生课外体育锻炼在"自觉、自愿"的基础上缔结相对固定的活动伙伴，并实行"自主自律、自我管理、自我发展"的管理方式。通过俱乐部活动，有利于塑造和培育团队精神。课外体育锻炼俱乐部的活动时间宜安排在下午，其组织形式主要有由体育部（教研室）具体组织、由学生社团组织、由体育教师个人组织及由体育爱好者自由组合等多种形式。学生体育俱乐部锻炼目的明确，从实际出发，讲究实效。"欲图体育之有效，非动其主观，促其对于体育之自觉不可"，只有明确锻炼的目的，树立自觉积极的态度，才能收到预期的锻炼效果。体育俱乐部因人制宜，能够有针对性地进行锻炼，以达到预期的效果。

课余时间同学们积极的文、体、艺活动还可以促进教职工的参与，广大的教职工在繁重的教学、科研、管理工作之余，也需要积极的锻炼来消减压力。今日之师乃昨日之生，同学们充满活力的课余生活必然影响和带动教职员工。因此，一所学校良好的校园体育文化气息，可以大大地增进师生之间的情感，形成学校独特的体育文化。

5. 运动竞技是校园体育文化发展的亮点

运动竞技具有悠久的历史，是现代社会文化体系中重要的组成部分之一。当今世界，欣赏体育比赛已成为人们生活中必不可少的内容，而校园内在广泛的群众性体育锻炼的基础上开展的竞技活动是校园体育文化不可或缺的一部分。在掌握一定运动技能的基础上，人们自然产生与他人比较的念头，这是人类竞争心理在体育运动上的体现，是一种能够自我实现的需要。比赛，不仅促使了运动水平的提高，也发挥了其独特的凝聚力，增强了集体荣誉感。但是，现行的校运会重尖子、轻群众，重胜败、轻参与，重选拔、轻普及，忽视和剥夺了广大学生接受体育教育、平等参与学校体育活动的权利，而校运会的本质意义应是推动学校体育活动的开展，丰富学校师生的文化生活，对全体学生进行提高体育意识与实践能力、提高体育素养为重心的全面的素质教育。近年来兴起的学校体育节改变了以往"少数人参加,多数人观看"的学校运动会的尴尬局面,使多数人参与到学校体育活动中。体育节以"三个面向"为方针,把素质教育、健康教育、终身教育和现代人本主义教育的要求贯穿在体育节的全过程,突出了全面性、全体性、主体性和基础性。体育节的活动能有效地提高学生对体育的兴趣,调动学生体育锻炼的积极性,对增强体育意识、提高体育素养、扩大知识面、培养综合能力等方面有重要意义。体育节的形式多样,常见的有广播操比赛、推广健美操、田径比赛、各种球类比赛、体育知识讲座及体育知识竞赛等。不同类型的比赛产生了不同项目的校园体育"明星",而"明星"带来的影响就是吸引更多的人加入到运动的行列中,群众性的广泛参与促进了校园竞技,校园竞技吸引了更多的人参与。正是这种相辅相成的良性循环,形成了校园体育文化的"金字塔"形结构,而其塔顶则是代表学校最高水平的校运动代表队。时至今日,高校办高水平运动的规模得到了较大的发展,班队学校数量达200多所,运动项目主要是有针对性地对准世界大学生运动会,形成了"体教结合"的办队模式。我国的高校特别是名校,在培养优秀运动员方面走向了与世界名校同步发展的轨道。高水平运动队的出色表现虽然是学校的一个亮点,但却起不到对广大学生进行传播、示范与指导的作用,这不是我们所提倡的校园体育文化。

6. 加强协作,实现校园体育文化与社会文化接轨

校园体育文化作为社会文化的文化形态,具有强烈的个性。它来源于社会大文化,以社会为背景,是滋生于社会而又不同于社会文化的一种特殊文化,是一种趋前于传统文化的校园文化。同时,它是社会大文化的一个分支,离不开社会大环境,只有不断地从社会中汲取优秀成分,并实现信息互动、加强协作,才能得到健康快速发展。因此,要做好校内协作,处理好体育与其他学科的关系,以学生体育素养发展为基础,以全面发展为目标;同时,在社会整合上则要综合各方面力量去维护,加强各项体育工作。

校园体育文化建设有赖于教师和学生的共同努力,以发展校园体育意识文化为先导,加强制度建设,加强管理,从体育课、课外体育活动及体育竞赛等各个方面来完善和发展校园体育文化,并实现与社会文化交流的活动,最终创造一种和谐、人文的体育环境。

【思考题】

1. 校园体育文化的价值有哪些?
2. 校园体育文化建设包括哪些方面?
3. 校园体育文化的内涵是什么?

【参考文献】

[1] 杨文轩,陈琦. 体育原理[M]. 北京:高等教育出版社,2000.
[2] 卢元镇. 体育的社会文化审视[M]. 北京:高等教育出版社,1996.
[3] 周两宽. 体育学[M]. 成都:四川教育出版社,1988.

第四章 奥林匹克运动

【学习目标】

1. 了解奥林匹克运动的起源及发展。
2. 培养学生强烈的爱国主义热情和自强不息的民族精神。

奥林匹克运动是在奥林匹克主义指导下,以体育运动和4年一度的奥林匹克庆典——奥运会为主要活动内容,促进人的生理、心理和社会道德全面发展,加强各国人民之间的相互了解,在全世界普及奥林匹克主义,维护世界和平的国际社会运动。奥林匹克运动包括以奥林匹克主义为核心的思想体系,以国际奥委会、国际单项体育联合会和各国奥委会为主要组织体系和以奥运会为周期的体育活动体系。

一、奥林匹克运动的历史

(一)古代奥林匹克运动

古代奥林匹克运动会(简称"古奥运会")起于公元前776年,止于公元394年,平均4年一届,共293届,但实际上召开的次数要少得多。按其起源、兴盛、衰落、衰亡,大致可分为三个时期。

1. 兴起并达到鼎盛(公元前776年至公元前388年)

公元前776年,当时伯罗奔尼撒的统治者伊菲图斯,努力使宗教与体育竞技合为一体。他不仅革新宗教仪式,还组织大规模的体育竞技活动,并决定每4年举行一次。公元前776年的古代奥林匹克运动会就正式载入史册,成为古代奥运会的第1届。当时仅有一个比赛项目,即距离为192.27米的场地跑。

公元前490年,古希腊雅典军队在马拉松河谷打败波斯军之后,民情奋发,国威大振,兴建了许多运动设施,参赛者遍及希腊各个城邦,奥运会盛极一时,成为古希腊最盛大的活动。

2. 衰落的开始(公元前388年至公元前146年)

由于长期的战争,使得古希腊国力大减。随后的古希腊国王亚历山大大帝虽然自己不喜爱体育运动,但积极支持奥运会,并视奥运会为古希腊的最高体育活动,为其增添设施。不过,这一时期古奥运会精神已人为减弱,并开始出现职业运动员。

3. 从衰落走向毁灭(公元前146年至公元394年)

罗马帝国统治希腊后,起初虽仍举行运动会,但奥林匹亚已不是唯一竞赛地。公元2世纪后,基督教统治了包括希腊在内的整个欧洲。基督教反对体育运动,使奥运会走向衰落,直至名存实亡。公元393年,罗马皇帝狄奥多西一世宣布基督教为国教,认为古代奥运会有违基督教教旨,是异教徒活动,第二年宣布废止古奥运会。

虽然各种战争使奥林匹亚体育设施毁失殆尽,但古奥运会的竞技运动组织模式和奥林匹克精神，对现代社会和体育的发展都产生了深远的影响。

（二）现代奥林匹克运动

1. 现代奥林匹克运动的兴起

现代奥林匹克运动是近代资本主义发展的必然产物，也是近代体育思想形成后在欧洲各地广泛实施的必然结果。1894年，在皮埃尔·德·顾拜旦和许多进步人士的共同努力下，"恢复奥林匹克运动会"代表大会在巴黎召开。会议成立了国际奥林匹克委员会（简称"国际奥委会"），并决定于1896年在希腊雅典举行第1届奥运会。从此，现代奥林匹克运动会进入了一个崭新的时代。

现代奥运会受到古奥林匹克运动会的深刻影响，但它不是古代奥运会的延续，而是带有古希腊奥运会传统色彩的、具有现代思想内涵的国际体育盛会。奥运会以竞技的形式，将不同肤色、不同文化背景的民族紧密联系在一起，对人类社会和人类文明产生了深刻的影响；同时，奥运会也是人类探索体能极限的赛场，奥运会纪录、奖牌成为运动员追求的崇高目标。

奥林匹克运动是时代的产物，工业革命扩展了世界各国之间在经济、政治和文化等方面的联系，各国交往日益密切，迫切需要以各种沟通手段来加强各国之间的相互了解。奥林匹克运动成为参与国家和地区众多、具有巨大吸引力和凝聚力的一项全球性体育活动。奥林匹克运动已吸引了世界各个国家和地区的积极参与。

2. 现代奥林匹克运动会的分类

（1）夏季奥运会。目前，夏季奥运会有28个正式比赛项目，它们是田径、游泳（含跳水、水球、花样游泳）、体操（含艺术体操、蹦床）、篮球、排球（含沙滩排球）、举重、自行车、柔道、跆拳道、射击、射箭、击剑、马术、拳击、现代五项、铁人三项、乒乓球、网球、棒球和羽毛球等。

（2）冬季奥运会。冬季奥运会是奥林匹克运动会的重要组成部分。冬季奥运会也是4年一届。届数的计算方法与夏季奥运会不同，是按实际举行的次数计算的。冬季奥运会项目有花样滑冰、雪车、滑板滑雪、自由式滑雪、北欧两项、滑雪、滑冰、冰球、速度滑冰、速度滑雪、跳台滑雪、高山滑雪、冬季两项、雪橇、越野滑雪、短道速滑、冰橇、冰壶等。

（3）残疾人奥运会。残疾人奥运会是为残疾人举办的高水平体育运动会。参加残疾人奥运会的运动员残疾类别有视力残疾、肢体残疾（运行功能障碍），包括脑瘫、脊髓损伤、截肢及其他肢体残疾者。

（4）青年奥运会。这是一项专为年轻人设立的体育赛事，融合了体育、教育和文化等领域的内容，为推进这些领域与奥运会的共同发展起着催化剂的作用。青年奥运会是一个为青年人举办的国际赛事，是青年人全球范围内最高水平的综合体育赛事；其参赛选手年龄限制在14~18周岁，比赛项目与奥林匹克运动会大致相同。

二、奥林匹克运动的思想、组织与文化体系

（一）奥林匹克运动的思想体系

奥林匹克运动能够长盛不衰，有赖于它在发展过程中逐渐形成了以奥林匹克主义为核心的思想体系。它主要由《奥林匹克宪章》、奥林匹克主义、奥林匹克运动的宗旨、奥林匹克精神、奥林匹克格言等组成。

1. 《奥林匹克宪章》

《奥林匹克宪章》是国际奥委会制定的关于奥林匹克运动的最高法律文件。该宪章对奥林匹克运动的组织、宗旨、原则、成员资格、机构及其各自的职权范围和奥林匹克各种活动的基本程序等做了明确规定。这个法律文件是约束所有奥林匹克活动参与者行为的最基本标准和各方进行合作的基础。

2. 奥林匹克主义

按现行《奥林匹克宪章》的表述:"奥林匹克主义是将身心和精神方面的各种品质均衡地结合起来,并使之得到提高的一种人生哲学。它将体育运动与文化教育融为一体。奥林匹克主义所要建立的生活方式是以奋斗中体验到的乐趣、发挥榜样的教育价值和对一般伦理基本原则的推崇为基础的。"

3. 奥林匹克运动的宗旨

《奥林匹克宪章》以明确的语言表述了这一运动的宗旨:"通过没有任何歧视,具有奥林匹克精神(以友谊、团结、公平精神和互相了解)的体育活动来教育青年,从而为建立一个和平、美好的世界做出贡献。"总的来说,奥林匹克的宗旨是"和平、友谊、进步"。

4. 奥林匹克精神

奥林匹克精神就是互相了解、友谊、团结和公平竞争的精神。其意义在于为奥林匹克运动提供了一种必不可少的精神氛围,各国运动员只有在公平的基础上竞争才有意义,才能保持和加强团结、友谊的关系,奥林匹克运动才能实现它的神圣目标。

5. 奥林匹克格言

奥林匹克格言是"更快、更高、更强",这句话充分体现了奥林匹克运动不断进取、永不满足的奋斗精神。它既指出在竞技场上不畏强手、敢于拼搏,同时也鼓励人们在自己的生活和工作中不甘于平庸,要朝气蓬勃、永远进取、超越自我,将自己的潜能发挥到极限。

(二)奥林匹克运动的组织结构体系

奥林匹克思想体系之所以能够得到贯彻,奥林匹克运动的各种活动能够付诸实施,是因为奥林匹克运动有一套结构完整、功能齐全的组织结构体系。这套组织结构体系由国际奥委会、国际单项体育联合会和各个国家奥委会三部分组成,它们通常被称为奥林匹克运动的三大支柱。

1. 奥林匹克三大支柱

(1)国际奥林匹克委员会。国际奥林匹克委员会简称国际奥委会,是世界上影响最大的国际体育组织,是一个国际性的、非政府的、非营利的组织。国际奥委会于1982年9月17日在瑞士联邦议会得到承认,确认其为无限期存在同时具有法人资格的协会。国际奥委会是奥林匹克运动的最高权力机构。国际奥委会按照《奥林匹克宪章》领导奥林匹克运动。其具体任务是:促进体育运动和运动竞赛的协调、组织和发展;通过官方的或民间的主管组织与当局合作,努力使体育运动为人类服务;保证奥林匹克运动会正常举行;反对危害奥林匹克运动的任何歧视;支持和促进体育道德的发扬;努力在运动中普遍贯彻公平竞赛的精神，消除暴力行为；领导开展反对体育运动中使用兴奋剂的斗争，采取防止危及运动员健康的措施；反对将体育运动和运动员滥用于任何政治的和商业的目的；努力使奥运会在确保不破坏环境的条件下举行；支持其他致力于奥林匹克教育的机构。国际奥委会对奥林匹克运动会拥有全部权力。国际奥委会的正式用语为法语和英语。如果《奥林匹克宪章》和其他所有国际奥委会文件的法文本、英文本之间出现差异，应以法文本为准。

（2）国际单项体育联合会。国际单项体育联合会是指在世界范围内管辖一项或几项运动项目并接纳若干管辖这些项目的国家及团体的国际性的、非官方的组织。按照《奥林匹克宪章》的规定，国际单项体育联合会在奥林匹克运动中的主要任务是负责它所管辖项目的技术和行政管理方面的工作。

（3）国家奥委会。国家奥委会是奥林匹克运动的基层组织，是奥林匹克各种活动的直接承担者。国家奥委会是按照《奥林匹克宪章》的规定建立起来，并得到国际奥委会承认的、负责在一个国家或地区开展奥林匹克运动的组织。各种奥林匹克运动会最后都是要由国家奥委会来承担、执行和完成的。

2. 奥林匹克三大支柱的关系

奥林匹克三大支柱在奥林匹克运动中承担着不同的任务：国际奥委会负责领导和协调；国际单项体育联合会负责各种技术性事务，如组织比赛、制定竞赛规则等；国家奥委会则负责在本地区开展各种活动、组队参加奥林匹克运动会等。国际奥委会十分重视这种团结合作的关系，采取各种措施加强三者之间的联系。

（1）领导层中保持一定数量的人员兼职。国际奥委会的委员中有不少国际单项体育联合会和国家奥委会的负责人。国际奥委会委员是其所在国家的国家奥委会的组成成员。国家奥委会又有国际单项体育联合会下属的国家单项协会的代表。在组织上，三大支柱中形成了你中有我、我中有你的交叉结构，这有利于加强组织间的沟通。

（2）加强组织间的协商，保持信息渠道畅通。国际奥委会在总部设立了专门与国际单项体育联合会和各国家奥委会联络的部门，保持日常信息畅通。此外，国际奥委会还定期举行双边会议，使三大支柱在重要问题上达成共识，在行动上保持一致。国际奥委会执行委员会与国际单项体育联合会、国家奥委会分别至少每两年举行一次联席会议。

（3）参与决策，提供支持。在一些重要的事务中，国际奥委会允许国际单项体育联合会和国家奥委会参与决策过程，如对申办奥运会城市的调查委员会中，有国际单项体育联合会和国家奥委会的代表。国际奥委会通过"奥林匹克销售计划"对出售奥运会电视转播权等收入进行分配，以建立奥林匹克团结基金等方式，给国际单项体育联合会和国家奥委会以越来越多的经济支持。

（三）奥林匹克运动的文化体系

1. 奥林匹克标志

奥林匹克标志称为奥运五环标志，它由5个不同颜色、互相套接的圆环组成，五环的颜色分别为蓝、黄、黑、绿、红五种。环从左到右互相套接，上面是蓝、黑、红环，下面是黄、绿环，象征全世界的五大洲已连接在一起，共同为推进现代奥林匹克的发展而不懈努力，代表着奥林匹克友谊的精神及全世界运动员之间的平等。

根据《奥林匹克宪章》的正式解释，五环图案的含义是："代表五大洲和全世界的运动员在奥林匹克运动会上齐聚一堂。"

五环的蓝、黄、黑、绿和红色开始成为五大洲的象征，分别代表欧洲、亚洲、非洲、澳洲和美洲。

2. 奥林匹克会徽

奥林匹克会徽是奥运会最有权威性的形象标志，是由奥林匹克五环同其他特殊图案共同组成的图样。根据《奥林匹克宪章》规定，各主办国设计的会徽，未经奥运会组委会同意，不得用于广告和商业服务。这一规定保证了奥运会会徽的严肃性和权威性。

3. 奥林匹克会旗

奥林匹克会旗于1913年在顾拜旦建议下确定，并在1914年巴黎奥林匹克代表大会上为庆祝国际奥委会成立20周年首次升起。会旗的图案是在白色无边的绸布上绣上奥林匹克五环，旗为长方形，环的颜色由左到右为蓝、黄、黑、绿和红。1920年，安特卫普奥运会结束后，比利时国家奥委会将大会使用的那面旗赠送给了国际奥委会，这面旗就成了国际奥委会的正式会旗。从此以后，历届奥运会都有会旗交接仪式，但使用的是一面代用品，图案一样，只是规格要大一些。

4. 奥林匹克会歌

奥林匹克会歌是一首希腊古典管弦乐曲，原名为《奥林匹克颂歌》，由希腊人撒马拉斯作曲、帕勒玛斯作词，曾在1896年4月6日的第1届奥运会开幕典礼上演唱。1958年，在日本东京召开的国际奥委会第55次全会上，正式确认这首歌为"奥林匹克运动会会歌"。奥运会会歌歌词原文为拉丁文，其主要的含义是从奥林匹克活动中追求人生的真、善、美。

5. 奥运会吉祥物

奥运会吉祥物大多以举办国有特色的动物形象为创作原型。

吉祥物最早出现于1968年在法国格勒诺布尔举行的第10届冬季奥运会上。该届冬奥会特别计划委员迈克尔·维黛尔女士以一只名为"雪士"（Schuss）的溜冰熊作为吉祥物，熊身穿着法国国旗三种颜色的衣服。

夏季奥运会中最早采用吉祥物的是1972年在德国慕尼黑举行的第20届奥运会，一只名为"瓦尔迪"的吉祥物小猎狗，吸引了广大运动员、教练员和赴会宾客，极大地活跃了整个比赛中紧张激烈的气氛。从此，各届奥运会的主办国都仿效德国在奥运会上设立吉祥物的做法，将本国人民喜爱的珍稀动物，作为奥运会吉祥物。

6. 奥林匹克圣火

根据顾拜旦的建议，国际奥委会在1934年的雅典会议上决定：奥运会期间，在主运动场燃烧的奥林匹克圣火的火种必须来自奥林匹亚——用火炬接力的形式传送到主运动场。这一决定自1936年第11届奥运会开始实行，自那以后它便成为奥运会的一项固定节日。程序是：在奥林匹亚赫拉（主神宙斯之妻）神殿旁用聚光镜集太阳光点燃火炬，然后按预定路线接力传递。火炬所经城市要举行欢迎仪式。在不便行走的地方，用飞机、轮船运送。火炬在开幕前传送到主办城市。开幕式上，由东道国奥运会组委会主席将火炬交给东道国的著名运动员绕场慢跑一周后，登上运动场的火炬塔，点燃安置在那里的巨型火炬，即主运动场的奥林匹克圣火，圣火将一直燃烧到大会闭幕。

三、中国与奥林匹克运动

通过介绍新中国成立前后中国参与奥林匹克运动的情况，旨在使学生了解中国奥林匹克运动史，激发学生的爱国热情。

（一）中国与早期的奥林匹克运动

1904年，许多中国报刊曾报道过第3届奥运会的情况，但未能引起社会的关注。1910年10月18－22日在南京举行的"全国学校区分队第一次体育同盟会"，是中国首次举办的具有全国性质的运动会。1913年开始举办的远东运动会，成为亚洲的奥林匹克运动会的先驱。这些运动会增强了中国人的奥运意识，促进了奥林匹克运动在中国的开展。

1922年，远东体育协会的发起人和赞助人之一王正廷先生担任国际奥委会委员。从此，中国与国际奥委会建立了直接联系。1928年，中国派出宋如海一人作为观察员出席在荷兰阿姆斯特丹举行的第9届奥运会。1931年，中华全国体育会得到国际奥委会承认。

1932年，第10届奥运会在美国洛杉矶举行。中国原准备派足球运动员和田径选手参赛，但"九一八"事变使计划落空。后来，在张学良将军的资助下，终于派出了一个代表团：代表沈嗣良，教练宋君复，选手刘长春。因旅途疲劳、体力不支，刘长春在100米、200米预赛中即被淘汰。这是中国运动员第一次正式进入奥运会赛场，虽然成绩不佳，但向全世界宣告了中国奥林匹克运动的存在。

1936年，第11届奥运会在柏林举行。中国代表团共有运动员69人、考察员34人。这些运动员中除符保卢撑竿跳高进入复赛外，其余各项目的选手初赛即被淘汰。

1948年，第14届奥运会在英国伦敦举行。中国派出33名运动员参赛，但各项均未进入决赛。通过积极参与，促进了我国与国际奥运会的交流，有利于我国体育运动的传播和发展，增强了国民的现代体育意识和奥运意识。

（二）新中国成立后与奥林匹克运动

1949年，中华人民共和国成立后，中国社会各个方面发生了巨大的变化，也给体育的发展提供了良好的条件，为奥林匹克运动在中国的开展提供了良好的机遇，使它在中国蓬勃发展。

1949年10月，在北京召开了全国体育工作者代表大会，成立中华全国体育总会。全国体育总会对外代表中国的国家奥委会。

1952年2月，中华全国体育总会致电国际奥委会，中国继续参加第15届奥运会。然而，当时某些人敌视中国，蓄意制造"两个中国"的谣言。最后中国代表团抵达赫尔辛基时，奥运会的赛程已过大半，只有游泳选手吴传玉有机会参加了100米仰泳比赛。由于国际奥委会主要负责人制造"两个中国"，1958年8月，中华人民共和国宣布中断与国际奥委会的一切联系。

1979年11月，国际奥委会通过决议，承认"中国奥林匹克委员会"是中华人民共和国唯一合法国家代表，恢复了我国在奥运会上的合法席位，只允许台湾作为中国的一个地方性组织，并在国际体育组织留有席位，使用"中国台北奥林匹克委员会"的名称。中国与奥林匹克的正常联系终于得到恢复。

1984年7月29日，在美国洛杉矶举行的第23届奥运会上，射击运动员许海峰夺得自选手枪金牌，这是本届奥运会的首枚金牌，也是世界体育史上第一枚属于中国的奥运金牌。此次奥运会中国代表团共获金牌15枚、奖牌32枚，金牌总数列居世界第四名，揭开了我国奥运史上新的一页。

在第28届雅典奥运会上，中国奥运团创下最新纪录，取得32枚金牌、63枚奖牌，并首次超过俄罗斯，这是历史性的突破。

在2008年第29届北京奥运会上，中国奥运团再次取得历史性突破，取得51枚金牌，共100枚奖牌，位于金牌榜第一位。

（三）北京奥运会

经过两次的申办奥运会，我国终于获得了2008年夏季奥运会的举办权。这既是历史赋予我们的机遇，也是历史给予我们的挑战。"科技奥运、绿色奥运、人文奥运"三个主题就是北京奥运会的最大特色和亮点。

1. 科技奥运

科技奥运是指在奥林匹克运动中广泛运用高科技手段，紧密结合国内外科技最新进展，集成全国科技创新成果，举办一届高科技含量的体育盛会；提高北京科技创新能力，推进高新技术成果的产业化和在人民生活中的广泛应用，使北京奥运会成为展示新技术成果和创新实力的窗口。

首先，要求科技产业的迅速发展，通过举办奥运会带动相关技术和产品的升级换代；其次，奥运会将成为最新科技成果的展示场，如软件、记分、通信手段的应用；最后，奥运会将推动整个城市的现代化水平，促进科技在电子、信息、环保、交通及旅游产业等方面的应用。科技奥运在北京发展"知识经济"的过程中发挥了重要作用。

2. 绿色奥运

用保护环境、保护资源、保护生态平衡的可持续发展思想筹办奥运会，广泛开展环境保护的宣传教育活动，促进北京和中国环保基础设施的建设和生态环境的改善，倡导绿色健康的生活方式和消费方式。北京提出绿色奥运的寓意包括：加快实施北京市的环保规划，促进城市的可持续发展，兴建奥林匹克公园，扩大人均占有森林和绿地的面积，改善水体质量，唤起民众的环保意识，提高城市的文明水平。

3. 人文奥运

传播现代奥林匹克思想，展示中华民族的灿烂文化，展现北京历史文化名城风貌和市民的良好精神风貌，推动中外文化的交流，加深各国人民之间的了解与友谊；促进人与自然、个人与社会、人的精神与体魄之间的和谐发展；突出"以人为本"的思想，以运动员为中心，提供优质服务，努力建设使奥运会参与者满意的自然和人文环境。

4. 北京奥运会会徽

"中国印·舞动的北京"为第29届北京奥运会会徽。会徽以印章作为主体的表现形式，将中国传统的印章和书法等艺术形式与运动特征结合起来，"人"的书法造型同时形似现代的"京"字，蕴含浓郁的中国韵味。

"中国印·舞动的北京"有四项含义：其一是中国特点、北京特点与奥林匹克元素巧妙结合；其二是城市加年份的标准字体，设计别出心裁、独树一帜；其三是总体独立结构比例协调；其四是有利于形象景观的应用和市场开发。

5. 北京奥运会口号

"同一个世界,同一个梦想"和"One World, One Dream"为第 29 届北京奥运会中英文主题口号。

"同一个世界,同一个梦想"集中体现了奥林匹克精神的实质和普遍价值观——团结、友谊、进步、和谐、参与和梦想,表达了全世界人民在奥林匹克精神的感召下,追求美好未来的共同愿望;深刻反映了北京奥运会的核心理念,体现了作为三大理念核心和灵魂的人文奥运所蕴含的和谐的价值观。

6. 北京奥运会吉祥物

北京奥运会吉祥物由 5 个拟人化的娃娃形象组成,统称"福娃",分别是"贝贝"(鲤鱼)、"晶晶"(熊猫)、"欢欢"(奥运圣火)、"迎迎"(藏羚羊)和"妮妮"(燕子)——它们的名字连起来读就是"北京欢迎你"。

北京奥运会吉祥物的每个福娃都代表一个美好的祝愿:繁荣、欢乐、激情、健康与好运。福娃们带着北京的盛情,将祝福带往世界各个角落,邀请各国人民共聚北京,欢庆 2008 奥运盛典。

目前,北京—张家口联合申办 2022 年的冬奥会已获得举办权,我国将继续推进与奥运会相关的规划。

四、奥林匹克文化与高校教育

(一)奥林匹克运动的教育实质

奥林匹克运动是从现代奥林匹克主义中诞生的一个规模宏大的社会性活动,其目的在于通过组织没有任何歧视和符合奥林匹克精神的体育活动来教育青年,为建立一个更加和平、美好的世界做出贡献。奥林匹克运动创始人皮埃尔·德·顾拜旦曾指出:"没有竞技运动的协助,教育尤其是民主时代的教育是不可能良好而完整的。"

奥林匹克主义作为一种人生哲学,蕴含了丰富的内容。顾拜旦对奥林匹克运动发展的健康轨迹和教育内涵给予了明确的表述:①倡导人的身心全面、均衡的发展;②倡导体育活动与文化、教育的有机融合;③倡导人生不断进取的奋斗精神;④倡导尊重社会公德,建立积极、健康的生活方式。

(二)奥林匹克文化与高校教育的契合

教育以人为本,教育的目的不仅仅是提供生存技能,而且是塑造人本身以及塑造美好的人生。同样,促进人的身、心、德的全面和谐发展,是奥林匹克运动的真正目的,它与高校教育的目标无疑具有统一性,但又有着自己的个体特征,奥林匹克运动以往的发展历程和未来的发展前景,将对青少年的成长与发展产生长远的影响。

1. 追求身、心、德的全面和谐发展

人是社会发展的主体。今天,人类社会的高速发展所带来的高竞争、高压力、高节奏以及社会角色的多重化,不仅使人们的身体素质下降,而且对人们的精神造成了很大的冲击:人情的淡漠,道德水准的降低,加之人类生存环境的恶化,等等,无一不向人类的身体、心理和社会道德提出了严峻的挑战。"人的全面和谐的发展"问题已成为全人类的共同问题,成为一个民族的教育奋斗的主线。奥林匹克教育正是解决这一社会问题的关键。

中国奥委会原主席何振梁曾说:"作为一种人生哲学的奥林匹克主义,主张通过增强体质,通过对意志品质的培养,使人得到全面发展;通过体育与文化、教育的结合,使人的身体素质、道德精神获得和谐发展和提高。概括地讲,就是通过体育活动促使人特别是青少年获得身心的和谐发展。"可见,奥林匹克运动或体育运动是使人的身、心、德能和谐发展的有效途径,这是现代社会发展的需要,更是现代教育发展的需要。

2. 有助于培养大学生的现代意识

(1) 贵在参与的意识。对"参与比取胜更重要"这一名言,顾拜旦曾进行过精辟的解释:"对人生而言,重要的绝非凯旋,而是战斗。这意味着主要不是已经获胜,而是进行战斗。传播这句格言,是为了造就更加健壮的人类,从而使人类更加严谨审慎而又勇敢高贵。"的确,冠军是令人敬佩的,但冠军只有一个,那些明知取胜希望渺茫,仍竭尽全力拼搏或在平时训练中洒下无数汗水的参与者,参与精神更令人折服。无数参与者在参与的过程中已充分诠释了自己的价值,意志得到磨炼,品德得以提高,它教育了青少年应怀有"胜固可喜,败亦欣然"的豁达胸怀,领悟"生活的本质是奋斗而非索取"的人生真谛。

(2) 超越自己、超越他人的竞争意识。竞争是推动人类社会进步的基本动力之一。奥林匹克运动为人类提供了一个展示自我、开展公平竞争的舞台,有竞争就有比较,比较进步与后退,比较勇气、毅力、创造性和超越性。同时,竞争的过程也包含了自强不息、顽强拼搏的奋斗进取精神。奥林匹克体育赛场的竞争和奋斗是人类奋斗的缩影。它告诉我们,要想实现自己的理想,必须有超越自我、超越他人的进取精神,必须有坚韧不拔、百折不挠的奋斗精神。这种品质的培养与锻炼,对青少年在社会上的立足和成长具有长远的意义。

(3) 自律、自制的社会规范化意识。奥林匹克运动为人类社会构筑了一个公平竞争、公正裁判、规范竞争的模式。

奥林匹克运动的竞争绝不是无所约束、无所节制的竞争,它向人们展示了人类社会共同遵守的社会规范,展示了人类追求正义、公正、平等、民主的社会理念,倡导一种人道礼让的公平竞争精神。面对五环旗和国旗的庄严宣誓,使人们深知任何欺骗行为都是对神圣的奥林匹克思想、对整个国际社会和自己祖国的亵渎和玷污。公正精神教育人们必须自律、自制,共同遵守国际社会认可的规则。公正精神意味着反对一切不平等现象和腐败现象。尤其在市场经济下,公平、公正更是规范社会行为、维系社会安定、促进社会繁荣的一个非常重要的原则,奥林匹克教育使青少年深深意识到,任何竞争活动都必须符合一定的规则,任何人的竞争必须具有一定的社会规范化意识。

(4) 胸怀世界的全球化意识。奥林匹克运动是持续性的、全球性的活动,它具有很强的兼容性,较少受到狭隘的民族和地域的局限,让世界不同国籍、不同肤色、不同语言、不同文化背景的人欢聚一堂,相互交流。只有具备全球化意识,才能跳出各自狭小的民族局限,去领略世界的博大宽广,领略各民族的神奇和强大,才能以客观、公正的心态去看待一切事物,而不是固步自封、唯我独尊。奥林匹克运动不仅仅是个体的需要,它更是全人类的共同需求;不仅仅局囿于运动场,更是面向全球的生存环境。毋庸讳言,在跨入知识经济时代的同时,人类也面临各种严峻的挑战:现代化的生活方式带来各种"文明病";生态环境的破坏造成了全球性的污染;全球竞争的加剧使各种社会矛盾日益复杂,造成社会的不稳定和国与国之间的战争危机。面对全球的种种困难，全人类应携起手来，团结一致，以前瞻性、全球化的战略意识，共同维护、改造我们的生存环境和生活空间，实现全人类的和平与美好。青少年正处于一个日益开放的社会，更应时刻具备这种全球化的意识，用知识武装起来的头脑、靠训练培养成的心理素质和以天下为己任的朝气与抱负迎接来自社会乃至全球的挑战。

【思考题】

1. 阐述奥林匹克主义对青少年教育的意义。
2. 北京2008年奥运会的口号和吉祥物分别是什么？

【参考文献】

［1］林少娜，郑李茹．大学生体育与健康［M］．2版．北京：北京体育大学出版社，2008．

［2］曹策礼，樊莲香．奥林匹克欣赏［M］．广州：广东高等教育出版社，2008．

［3］常乃军．大学体育教程［M］．北京：高等教育出版社，2002．

［4］聂东风．北京奥运会与奥林匹克运动［M］．西安：西北工业大学出版社，2007．

［5］中国奥委会网站（http：//www.olympic.cn/）．

［6］第29届奥林匹克运动会网站（http：//www.beijing2008.cn/）．

第二部分 运动技能

第五章 田 径

第一节 田径运动概述

【学习目标】
1. 了解田径运动的起源、发展以及定义与分类。
2. 掌握田径运动的特点与价值。

一、田径运动的起源与发展

（一）田径运动的起源

田径是由人类生存的需要演变而来的。在上古时代，人们的生活劳动条件极其艰苦，他们依靠简单的工具从事采集和狩猎活动。在"人类少而禽兽众"的情况下，为了求食、求生的需要，人们必须具备跑得快而长、投得远而准、跳得高而远的本领；在日常劳动中，人类不断重复这些动作，于是逐渐形成了走、跑、跳、投的各种运动技能。在当时条件下，这些既是生产和生活的基本技能，也是最基本的身体活动。随着生产工具的改进和社会生产力的发展，人们有意识地把走、跑、跳、投这些技能传授给下一代，使他们掌握基本的生存本领。后来，人们把这些运动技能运用在军事上，便成了训练士兵的内容。经过一代一代相传，逐步将这些基本技能演变成娱乐的游戏活动，又从游戏发展成比赛项目，田径运动日益走向成熟。

（二）田径运动的发展

古希腊经历了有组织的田径运动的开创和发展时期。公元前776年，在希腊奥林匹克村举行了第1届古代奥林匹克运动会，以后每隔4年召开一次；最初奥林匹克运动会只有短跑比赛，以后又有了长跑、跳远、掷铁饼、掷标枪等项目，这是有组织的田径运动竞赛的开始。公元394年，古代奥林匹克运动会被罗马皇帝废止，田径运动竞赛也被中断。经过大约14个世纪（公元394－1800年），田径运动竞赛又重新在英国兴起。

19世纪初，职业性的赛跑、竞走和有组织的苏格兰田径运动会相继在英国出现。1850年以后，业余田径竞赛也在英国大学相继展开，并且逐步设立了正式的田径竞赛项目。1896

年，经法国社会活动家皮埃尔·德·顾拜旦倡议，恢复和召开了以田径运动项目为主要内容的、仅限男子参加的第 1 届现代奥林匹克运动会，并确立了田径为奥运会的第一项运动。第 1 届奥运会的田径比赛是现代田径运动开始的标志。1912 年，国际业余田径联合会成立，并做出了设立田径竞赛项目世界纪录的决定。1928 年首次将女子的 5 个项目列为第 9 届奥运会田径比赛项目。其他国际性的田径运动竞赛也层出不穷，如 1983 年设立的每 4 年一届的世界田径锦标赛（20 世纪 90 年代以后改为每 2 年一届）、1985 年开始每年举行的 15 场田径系列大奖赛、每 2 年或 4 年举行一次的各种洲际田径锦标赛以及世界室内田径赛等，为各国田径运动员提供了很多比赛机会。一方面，世界田径比赛规模逐步扩大，参赛国家、地区和运动员越来越多，竞赛裁判组织工作越来越规范和严格，比赛竞争更加激烈，使田径竞技运动得到了空前的发展。另一方面，20 世纪以来，走、跑、跳跃、投掷等田径运动项目在世界各国的学校体育和群众体育中，也被广泛地作为促进健康和增强体质的重要手段。

19 世纪末，随着西方文化的传入，以田径、球类运动为主要内容的欧美体育，开始由基督教的传教和办学活动经青年会和教会学校传入我国。

二、田径运动的定义与分类

（一）田径运动的定义

国际田径联合会（简称"国际田联"）将田径定义为："田径运动是由径赛和田赛、公路跑、竞走、越野赛和山地赛组成的运动项目。"这一定义也是根据其项目特征所定的。我国传统的田径理论认为，田径运动包括竞走、跑、跳跃、投掷和全能几个部分。其中，竞赛是以时间计算成绩的竞走和跑类项目；田赛是以高度和远度计算成绩的跳跃、投掷项目；全能运动是指由部分跑、跳、投项目组成的综合性项目，是用评分办法来计算成绩的运动项目。

（二）田径运动的分类与项目构成

田径运动的分类主要是根据性别、年龄、比赛项目和比赛场地（室内和室外）等结合实际情况进行的，不同的国家对田径运动的分类也可根据各自的需要和使用的方便进行。一般将田径运动分为走、跑、跳跃、投掷和全能五大类，或分为径赛、田赛和全能三大类。目前，国际田联承认的世界纪录有 150 余项（表 5-1-1）。

表 5-1-1　　　　　　　田径运动项目分类

竞走类	场地竞走	男子 10 千米	男子 20 千米	女子 5 千米	女子 10 千米
	公路竞走	男子 20 千米	男子 50 千米	女子 10 千米	女子 20 千米
跑类	短跑	100 米	200 米	400 米	—
	中长跑	800 米	1500 米	3000 米	—
	长跑	5000 米	10000 米		
跑类	接力跑	4×100 米	4×400 米	4×800 米	
	障碍跑	3000 米			
	跨栏跑	男子 110 米栏	男子 400 米栏	女子 100 米栏	女子 400 米栏
	其他形式跑	马拉松跑	越野跑	公路跑	—

续表

跳跃类	跳高		跳远	三级跳远	撑竿跳高	—
投掷类	铅球		铁饼	标枪	链球	—
全能类	男子十项全能	100 米	跳远	铅球	跳高
		400 米	110 米栏	铁饼	撑竿跳高
		标枪	1500 米		
	女子七项全能	100 米栏	跳高	铅球	200 米
		标枪	跳远	800 米	

三、田径运动的特点与价值

田径运动之所以受到普遍重视，与它自身的特点和价值有着密切的关系。因此，在学习田径运动之前必须先了解和认识田径运动。

（一）田径运动的特点

（1）田径运动有着广泛的群众性。田径运动是大众开展最普及、参与人数最多、最容易被接受的运动项目。其主要原因体现在：运动项目多，针对性强，可选择余地大；田径运动受条件限制因素较小，田径运动可参与性强；等等。

（2）田径运动具有激烈的竞争性。田径运动在竞赛方面是体能、技能和心理等多方面的较量，特别在高水平的竞赛中最为明显，运动员常常以微弱的优势取得胜利。田赛上，运动员往往是根据瞬间的发挥而决定胜败的；径赛中，运动员在同一起跑线上起跑，需要全程你追我赶进行拼搏。运动员在赛场上要高度集中精神，展现自己的竞技水平，追求更快、更高、更远的竞技效果。

（3）田径运动的严格性。田径运动技术不同于技巧性项目，也不同于直接对抗性项目。田径运动项目有周期性、非周期性和混合性动作结构，不同类别的运动项目具有不同的技术特点。田径运动各项目动作结构不是很复杂，但是对技术动作要求特别高。要依靠合理的先进技术，发挥各运动环节的高度协调配合能力，节约体能，使得时间、空间和肌肉在用力上达到高度统一。所以，不断改善自身技术，使动作既符合生物力学原理，又能与个人特点相结合，形成个人的技术风格。

（4）田径运动包括人体最基本的运动技能。田径运动属于体能主导类项目，主要包括走、跑、跳、投四个大类几十个单项。各类项目都表现出某一个方面的能力，可明显地区分出不同类项目的差别。然而，在各个单项中，由于主导性因素较大，所以高水平运动员往往运动技能较单一；也由于田径运动各项目的锻炼能力不同，所以，全面参加各类项目可以综合提高人的各项身体素质及多种运动能力。

（二）田径运动的价值

田径运动的开展非常广泛，作为基础性体育运动项目，田径运动不仅可以提升身体素质，而且对人性的培养和塑造也能起到重要作用。因此，田径运动在学校体育、竞技体育和大众体育中都被视作重点。

（1）教育价值。田径运动是学校教育最基础的项目之一，是学校实现教书育人不可缺少的一部分。田径运动能培养青少年良好的意志品质和不断战胜自我的性格。田径作为终身体育的重要内容，对未成年人也具有同样重要的意义。田径运动的教育价值主要体现在如下几方面：第一，田径运动要具备一定的信心和克服困难、挑战目标的勇气，能够培养学生积极进取顽强拼搏的精神；第二，田径运动以个人运动为主，要求具备独立的应变能力，有助于良好个性的形成和心理素质的培养；第三，田径运动在严密的组织下进行竞赛，通过个人的努力取得成绩，但是成绩与集体荣誉紧紧相连，所以田径可培养人们遵守纪律，增进责任感和集体荣誉感；第四，田径技术变化较小，从事田径运动能培养吃苦耐劳、坚韧不拔的精神。

（2）健身价值。在现代社会，健康越来越被人们重视。健康主要包括身体健康和心理健康。经常从事田径运动，可以使身体的各方面能得到充分的提高，心理稳定性会有很大改善，身体素质有长足提高。短跑属无氧运动，能提高人体最大摄氧量；长跑和竞走能增进心脏和呼吸系统的工作能力；跳跃能提高身体控制能力和集中发力能力，发展协调性、灵敏性；投掷能使肌肉发达，力量增强，有效改善人体灵活性；旋转类的项目可使神经得到均衡发展，提高前庭分析器的稳定性等。

（3）竞技价值。在竞技体育中，田径是公认的大项，训练条件要求不高，选材面广，参加人数众多，投资小、效益高，所以田径一直是体育竞赛的重点项目。田径的爱好者众多，竞争激烈，具有较强的观赏性。随着体育表演市场的活跃和成熟，众多商家在田径赛事上大做文章。田径赛事具有规模大等特点，商家在田径项目上做的商业活动也相对较多，它不仅仅给商家带来了一定的回报，同时也极大地推动了田径事业的发展。

第二节 走跑类项目

【学习目标】

1. 熟悉田径走跑类项目，学会走与跑的技术。
2. 提高学生肩、髋、膝、踝关节的灵活性以及上肢、躯干和下肢的协调用力和爆发力。

一、竞走

（一）下肢技术

下肢技术是竞走的技术核心。竞走可分为单腿支撑和双腿支撑两个时期，单腿支撑又可分为前支撑、垂直支撑和后支撑三个阶段，而另一条腿在摆动的过程中又分为后摆动阶段和前摆动阶段。当身体重心处于垂直部位时，支撑腿完全伸直，全脚掌着地，摆动腿继续摆动，其膝关节比支撑腿的膝关节略低，大小腿之间角度略大于直角，骨盆横轴略有倾斜。当身体重心前移超过垂直面时，开始后蹬腿，从支撑腿快速有力地蹬地到脚尖蹬离地面。摆动腿屈膝向前摆动，带动骨盆沿上下轴向前转动，小腿依靠大腿利用惯性前摆，逐渐伸直膝关节并用脚跟先着地，从而加大了步幅。

（二）上体和摆臂技术

竞走过程中躯干保持正直，两眼平视，颈部放松，在后蹬阶段身体略有前倾，两肩与上肢要配合两腿的动作，沿着身体纵轴稍转动，维持身体平衡。在竞走过程中，要尽量保持身体重心的高低，接近直线向前移动。重心轨迹的上下起伏，不但与竞走的技术有关，而且也与竞走的速度有关，速度慢起伏就会增大。竞走时的呼吸也很关键，要与腿、臂的摆动相互配合，用鼻和半张开的口呼吸，既自然又有深度。

（三）学习步骤

首先要了解竞走的技术，其次是学习骨盆按照上下轴的前后转动技术，再次是学习摆臂等上肢技术，最后是改进和提高完整的竞走技术。

二、短距离跑

短跑是以无氧代谢方式供能跑完全程的极限强度项目，比赛项目包含男女各100米、200米、400米。短跑是锻炼速度的有效手段，是许多运动项目的基础。短跑全程技术分为起跑、起跑后加速跑、途中跑和终点跑技术几个部分。

（一）起跑和起跑后加速跑技术

田径竞赛规则规定，在短跑比赛中运动员必须采用蹲踞式起跑，必须使用起跑器，按照发令员的口令完成起跑动作。起跑器的安装方法主要有普通式、拉长式和拉近式。普通式较常用，前起跑器距起跑线约一脚半，后起跑器距前起跑器约一脚半或一小腿长，左、右起跑器距离约15厘米，前、后起跑器的角度分别约为45度和70度。

起跑过程包括"各就位""预备"和鸣枪三个阶段。听到"各就位"口令后，运动员应到起跑器前，俯身两手撑地，与肩同宽或略宽于肩，四指并拢与拇指成人字支撑，两脚依次蹬在起跑器的前后足板上，脚尖应触及地面，后膝关节跪地；听到"预备"口令后，逐渐抬起臀部和后膝，臀部稍高于肩，重心前移，两腿膝角分别为90～100度、110～130度，集中精力听枪声；当听到枪声后，两手迅速推离地面，屈肘用力前后摆动，两腿同时用力蹬起跑器后迅速向前屈膝摆出，出脚不应离地面过高，从而有利于迅速过渡到下一步；起跑后的加速跑过程的步长基本稳定，一般为25～30米，优秀运动员略长，此部分的任务主要是尽量加速到自己的最快速度。

（二）途中跑技术

途中跑距离长、速度快，是全程最重要的阶段，主要任务是保持高速度跑至终点。途中跑的每一个单步结构由支撑期和腾空期组成。

腾空期是指后蹬腿的脚离地，进入无支撑的时期。腾空期结束摆动腿的大腿积极下压带动小腿向前伸，膝关节伸直向下扒，前脚掌富有弹性地着地。后蹬时，摆动腿迅速有力地向前摆出，增加支撑腿的反作用力和加快蹬地速度。蹬地腿蹬离地面后，大腿积极前摆，小腿放松向前成自然折叠动作，以缩小摆动半径，增加速度。

两腿的交替后蹬、前摆、下压着地和缓冲是相互制约的。正确的下压着地动作，为后蹬创造条件，正确的前摆动作又为下压做好准备。途中跑时，头正，上体适当前倾（10度左右），两手半握拳，摆臂动作应自然、有力，前摆手可略超过下颌，后摆肘略向外，协调用力充分发挥肌肉群力量，以获得最佳效果。

（三）终点跑技术

终点跑是全程跑的最后一个阶段，目的是动员全身力量，尽量保持途中跑得最快速度跑过终点。终点跑要求运动员距终点线 15～20 米时，尽力加快两臂的摆动速度和力量，在距终点线最后一步时上体迅速前倾并双手后摆，用胸部或肩部冲撞终点线，跑过终点后逐渐减速。注意撞线时不要跳起撞线，撞线动作的好坏对名次有较大影响。

三、接力跑

接力跑是田径运动中的一项集体项目，对培养学生的集体主义精神，增强其凝聚力和提高身体素质有很好的意义。接力跑的项目有很多种，在正式的比赛中，一般有男子 4×100 米、4×400 米和女子 4×100 米、4×400 米，在非正式的比赛中还有 4×200 米、4×800 米以及异程接力跑等。接力跑的基本技术包括短跑技术和传接棒技术两部分，接力跑的成绩取决于各棒次运动员的速度和传接棒技术以及传接棒的时机。接力跑第一棒运动员一般采用蹲踞式起跑，第二、三、四棒运动员多采用半蹲式或站立式起跑，第二、四棒运动员一般站在跑道外侧，第三棒运动员站在跑道内侧。接棒运动员的起跑姿势选择主要是为了能方便快速起跑和加速跑，并能清晰看见传棒选手和起跑标志。

传接棒的方式一般采用不看棒的传接方式，可分为上挑式和下压式两种。

（1）上挑式。接棒者手臂后伸，掌心向后，虎口朝下，拇指向内，四指并拢向外。传棒者将棒由下至上挑入接棒者手的虎口处（图 5-2-1）。

（2）下压式。接棒者手臂后伸，掌心向上，虎口向后，拇指向内，四指并拢向外。传棒者将棒由上至下压送到接棒人手中（图 5-2-2）。

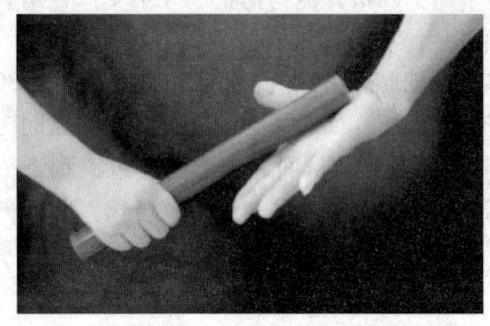

图 5-2-1　上挑式

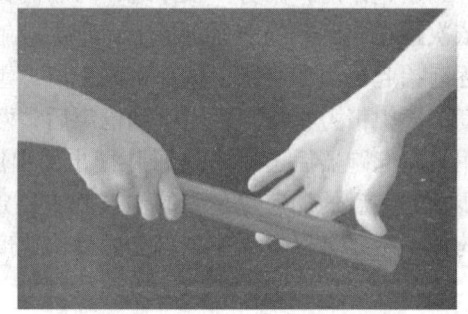

图 5-2-2　下压式

接力跑过程中，接棒时机及标志线的确定很关键。接棒者要站在接力区后部，或者站在预跑区，待传棒人跑至标志线后，迅速启动、加速；当两人距离相差只有 1 米多时（两人手臂长度之和），传棒者传出"信号"，将棒传给接棒者，接棒者迅速将手伸出去接住棒。标志线距接棒者起跑线的距离应根据传接棒人的速度、技术和两人的协调配合能力而定。

四、中长跑

中长跑是中距离跑和长距离跑的合称。中长跑是发展耐力素质的项目，有 800 米、

1500 米、3000 米、5000 米、10000 米及马拉松跑（42159 米）。中长跑各项目的完整技术均分为起跑、起跑后加速跑、途中跑和终点跑技术等主要环节。

（一）起跑和起跑后加速跑技术

中长跑采用的是站立式起跑，其目的是使身体迅速摆脱静止状态。当听到"各就位"口令时，从集合线走到起跑线，两腿前后站立，有力腿站前，身体前倾，两膝弯曲，两臂自然垂于体前或一前一后，集中精力听枪声；听到枪声后，两腿用力蹬地，后腿迅速前摆，身体快速向前冲；加速跑时，两腿应迅速有力蹬地，积极摆臂，在短时间内达到预定速度。起跑后的加速跑是取得好名次的关键，应该根据项目和个人能力而定，距离稍长，按切线方向跑进，在规则范围内抢占有利的战术位置，然后进入途中跑。

（二）途中跑技术

途中跑是中长跑的主要阶段，是决定成绩好坏的主要环节。途中跑强调轻松、省力和节奏感等，应注意后蹬与前摆、腾空、着地与缓冲、上体姿势与摆臂等几个方面。途中跑有一半以上是在弯道上进行的，相对于短跑而言，只是跑动相对缓慢，动作速度和用力程度较小。中长跑一般采用匀速跑，匀速可以为肌肉和器官活动创造有利条件，能有效推迟疲劳的出现。但是，长时间使用一种节奏，也会过于单调，不利于适应现代中长跑激烈竞争的需要。因此，中长跑应该根据个人的能力和习惯掌握多种节奏跑的方法。

（三）终点跑技术

终点跑是达到终点前的一段冲刺跑，应该根据项目、训练水平、个人习惯以及战术的需要等具体情况而定。此阶段人体处于极度疲劳状态，应该加大摆臂、后蹬的力量，加快步频，以顽强的毅力通过终点。一般情况下，800 米可在最后 200～300 米、1500 米可在最后 300～400 米、3000 米或以上可在最后 400 米或稍长距离开始终点冲刺跑。

中长跑过程中，在一定时间段可能会出现胸部发闷、呼吸困难、疲劳无力、脸色苍白等现象，这种现象在运动生理学中称为"极点"，是一种正常的生理反应。适应性较好或运动能力强的运动员，"极点"出现得较晚且不明显；训练程度较差的人，"极点"出现较早，且明显，时间较长。当"极点"出现时，应注意调节呼吸方法，做几次深呼吸，调整跑速，"极点"会很快消失，跑动将又会相对轻松自如，运动生理学称之为"第二次呼吸"。

第三节 跳跃类项目

【学习目标】

1. 掌握田径中的跳跃类项目以及各项目动作的区别和跳跃过程中的重要环节。
2. 学会跳与跨越障碍的技术。

一、跳高

背越式跳高是 20 世纪 60 年代后期产生和发展起来的一种新的跳高技术，由于它能够充分发挥运动员的能力,所以也就取代了其他传统的跳高方法,成为现代最先进的跳高技术。通过助跑起跳、腾空转体后背向横杆并越过横杆的跳高技术叫背越式跳高。背越式跳高是由助跑、起跳、过杆和落地四个技术部分组成的。

(一)助跑

快速助跑是背越式跳高技术的特点之一。背越式跳高是弧线助跑,距离一般是6~8步,也可以根据个人情况适当加长,助跑前段是直线、后段是弧线。助跑的目的是获得最大的水平速度,为起跳做准备。直线助跑阶段要求身体重心高而平稳,上体略有前倾,后蹬充分有力,前摆积极自然,动作连贯,两臂配合大幅度摆动。弧线助跑阶段要求身体逐步向内倾斜,加大外侧手臂和腿的摆动幅度,头和躯干、腿的支撑点应在力的作用线上。助跑过程中,步频快、有节奏、有弹性。

(二)起跳

起跳是跳高技术最重要的环节,按动作结构可分为起跳腿的落地、缓冲和蹬伸三个阶段。从助跑倒数第二步落地屈膝支撑开始,到起跳腿脚跟落地,属于落地阶段。此阶段重心下降髋前移,脚掌以"滚动式"着地,同时摆动腿积极屈膝内扣,向异侧肩上方摆动,并带动髋向内转动,形成肩轴和髋轴扭紧状态。当身体重心移至起跳腿上方时,身体由倾斜转为正直,起跳腿快速向上蹬伸完成起跳动作。

(三)过杆

过杆的目的是充分利用腾空时的高度,改变身体姿势,做伸、旋、转、潜的补偿方式依次越过横杆。上体腾空后背对横杆,起跳腿自然下垂,摆动腿向下伸,当头和肩越过横杆以后向后仰头,带动上体向后伸展,髋部要充分上挺,充分展开,身体呈反弓形,头、肩、背、臀依次过杆。

(四)落地

当臀部越过横杆后,以膝关节为轴小腿主动上踢,并带动大腿向上摆动,保持着屈髋伸膝的姿势下落,同时低头、含胸、收腹,以肩、背部落于海绵垫上。为防止损伤,不宜做过大的屈膝屈髋动作,两腿适当分开,保持伸展,避免腿部撞击脸部。

二、跳远

跳远可以提高人的速度、力量素质以及身体的协调性。跳远主要有蹲踞式、挺身式和走步式,均由助跑、起跳、腾空和落地四个部分组成。

(一)助跑

助跑的任务是获得最高的助跑速度,为准确踏板和快速有力地起跳创造条件。助跑一般采用静态开始,或行进间启动;加速方式一般有积极加速和逐渐加速两种。男子助跑一般为18~22步,女子则为16~18步,由于个人素质不同,具体还根据个人差异而定。助跑的最后几步是助跑过程中的关键,都是用前脚掌跑动,要做到快速、准确、平稳、直线、放松、有节奏、有弹性等。

(二)起跳

起跳的任务是使身体在高速助跑下于18~24度角腾起,腾起速度越大越对成绩有良好影响,起跳过程可分为着地、蹬伸和摆动三部分。

（三）腾空

腾空的任务是维持身体平衡，延长时间推迟落地，并为落地创造有利条件。腾空开始后，身体保持着起跳结束的姿势，也称为"腾空步"。这种姿势之后的技术动作就根据不同的跳远方式进行如下技术选择。

（1）蹲踞式。踏跳腾空后，保持一段"腾空步"姿势，摆动腿大腿抬高，上体保持垂直，两臂向前摆动，踏跳腿向前上方继续抬举，与摆动腿靠拢，在空中形成蹲踞姿势行进；随后两条大腿继续上收，上体继续前倾，两臂同时向外挥摆，借助收腿的惯性，小腿同时向前伸出，准备着地。

（2）挺身式。起跳后"腾空步"保持的时间比蹲踞式短。起跳后，摆动腿自然下放，小腿向后方弧形摆动，两腿迅速靠拢，胸腔向外扩展并稍向前挺出，使胸部肌肉群处于拉长状态，形成挺身姿势，两臂配合腿部做环绕摆动，然后收腹举腿，小腿前伸准备着地。

（3）走步式。腾空后，继续在空中像走步一样，即踏跳腾空完成"腾空步"动作后，摆动腿放下（第一步）并向后摆，踏跳腿屈膝，大腿前提，随即伸小腿，空中换步（第二步），同时两臂配合做绕环动作，上体稍后仰。接着在身后的摆动腿向前收，与踏跳腿靠拢，这时两臂摆至体前，随着向前甩小腿，准备着地；两臂同时下放，向后摆去，上体前倾，两腿前伸落地，形成完整的空中两步半的走步式跳远。

（四）落地

落地时落地动作可分为三部分：第一，着地前两腿屈膝抬高，膝关节向胸部靠拢，上体不要过于前倾；第二，即将着地时膝关节迅速伸直，小腿前伸，脚跟先落地；第三，在脚跟触及地面的瞬间，立即屈膝迅速挺腹，髋前移，两臂屈肘前摆，使身体重心前移，避免后倾。

三、三级跳远

三级跳远是指在助跑以后，连续做三次不同形式跳跃的田径项目。田径规则规定，三级跳远的第一跳为"单足跳"，用踏跳腿落地；第二跳为"跨步跳"，用摆动腿落地；第三跳为"跳跃"，用双脚落入沙坑。

（一）助跑

三级跳远的助跑和跳远的助跑相似。助跑逐渐加速，步长较均匀，最后几步没有特别明显的变化，倒数第二步摆动腿支撑时身体重心基本不下降，平衡向前移动，身体前倾较大。起跳脚踏上跳板时，动作要快而连贯。良好的助跑技术，主要体现在最快的速度、准确的踏板以及起跳前合理的姿势等方面。

（二）第一跳

第一跳要用有力的腿起跳，跳起后经过交换腿的动作再落地，完成"单足跳"。第一跳整体上与跳远基本相同。不过第一跳不仅仅要获得一定的速度，还要为接下来的第二跳做好充足的准备，要加快踏跳速度，保持身体水平速度前移。第一步起跳腾空后完成"腾空步"动作，上体正直，摆动腿自然由上向下伸并向后摆，同时起跳腿自后屈膝向前上方提摆，做积极换步动作；两臂由体前经下向体侧后方摆动，维持身体平衡，起跳腿顺势快速并积极地做扒地形式的落地动作，同时两臂和摆动腿用力向前摆动。

（三）第二跳

第二跳的起跳是从第一跳的着地动作开始的，在第一跳的腾空尚未结束时就开始准备第二跳。当身体重心从最高点下落时，上体稍向前倾，保持"腾空步"姿势，摆动腿继续向上抬起，起跳腿弯曲留于体后，两臂同时从前上方成弧线向后下方摆动；快落地时，两臂已摆到体侧后方，摆动腿迅速积极下放，上体逐渐抬起，恢复到垂直姿势，落地动作与第一跳相同。起跳腿着地后，应及时屈膝、屈踝进行缓冲，以促使身体重心快速前移；当重心移到近支撑点上方时，摆动腿和两臂快速向上摆动，躯干向上伸展，起跳腿做快速有力的蹬伸动作；蹬离地面瞬间，起跳腿的髋、膝、踝三关节充分蹬伸，腾空后要保持较长时间的跨步姿势。整个过程中，摆动腿积极上提，在离着地点 1/3 处时，摆动腿大腿应带动髋部再一次向前上方做抬摆动作；接着摆动腿开始下落，准备着地进行第三跳。

（四）第三跳

经过前两跳后，水平向前速度已经明显慢了很多，因此要尽可能地提高垂直速度，获得较高较远的跳跃弧线。在第二跳快结束时摆动腿大腿带动小腿积极下压准备着地，着地时仍保持较高的重心，与前两跳动作一样，着地不能完全放松；接着起跳腿的髋关节、膝关节、踝关节进行缓冲，身体重心迅速前移准备起跳。起跳时摆动腿和手臂快速有力向前上方摆动，积极展髋伸背，起跳结束瞬间，起跳腿的髋、膝、踝三关节充分蹬伸，上体前倾摆动腿高摆，起跳高度和角度都大于前两跳。这一跳，一般采用蹲踞式或挺身式做空中动作，其动作技术和蹲踞式、挺身式跳远空中动作基本相同。

第四节　投掷类项目

【学习目标】

1. 了解田径运动中的投掷类项目，掌握投掷类的具体项目和各项目的运动特点。
2. 学会运用合理的技术进行投掷，并学会运用各种形式的投掷技术进行健身活动。

推铅球是速度力量型项目，影响推铅球成绩的主要因素是出手速度、出手角度以及出手高度。从技术上可分为握持铅球、滑步技术、最后用力和维持身体平衡几个部分。

（一）握持铅球

五指自然分开，将球放在食指、中指、无名指指根处，拇指和小指扶在球的两侧，手腕背屈；握好球后，将球放在锁骨窝处，贴于颈部，下颌略向右转，右臂屈肘，掌心向内，上臂不高过肩，左臂自然上举，两眼平视前方。

（二）滑步技术

侧向滑步：持球后，侧对投掷方向，两脚左右开立，右脚外侧贴近投掷圈后沿，左脚前脚掌着地，上体直立目视前方，身体重心落于右腿；身体平稳后，逐渐向右倾斜，左腿向上方抬起，左臂自然上举，然后收回左腿，右腿下蹲，形成团身姿势。铅球的投影点在身体支点的右边，左腿靠近右腿，眼看前下方。滑步开始时，首先髋部带动身体重心略向投掷方向移动，使其移离身体的支撑点；接着左腿向投掷方向摆出，同时右腿迅速内收，左腿积极落地，形成最后用力前的准备姿势。滑步中，右脚离地不要太高，以免身体重心上下起伏过大。

背向滑步（常用推荐）：一般采用低姿较多，持球后，背对投掷方向，两脚前后开立，较侧向略宽，重心于右腿，右脚尖贴近投掷圈后沿，左脚在后形成团身姿势，躯干与地面保持平行，眼看前下方。为了便于滑步和避免重心起伏，首先臀部带动身体重心略向投掷方向移动，接着左腿以大腿带动小腿迅速向抵趾板方向摆出并外旋，右腿积极蹬伸，形成最后用力前的良好姿势。滑步开始时，右脚可用前脚掌或后脚跟蹬地，用前脚掌蹬离地面较为简单省力，更便于收拉右腿，但是力量较小、重心起伏较大。后脚跟蹬地较为充分，力量大，身体重心起伏较小，能更好地发挥技术水平，但是收拉右腿动作难度较大。

（三）最后用力

当右脚滑步落地后，不停顿地蹬转右膝，推送右髋，转向投掷方向，并超过右肩轴，上体出现扭转状态，腰、背肌也被拉长；随着右腿的蹬伸，上体逐渐向前上方抬起，当身体正对投掷方向时，左臂向左上引，右髋左转，抬头挺胸，快速转体用力推球；当铅球将要离开手时，手腕内转屈腕，手指有弹性地拨球，加快出手速度，出手角度一般是35～39度。

（四）维持身体平衡

当铅球推离手后，两腿前后交换，同时身体左转，并及时降低身体重心，以便减缓向前的冲力，维持身体平衡，避免犯规。

第五节　田径运动的健身理论与学练方法

【学习目标】

1. 掌握田径运动健身理论，熟悉田径健身练习方法。
2. 培养兴趣，形成田径健身的习惯，根据自身特点和需要促进身心和谐发展。

一、田径运动健身的原则

田径运动健身的原则主要有目的性原则、循序渐进原则、全面发展原则、经常性原则、个体性原则。

二、田径运动健身的内容与方法

（一）健身走

（1）散步。散步是一种步伐轻松、步幅较小（50～60厘米）、步速较慢（25～30米/分钟）、运动量较小的走步方法。

散步时的身体姿势（要保持正确的姿势才能达到良好的锻炼效果）：在走步过程中，头部正直但可以自由转动，上体正直，两臂自然前后摆动，以协同两腿的迈步动作，两腿交替屈膝前摆，足跟着地滚动至脚尖时，另一腿屈膝前摆足跟着地。步幅因人而异，一般为一两脚长度。

（2）走楼梯。走楼梯，也叫"爬楼梯""登楼梯"，是高层住宅的人们利用楼梯的高度进行的上下楼梯的多次往返运动。

上楼梯动作：上楼时上体微前倾，有意识地屈膝抬腿，前脚掌撑稳台阶中部，随即蹬伸支撑，后腿屈膝抬起，前脚掌撑稳在高一级的台阶上，两腿交替着不停地登上楼梯。

下楼梯动作：脉搏恢复正常后开始下楼，下楼时上体微后仰，肌肉放松，用前脚掌有弹性地交替落在台阶中部。

（3）倒步走。倒步走即反向行进，人倒着走步。

倒步走的身体姿势：上体自然垂直，不要抬头后仰，眼要平视，右腿支撑，左腿屈膝后摆下落，前脚掌先着地后滚动到全脚掌着地，身体重心随之移至左腿时右腿屈膝后摆下落，前脚掌先着地后滚动到全脚掌，两臂协同两腿自然摆动。

（4）脚步走。脚步走是原地走步或稍有向前移动的特殊走法。

脚步走的方法：身体直立，两臂自然下垂或屈臂，两腿交替屈膝抬起，用全脚或前脚掌落地，两臂协同两腿前后摆动。

（5）快步走。快步走是一种步幅适中、步频和步速较快（130～250米/分钟）、运动量稍大的走步。

快步走的动作：在走步过程中，两臂配合两腿在体侧协同摆动。前摆时肘部成90度角，手臂高度低于胸；后摆时肘部也成90度角，两臂摆幅随步幅的变化而变化。两腿交换频率加快，步幅尽量稳定，前摆腿的脚跟着地后迅速滚动至脚掌，后脚再离地，动作要柔和。

快步走的速度：步速要均匀，也可采用变速的方式，但注意不要出现两脚都不着地的腾空。

（二）健身跑

（1）健身跑的作用。健身跑的特点是运动强度较小，持续时间长，能量消耗大。它能增强和提高心血管、呼吸、神经等系统的功能，对某些慢性病也有体疗作用，故而当今风靡全球。健身长跑不受场地条件限制，易于开展，是一项可以终身受益的体育锻炼项目。

（2）健身跑的锻炼方法。健身跑一般有慢跑、快跑、变速跑、原地跑、后退跑、越野跑等。不同形式的跑的动作要领，除了身体倾斜的姿势、步幅的大小、步频的快慢、两臂摆动的幅度和频率稍有不同外，总体上是基本相同的。采取的方法是匀速跑或走跑交替。采取匀速跑的方法进行锻炼，逐渐将匀速跑的距离增加到计划规定的目标。也可以根据情况采取走跑交替的方法进行锻炼。

（三）健身跳

（1）健身跳的作用。经常进行健身跳练习，可以有效地提高神经系统的灵活性和支配肌肉收缩与放松的能力，能改善位置感觉器官、前庭器官的机能和提高平衡与协调能力。通过练习可以有效地发展腿部力量，特别是爆发力，提高下肢的柔韧性和运动幅度。连续跳跃则对发展呼吸、循环等内脏器官的功能有积极的作用。

（2）健身跳的锻炼方法。健身跳不同于竞技运动的跳跃，由于跳跃的目的不同，故跳跃的形式、方法、要求也不同。健身跳的方法要符合不同年龄、不同水平练习者的需要；

健身跳的内容和形式要具有一定的娱乐性、趣味性；健身跳的练习负荷，特别是对中老年人而言要控制在适当的限度内。

提高身体素质的健身跳有高度跳和远度跳。高度跳和远度跳又分别包括原地跳和助跑跳。原地跳和助跑跳各分为一次跳和连续跳，再分为徒手跳和负重跳，最后分为障碍跳和无障碍跳。综上所述，在选用练习时可以根据需要进行组合。例如，采用原地高跳时，可以一次跳（纵跳）、徒手、无障碍跳，也可以连续、负重、障碍跳，还可以一次跳、负重过障碍跳，等等；同样，远度跳也是如此。

常用的高度跳练习有原地跳起摸高或头触高物（一次或连续、徒手或负重）、原地双脚跳越障碍、原地收腿分腿跳、提踵跳、弓步换腿跳、单腿登台阶（低凳）跳、快速挺举跳、助跑摸高跳、助跑跳越障碍（栏架、横杆）等。

常用的远度跳练习有立定跳远、立定三（五、十）级跳、助跑跨上跳箱（台阶）、多级跨台、单脚跳等。

参加健身跳练习要根据心情和身体的状况来决定练习的量和强度。

（四）健身投

（1）健身投的作用。经常参加投掷运动，对发展上肢、躯干和腿部力量有积极作用，可以有效地发展力量素质，特别是爆发力。此外，它有助于提高青少年神经系统支配肌肉的能力，以及动作的协调性和投掷的准确性；可以加强肩带肌力量，提高上肢的活动幅度，全面促进青少年骨骼肌肉的发展和完善，发展肌肉力量和质量，形成健壮的骨骼和肌肉，有助于塑造健美的体型。

（2）健身投的锻炼方法。①推抛实心球的练习方法。目前，在中学体育课中，用于投掷练习的器械主要是实心球。实心球练习的方法可分为前抛实心球、后抛实心球、原地推实心球、双手胸前推实心球、坐姿体侧抛实心球、双手正面抛实心球、单手抛实心球、跪投实心球、仰卧投实心球九种。②掷带球的练习方法。该法可分为带球掷准和带球掷远两种。③掷垒球的练习方法。该法可分为原地单手掷垒球、上步投掷球、助跑投垒球、垒球（沙袋）掷准四种。

三、田径健身运动的指导与评价

（一）田径健身运动的指导

田径健身运动是以培养人的锻炼习惯和体育意识为目标，在广泛进行全面锻炼的基础上，保持良好的体能，促进健康，达到一定的运动水平。在开展田径健身锻炼的过程中，应当从以下几个方面进行指导：①明确锻炼目标，根据个体的选择设计适宜的练习手段与方法；②养成良好的锻炼习惯，树立终身体育意识；③合理控制锻炼负荷，科学安排运动量。

（二）田径健身运动的评价

评价田径健身运动是指对参加田径健身锻炼的效果予以测量、分析和判定。通过评价，使锻炼者获取锻炼效果的信息，了解所实施的锻炼内容与运动负荷对强身健体是否有效以及效果大小，从而确定是否按原计划继续实施锻炼或是对锻炼的内容和负荷进行调整，以确保田径健身锻炼的效果。评价方法有主观评价和客观评价两种。

（1）主观评价。主观评价包括锻炼者自我评价和指导者评价。①锻炼者自我评价。锻炼者在田径健身锻炼后，可进行及时性评价和阶段性评价。如果锻炼后精力充沛、精神振奋，食欲和睡眠良好，身心愉快，这是田径健身锻炼取得良好效果的标志，应按原计划继续锻炼。②指导者（体育教师）评价。体育教师对学生参加田径健身锻炼进行评价，有助于学生按科学的、正确的方法锻炼，纠正锻炼中存在的缺点与错误，从而获得良好的锻炼效果。

（2）客观评价。客观评价是指用客观的标准，对田径健身锻炼的效果进行定量评价。①参照《国家体育锻炼标准》进行评价。《国家体育锻炼标准》中的前四类锻炼和测验项目，都是以跑、跳、投项目为主，并从儿童、少年到成年都规定了具体的标准，因此可以以《国家体育锻炼标准》规定的各项标准来对田径健身运动的锻炼效果进行客观评价。②参照《全国田径业余锻炼等级标准》进行评价。《全国田径业余锻炼等级标准》是国家体育总局为了贯彻落实《全民健身计划纲要》，进一步推动我国田径运动的发展，增强人民体质，于1998年批准在全国颁布、实施的田径锻炼项目和标准。其中男、女各设13个项目，每个项目分为3个达标等级。《全国田径业余锻炼等级标准》不仅有利于推动青少年参加课余田径健身锻炼，而且也可以作为评价中学生参加田径健身锻炼效果和水平的客观标准。

四、田径健身运动对人体的作用

经常参加田径健身锻炼，能够有效地提高人体的基本活动能力，促进青少年儿童生长发育，提高人体各器官系统的机能水平，全面提高身体素质，对强身健体有积极作用。

（一）健身走对人体的作用

（1）健身走的特点。①健身走是一种全身运动，除了锻炼腿和脚外，还可以使全身肌肉都能得到全面锻炼。②健身走能使肌肉发达，消耗多余的热量，保持较低的体重，具有减肥的功效；同时，还可以增强骨骼肌和心脏的力量，从而有利于预防动脉硬化，减少胆固醇。③健身走可以开阔眼界、陶冶情操，丰富人们的精神生活。④健身走是解除忧郁和缓解精神压力的有效方法。⑤健身走简便易行，适合多年龄层次。

（2）健身走的作用。①健身走可以养成正确的走姿，塑造良好的体型和步态，避免不良行走习惯，促进脊柱、腿部骨骼和肌肉良好发育。②健身走可以锻炼腿部肌肉的力量，使心血管系统和呼吸系统的机能得到良好发展，对各种慢性疾病有良好的疗效。③健身走简便易行，不受各种客观条件的限制，是一种健身锻炼的好方法，人人受用。

（二）健身跑对人体的作用

（1）坚持健身跑锻炼，可以有效地提高人体在缺氧状况下的工作能力，发展无氧代谢的能力，提高大脑皮层兴奋与抑制的交替速度，对发展速度、力量、灵敏度等素质有积极作用。

（2）坚持健身跑锻炼，能提高和增强心血管、呼吸、神经系统的功能，对某些慢性病也有较好的疗效。

（三）跳跃对人体的作用

（1）经常练习跳跃运动，可以有效地提高神经系统的灵活性和支配肌肉收缩与放松的能力，能改善前庭分析器官等的机能，提高平衡与协调能力。

（2）可以有效地发展腿部力量，特别是爆发力，提高下肢的柔韧性和运动幅度。

（3）对发展呼吸系统和循环系统等内脏器官的功能有积极作用。

（四）投掷对人体的作用

（1）经常参加投掷练习，对发展上肢、躯干和腿部力量有积极作用。

（2）由于投掷运动的多样性和复杂性，运动条件反射复杂，对运动系统的分化抑制有较高的要求，有助于提高神经系统支配肌肉的能力，有助于提高运动的协调性和准确性。

（3）投掷运动是上肢围绕肩关节进行的各种投、抛、掷等形式的活动，对肩带肌肉力量、肩关节的柔韧性和活动幅度有较高的要求，通过练习，可以加强肩带肌肉力量，提高上肢的活动幅度。

（4）可以全面促进青少年骨骼肌肉的发育和完善，发展肌肉力量和质量，形成健壮的骨骼和肌肉，有助于塑造健美的体型。

【思考题】

1. 如何全面理解田径运动的内涵？
2. 简述田径运动的发展历史。
3. 试述途中跑的任务与技术。
4. 试述跳远助跑起跳技术的基本要求。
5. 试述推铅球最后用力的动作过程。
6. 田径运动健身包括哪些内容？
7. 田径运动健身练习对青少年身体发展有哪些积极作用？

【参考文献】

［1］张贵敏．田径运动教程［M］．北京：人民体育出版社，2007.

［2］孟刚．田径［M］．北京：北京师范大学出版社，2008.

［3］张贵敏．田径［M］．北京：人民体育出版社，2007.

［4］全国体育院校教材委员会．田径运动教程［M］．北京：人民体育出版社，1999.

第六章 球类运动

第一节 篮 球

【学习目标】

1. 身体素质有明显提高,完成学生体质健康测试的良好标准或更高标准。
2. 篮球基础技术、战术有所提高,在篮球竞赛中能够有所体现。

一、篮球运动的起源与发展

篮球运动是由美国马萨诸塞州斯普林菲尔德市(春田市)基督教青年会干部训练学校的体育教师詹姆士·奈·史密斯(出生于加拿大)1891年发明的。他受到当地青年摘桃扔入桃筐游戏的启发,即在一块场地的两端设置两个竹制桃筐,展开投篮比赛。

这是篮球运动的雏形。发明篮球运动时还建立了五条基本原则:只是用手进行的运动,不得带球走,不允许发生冲撞,在任何时间、任何位置队员都可能被换下,球门应是水平的。现代篮球运动的演进有五个阶段:①初创试行阶段。1892年,奈·史密斯将比赛场地按照进攻方向分为后场、前场、中场,同时明确了比赛的要求。②完善、推广时期。1932年6月18日,在瑞士的日内瓦由葡萄牙、罗马尼亚、瑞士、意大利、希腊、拉脱维亚、捷克斯洛伐克、阿根廷欧美8个国家的代表酝酿组织国际业余篮球联合会。会上,以美国大学生篮球竞赛规则为基础,初步制定了国际统一的竞赛规则13条。规定比赛人数为5人;场地上增加了进攻限制区,进攻投篮时,若对手犯规,则投中加罚1次,未中加罚2次;竞赛时间改为20分钟一节共赛两节;等等。1936年第11届奥运会上,篮球运动被列为男子正式比赛项目,现代篮球从此登上国际竞技舞台。③普及、发展时期。20世纪50-60年代,篮球运动员的高度开始成为现代篮球竞赛中决定胜负的重要因素之一,进攻、防守技术和战术有了明显提高。④全面提高时期。1976年第21届奥运会篮球赛中,女子篮球正式列为奥运会竞赛项目。20世纪80年代中期,篮球竞赛规则对进攻时间、犯规罚则做了修正,并规定了远投区,增加了3分球的规定。⑤创新、攀登时期。1992年在西班牙巴塞罗那举行的第25届奥运会上,以美国"梦之队"中的乔丹、约翰逊等为代表的现代篮球技巧表演,把这项运动技艺表现得更加充实完善,战术打法更为简单实用。

中国现代篮球运动始于1895年,由美国国际基督教青年会派往中国天津基督教青年会就职的第一任总干事来会理(David Willard Lyon)介绍传入我国天津市,因此,天津市是我国篮球运动的发源地。

二、篮球运动的基本技术

篮球运动技术是在篮球比赛中所运用的各种专门动作方法的总称。篮球技术分为进攻技术和防守技术两大部分（图6-1-1）。

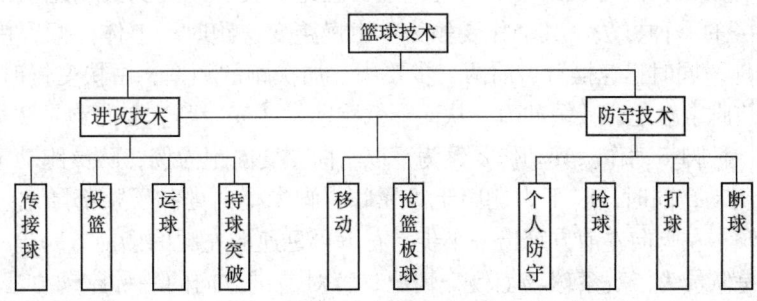

图6-1-1 篮球技术分类

（一）移动技术

1. 移动技术的分类

移动技术作为攻防技术的基础，实用性强，在篮球比赛中被广泛运用。移动技术动作分类如图6-1-2所示。

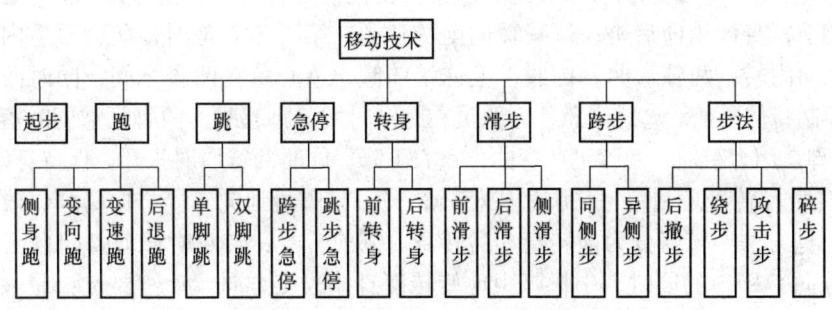

图6-1-2 移动技术动作分类

2. 移动技术的动作方法

移动是队员为了改变位置、方向、速度和争取高度、空间所采用的各种脚步动作方法的总称。

移动前要有基本的站立姿势：两脚前后或左右开立，两脚与肩同宽或稍宽，两膝微屈，重心保持在两脚之间；上体略向前倾，两臂自然屈肘下垂，置于体侧；抬头、收腹、含胸，两眼注视场上情况。

（1）起动。起动是队员在球场上由静止状态变为运动状态的一种动作，是获得位移初速度的方法。其动作要领为：向前起动是用后脚的前脚下掌短促有力地蹬地，重心前移，上体前倾，迅速向前迈步，起动后的前两三步要短促而迅速；向侧起动是用异侧脚的前脚掌用力蹬地，同时上体迅速向起动方向侧转并前倾，重心跟随移动，迅速向跑动方面迈步，步法同向前起动。

（2）跑。跑是队员在球场上为改变位置、争取时间完成攻防任务的脚步移动方法，具有快速、灵活、突然、多变之特点。篮球场上常用的跑有侧身跑、变速跑、变向跑、后退跑等。①侧身跑。这是跑动时为了观察场上情况并随时准备接侧耳后方传来的球而经常采用的跑动方法。其动作要领为：脚尖和膝盖对着跑动方向，头和腰部向球的方向扭转，侧肩，上体和两臂放松，随时观察场上情况。②变速跑。变速跑是队员在跑动中利用速度变化完成攻守任务的一种方法。其动作要领为：由慢跑变快跑时，上体前倾，用前脚掌短促有力地向后蹬地，同时迅速摆臂，前两三步要小，加快跑的频率；由快变慢时，上体抬起，步幅加大，用前脚掌触地，减缓冲力，从而降低跑速。③变向跑。变向跑是队员在跑动中突然改变方向的一种脚步动作。其动作要领为：以右向左变向跑为例，队员跑动中最后一步用右脚下前脚掌制动；同时，脚下内侧蹬地、屈膝、脚尖稍向内扣、腰部随之左转、重心左移，上体稍前倾；左脚向左前方跨出一小步，右脚再迅速向左腿的侧前方跨出一大步。④后退跑。后退跑是队员为了观察球场上攻守情况，背对前进方向的一种跑动方法，常与撤步、交叉步等结合运用。其动作要领为：后退跑时，用两脚的前脚掌交替蹬地向后跑动；上体放松挺直，两臂屈肘配合摆动，保持身体平衡；两眼平视，观察场上情况。

（3）跳。跳是队员争取高度控制空间优势的方法，分为双脚跳和单脚跳。跳的方法是上肢迅速上摆，下肢用力蹬地；落地时，前脚掌先落地，屈膝缓冲。

（4）急停。急停是队员在跑动中突然制动速度的一种动作方法，是衔接其他技术动作和摆脱对手的有效方法。急停包括跨步急停和跳步急停。①跨步急停。急停时的第一步跨出稍大，脚跟先着地滚动到前脚下掌撑地，脚下尖由向前方转为向侧前方，同时重心下降，并先落在后脚上，身体稍向后坐，以减缓向前的冲力；第二步着地时，前脚下掌内侧用力蹬地，脚尖稍向内转，两膝弯曲并内收，上体稍前倾，重心落在两脚之间，同时两臂屈肘张开，帮助控制身体平衡。②跳步急停。队员在跑动时用单脚起跳，两脚下掌同时落地（略比肩宽），前脚掌用力蹬地，两膝迅速弯曲，重心下降；同时两臂屈肘张开，保持身体平衡。

（5）转身。转身是利用一只脚做中枢脚，另一只脚蹬地向不同方向跨移，改变原来身体方向的一种方法。转身分为前转身和后转身。①前转身：转身时移动脚向自己身前（中枢脚前的方向）跨出的同时，中枢脚跟地旋转使身体改变方向。动作要点：屈膝提踵，重心平稳。②后转身：移动脚蹬地向自己身后（中枢脚后的方向）跨出的同时，中枢脚碾地旋转使身体改变方向。动作要点：两脚用力蹬碾地，重心平稳不起伏。

（6）滑步。滑步是队员防守时移动的主要步法。其特点是移动速度快，重心转移快，易控制身体平衡，可向不同方向移动，堵截进攻或移动路线。根据滑步时移动的方向，滑步可分为侧（横）滑步、前滑步和后滑步三种。

（7）跨步。跨步是以一脚为中枢脚，另一脚向前方或侧前方跨出，但不改变身体方向的步法。跨步有同侧步（跨步）和异侧步（跨步）。异侧步亦称交叉步，移动脚向中枢脚的方向跨步叫异侧步。①侧滑步：两脚左右开立，两臂张开；向左侧滑步时，右脚前脚掌内侧用力蹬地的同时左脚向左跨出一步，右脚在左脚落地的同时紧随滑动，重心保持在两脚之间；向右侧滑步时动作相反。动作要点：蹬、跨、滑。②前、后滑步：前、后滑步的动作方法和要点与侧滑步相仿，只是方向不同。

（8）步法。

1）后撤步。后撤步是前脚变后脚的一种移动方法。

2）绕步。绕步是防守时常用的移动步法。

3）攻击步。攻击步是防守时队员突然向前跨步，伺机抢断球或阻挠进攻的一种移动步法。

4）碎步（滑跳步）。碎步是防守移动步法，平步防守时运用较多。其特点是步幅小、频率快、易控制防守面积。

（二）运球技术

运球是指持球队员在原地或移动中，用手连续按拍使球借助地面反弹起来的动作。

1. 运球技术的分类

运球的方法较多，根据其动作结构和技术特点可按图6-1-3所示分类方法进行分类。

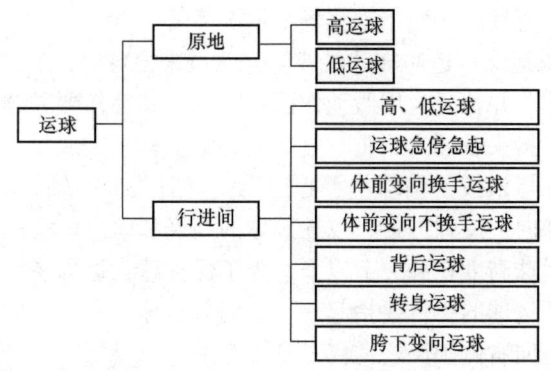

图6-1-3　运球技术分类

2. 运球技术分析

运球技术动作是由身体姿势、手按拍球的动作、脚步动作的合理运用三个环节组成的。运球技术的关键是运球队员手对球的控制与支配能力、脚步动作的熟练程度以及手、脚、躯干的协调配合。

（1）身体姿势。两脚应前后开立，两腿弯曲（屈膝程度视运球高低而定：低运球腿深屈，高运球腿稍屈），身体稍前倾，重心在两脚之间（略偏前脚）；运球时，运球手臂自然弯曲，以肩、肘为轴随球上下摆动，另一臂自然屈肘抬起，抬头目视前方。

（2）手的动作。运球主要靠手指、手腕对球进行控制与支配。运球时，五指自然张开，掌心空出，用手指和指根以上部位控制球，以肩为轴，上臂带动小臂，最后作用于手腕，手指用力向下按拍球，并随球有迎送球动作；球从地面弹起时，手要由下向上引球，自然屈伸小臂，以缓冲反弹力量。按拍球的部位是由运球的方向、速度等因素决定的。按拍的部位不同，球反弹的角度也不同；按拍球的力量不同，球反弹的高低和速度也不同。原地运球时，按拍球的正上方；变向运球时，按拍球的左侧或右侧上方，使球向右侧或左侧上方弹起；向前运球时，按拍球的正后上方。

（3）球的落点。运球时，要控制好球的落点，使球在自己所控制的范围内，并能利用躯干、腿、臂来保护球，而且还要便于和其他技术动作结合。球的落点位置和高度变化，根据运球技术的不同和防守位置的远近来决定。一般情况下，向前推进的球，落点在运球手同侧脚的侧前方，速度越快，落点越远，反弹越高；在遇到防守队员较近时，运球的落点应在体侧或侧后方，身体侧对防守队员，以肩关节为轴，上臂带动小臂，通过腕指用力运球，使球的落点远离防守者。

（4）手脚的协调配合。运球时，脚步动作和手腕、手臂动作是否保持协调一致。关键在于脚步动作、按拍球的部位、球的落点和力量大小的正确运用。因此，在运球过程中，要想熟练控制球的落点、方向和力量，必须要保持好身体重心的平衡与稳定，控制好身体重心变化，保持运球手臂和脚步动作的协调配合。

3. 运球的基本技术

（1）高运球。高运球多用于快速运球，提高运球高度，加大反弹距离，与快速奔跑相结合。其动作要领为：膝微屈，上体稍前倾，目视前方，手按球的后半部，球落点在人的侧耳前方（根据速度快慢来决定运球距离远近），球的反弹高度在腰胸之间，手脚要协调配合。这种运球身体重心较高，便于观察场上情况。

（2）低运球。如果运球接近防守队员或防守队员来抢球时，运球队员应改用低运球突破对手，用身体保护球，并善于运用假动作摆脱防守。其动作要领为：两脚前后开立，两膝弯曲，上体稍前倾，抬头看前方，重心落在前脚掌上；手腕放松，手掌与地面平行，五指自然分开，用手指和指根按、拍球；手心空出，以肘关节为轴，前臂做上下伸压动作，结合手指、手腕缓冲球向上反弹力量，以控制球的高度和落点，一般运球落点应为运球手同侧脚的外侧前；运球高度在膝关节以下，为了保护球，运球者应该使球、自己和防守者三者保持一条线，不运球的手臂要抬起；行进间低运球，向前时要拍球的后半部，向左变向时拍球的右半部，向右侧则反之。

（3）运球急停急起。当对方防守盯得很紧，不能用快速运球超越对手时，运用运球速度上的突然变化，急停、急起，摆脱对手；或原地静止状态运球，突然急起来超越对手。关键是动作突然，人球一致。其动作要领（运球急停要领与不持球急停相同）为：运球急停时，手拍按球的上方稍靠前，使球与地面成垂直反弹，用异侧臂和身体保护球；起动时，后脚前脚掌偏内侧用力蹬地，上体前倾，重心前移，同时拍按球的后上方，利用起动速度，超越对手。

（4）体前变向运球。队员在行进间快速运球，不与对手接近，或对手迎上堵截时可选用改变运球方向来突破对手。其动作要领（以从对手右侧突破为例）为：当快速直线运球即将接近对手时，先向对方左侧运球，使对手误认为向其左手突破；当对手堵截左方或重心稍有移位时运球队员立即向左侧变向，右手按球的右后上方，将球由自己的右侧运至左侧前方，同时右脚迅速向左前方跨出，脚下落点在对手右脚侧面，脚下尖向前，右脚跨步的同时上体向左转，用肩背挡住对手，然后换左手按球后上方，同时左脚用力蹬地、加速，超越对手。

（5）运球后转身（以右手运球为例）。当对手逼近自己的右侧时，左脚上步置于对手两腿之间，左脚为轴脚，左脚脚内侧蹬地；同时，后转身将球拉引向自己身体左侧，用身体背部挡住对手，左脚迅速上步加速。依据场上情况左手与右手均可运球，以从对手右侧突破。其动作要领为：上步快，转体稳，转引变向球近身。

（三）传接球技术

进攻队员在原地或移动中，用手将球相互传递，称为传接球。传接球是进攻队员之间相互联系和组织进攻的纽带,是实现战术配合的桥梁。

1. 传球技术的分类

传球的方法较多,根据其动作的结构和传球的手法,可分为双手传球和单手传球两大类。

(1) 双手胸前传球。两手五指自然张开,两大拇指成八字形,用指根以上部位持球,掌心空出;两肘自然弯曲于体侧,置球于胸腹部位,身体成基本姿势站立,脚分前后;传球时,目视传球方向,两臂前伸,手腕由下向上转动,再由内外翻,急促抖腕,同时拇指用力下压,食指、中指用力弹拨,将球传出;出球后手心和拇指向下,其余四指向前。远距离传球,则需加大蹬地和腰腹的协调用力(图6-1-4)。

图6-1-4 双手胸前传球

(2) 单手肩上传球(以右手为例)。双手胸前握球,两脚前后站立,左脚在前,左肩对传球方向,将球引至右肩,右手执球,肘关节外展,右手腕后仰,指根以上托球,掌心空出,重心落在右脚上;传球时,右脚蹬地,转体,前臂迅速向前挥摆,手腕前曲,通过拇指、食指、中指拨球,将球传出;球出手后,身体重心随之移到左脚上(图6-1-5)。

图6-1-5 单手肩上传球

(3) 单手胸前传球(以右手传球为例)。持球手法与单手肩上传球同,将球由胸前引到体前右侧耳,传球时振动前臂,手腕急速前扣并向内翻,同时食指、中指、无名指用力拨球,将球传出。

(4) 双手头上传球。双手持球举于头上,两肘稍屈,持球手法与双手胸前传球相同,传球时小臂前挥,手腕前扣外翻的同时,拇指、食指、中指用力拨球;传球距离较远时,加上脚蹬地，腰腹用力，全身协调发力，将球传出。

2. 接球技术的分类

接球可分单手接球和双手接球两种。根据来球路线和落点的不同，接球可分为接胸部高度的球、接头部高度的球、接低于腰部的球、接反弹球和地滚球等。各种接球都是由接球前准备、接球手法和接球后的姿势三个技术动作组成。无论何种接球，都要目视来球，观察判断来球的路线、力量、速度和落点；接球时，肩臂放松，手指分开，积极伸臂迎球；手指触球瞬间，手臂随球后引，缓冲来球力量，双手握球，身体护球，控制好身体平衡，避免球脱手，迅速和其他技术动作结合。

（四）投篮技术

投篮是进攻队员为了将球投入球篮而采用的各种专门动作方法的总称。投篮是篮球运动的主要进攻技术，是得分的唯一手段。

1. 投篮技术的分类

投篮技术较多，按照投篮手法分为单手投篮和双手投篮两大类（图6-1-6），它们可以在原地、行进间和跳起在空中完成。

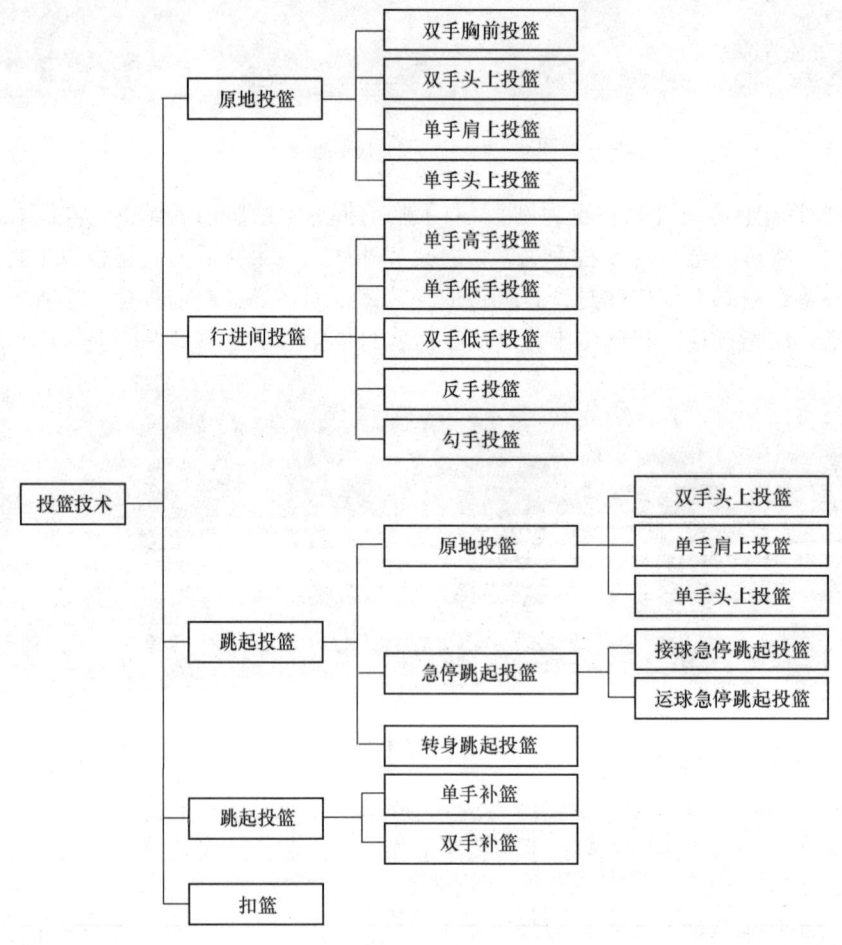

图6-1-6 投篮技术分类

2. 投篮的基本技术

(1) 原地双手胸前投篮。双手握球在胸部以上（高度在肩部附近），握球手法与双手胸前传球相同；肘关节自然下垂，上体稍前倾，两脚前后或左右站立，两膝微屈，重心落在两脚之间，目视投篮目标；投篮时，两脚前脚掌蹬地，腰腹伸展，同时两臂向前上方伸出，两臂即将伸直时两手腕同时外翻，拇指向前压送，指端拨球，以拇指、食指、中指的力量将球投出，最后腿、腰、臂自然伸直。

(2) 原地单手肩上投篮（以右手为例）。右手五指自然分开（手心空出），指根以上部位触球，向后屈腕、屈肘持球于肩上耳部左右，肘内收，前臂与地面接近垂直，左手扶球的左侧，右脚稍前，左脚稍后，重心放在两脚之间，两膝微屈，目视投篮目标；投篮时，两脚前脚掌用力蹬地，伸展腰腹，抬肘，手臂上伸，即将伸直时手腕用力前屈，手指拨球，球最后以中指和食指的指端投出；球出手后，腿、腰、臂自然伸直（图6-1-7）。

图6-1-7 原地单手肩上投篮

(3) 行进间投篮。

1) 行进间单手高手投篮（以右手为例）。右脚跨出一大步，在没落地前接球，右脚落地后左脚向前跨一小步（缓冲向前的水平冲力），并用力蹬地向上起跳，同时举球于肩上（或头部以上）；当身体至最高点时，前臂向前上方伸展，右臂即将伸直时手腕前屈，食指、中指用力拨球，通过指端将球拨出，出手要柔和。

2) 行进间单手低手投篮（以右手投篮为例）。右脚跨出一大步，在落地前按球，左脚紧接跨出，步幅稍小，不要减速，有力蹬地向前上方起跳，同时双手持球移至体右侧耳上举，左手离球，右手掌心向上托球，向球篮方向伸出，接着向上屈腕，食指、中指、无名指向上拨球投出。

(4) 跳起投篮。

1) 原地跳起单手肩上投篮 (简称 "跳投")。这种投篮是跳起在空中完成投篮动作，具有出手快、出手点高、不易防守的特点。其动作要领 (以右手为例) 为：两手持球于胸前，两脚前后或左右自然站立，两腿微屈，重心在两脚之间；起跳时两腿迅速屈膝，前脚掌用力蹬地向上起跳，同时迅速举球于头侧上方 (起跳和举球动作要协调一致)，用右手托球，手腕后屈，左手扶球；当身体接近最高点时左手自然离球，右臂伸向前上方，前臂即将伸直时手腕用力前屈，食指、中指拨球，通过指端将球投出，手臂向出球方向自然伸直；落地时屈膝缓冲，保持身体重心稳定 (图6-1-8)。

图6-1-8 原地跳起单手肩上投篮

2) 运球、接球急停跳起投篮。运球急停或接球急停跳起投篮时，可采用跳步或跨步急停动作方法：停步同时双手随起跳持球上举，当身体至最高点时辅助手离球，投篮臂向前上方伸直，手腕前屈，食指、中指用力拨球将球投出。其动作要领为：急停突然重心稳，起跳举球紧相随，最高点出手要记准。

(五) 持球突破

持球突破是持球队员合理运用脚步动作与运球技术，快速超越防守者的一项攻击性技术。

1. 持球突破技术的分类

突破是一项应用普遍、攻击性强的进攻技术。根据动作结构，突破可分为交叉步突破和同侧步 (顺步) 突破两种；根据运用形式，突破可分为跳步急停突破、跨步急停突破、前转身突破和后转身突破。

2. 持球突破的基本技术

(1) 交叉步持球突破 (以右脚做中枢脚为例)。两脚左右开立，两膝弯曲，两手持球于胸腹间；突破时，左脚前脚掌内侧用力蹬地，上体向右转移，左肩向前下压，左脚向右侧前方跨出，在右脚离地前运球在左脚的右侧前方，右脚迅速蹬地跨步超越对手。

其动作要领为：转体、侧肩、加速。

(2) 顺步持球突破，也称同侧步持球突破 (以左脚做中枢脚为例)。两脚左右开立，两膝弯曲，两手持球于胸腹间；突破时，右脚向右前方跨出一步，同时向右转体侧肩，重心前移，右手运球，左脚前脚掌用力蹬地向右前方跨出。其动作要领为：转体、侧肩、加速。

(六) 个人防守技术

个人防守技术是指防守队员为阻挠和破坏对手进攻以及合理运用脚步移动、手臂动作和身体姿势，积极抢占有利位置以达到控球目的所采用的各种专门动作的总称。个人防守技术分为防守无球队员和防守有球队员两种。

1. 防守无球队员

在篮球比赛中，防守队员大部分时间是防守无球队员，防守无球队员的主要任务是不让对手在有效攻击区内接到球，并尽可能抢断传给对手或穿越自己防守区域的球。

(1) 防守无球队员的基本要求。①必须随时占据"人球兼顾"的位置。②及时堵卡对手的传球移动路线，随时做好抢断传给对手球的准备。③必要时大胆放弃自己的对手，协助同伴完成集体配合的防守任务。

(2) 防守无球队员的基本位置选择。防守队员要根据对手、球篮、球的位置和距离，以及对手的身高、速度、进攻特点、战术需要和自己的防守能力来确定防守位置与距离。防守外围无球队员时，应站在对手与球篮之间偏向有球一侧的位置上；防守篮下高大中锋时，应根据实际情况和战术需要采用贴近对手一侧或绕前、绕后的防守。

(3) 防守无球队员的姿势选择。首先身体处于篮球的基本准备姿势（图6-1-9），两膝微屈，上体稍前倾，两手自然置于体前，两眼目视前方防守队员；当遇到进攻队员在正前方一小段距离时，迅速变换成防守姿势（图6-1-10），弯曲双膝，两臂侧展开，加大防守的面积，给对方队员施加防守压力。防守离球较近的对手时，经常采用面向对手侧向球的站立姿势，近球侧的脚在前，堵截对手摆脱移动的接球路线，并伸出前脚一侧的手臂，封锁接球路线；防守离球远的对手时，经常采用面向球侧向对手平行站立姿势；防守篮下高大中锋时，采用绕前防守，经常采用高举双臂，以阻断中锋的接球路线。

图6-1-9 基本准备姿势

图6-1-10 防守姿势

(4) 防守无球队员的移动。比赛中，无球队员不断地向各个方向移动，静止站立是极短暂的。因此，对无球队员的防守大部分时间是在移动中进行的。在移动防守过程中，经常采取的移动步法有各种滑步、撤步、上步、转身、侧身跑等，并且都是在随时变化中运用。其目的是积极抢占有利位置，不让对手在有威胁的位置上接到球。

2. 防守有球队员

进攻队员一旦接到球，防守者要及时调整与对手的位置和距离；同时，根据对手不同的进攻位置和特点，采用有所侧重的防守方法。

(1)防投篮。一只手轻贴对手身体,一只手抬起,扰乱对手的投球注意力,必要时跳起盖帽,但不要轻易就起跳,容易被对方假动作欺骗。

(2)防突破。身体保持好重心,稍微与对手拉开距离,一手向前平伸,全力注意对手的移动并及时封住对手的突破路线。

(3)防运球。与防守突破一样,防守时多前后移动,做抢球的动作,给对手压力。

(七)抢球、打球、断球

抢球、打球、断球是攻击性很强的防守技术,是积极防守战术的基础。

1. 抢球

抢球是带有攻击性防守的重要技术之一,在对方动作迟缓、精神不集中或球保护不好的情况下,防守者都可以大胆地抢球。其动作要领为:抢球时要突然上步,靠近对手,同时伸出右臂右手迅速按在球上方(对方的两手之间),左手立即握住球的下方,右手下按球并将球向对方怀内旋转,左手用力协助转动;当球在对方手中转动时,右手加向回拉球动作,球即脱开对方双手,将球抢到手。

2. 打球

当对方队员持球、运球、投篮时,防守队员都可以出其不意地突然打球,也可以在集体防守的配合过程中通过堵截、夹击、关门等方法打掉持球队员手中的球。

(1)自上而下打球。首先观察和判断持球队员的情况,打胸前持球队员的球时(以右手打为例),右脚稍上步,同时右手臂迅速前伸,接近球时手腕全力向下挥动,带动手指、手掌外侧的短速弹击力量将球击落,动作要小,出击突然。

(2)自下而上打球。当对方注意力不集中或接高球正要下落时,用这种打球方法。其动作要领(用左手打为例)为:左脚稍向前移,同时左手前臂向前伸,掌心向上,接近球时手腕向上振动,带动手指、指根用短促振动力量将球打掉,手指打球时要有向回带的动作,以便打球后脱开对方持球部位打到自己面前。

3. 断球

(1)横断球。要准确判断对方传球的意图和球的飞行路线,要与对手有一定距离,使其同伴感到可以传球;准备断球时要降低重心,要与传球人、接球人保持一定角度,位置要靠近传球一侧;注意观察持球队员的动作,当持球者传球出手时,迅速向来球方向起跳;充分伸展腰腹和手臂,当截获来球,立即收腹,双脚落地保持平衡,并及时与运球、传球相接。

(2)纵断球(以从对手右侧断球为例)。纵断球时,右脚应向右前方(从对手侧后绕出断球时)或右侧前方(从对手身后绕出断球时)跨出,左腿从侧面绕过对手,同时右脚用力蹬地(或两脚蹬地)侧身向来球方向迅速跃出,两臂伸直将球断获。其他动作要领同横断球。

(八)抢篮板球

比赛中双方队员争抢投篮未中的球所采用的技术统称为抢篮板球技术。

1. 抢进攻篮板球

当同队队员投篮出手后,及时判断球反弹的方向和落点,快速起动抢占有利位置;或利用假动作绕到对手的面前,用单脚或双脚起跳,在最高点时进行补篮或抢球。落地时缓冲并保护球。

2. 抢防守篮板球

在抢防守篮板球时，保持正确的站立姿势，两膝弯曲，上体稍前倾，重心放在两脚之间，两肘外展以占据较大的空间，正确判断球的反弹方向，并注意对手的动向。一般运用上步、撤步、转身、侧跨步等步法抢占有利的位置，把进攻队员挡在身后。起跳时用力蹬地，摆臂提腰，跳至最高点时用双手或单手抢球，如难以抢到球，可用点拨球的方法在空中将球点传给同伴；落地时，侧对进攻方向，及时传球发动快攻。

三、篮球运动的基本战术

（一）进攻与防守战术的基础配合

进攻与防守战术的基础配合，即两三人之间组成的简单配合方法。

1. 进攻战术基础配合

（1）传切配合。传切配合是队员之间利用传球和切入技术所组成的简单配合。它包括一传一切和空切两种。传切配合是一种最基本的简单易行的战术配合，在竞赛中经常采用。

1）一传一切配合。这是指持球队员传球后摆脱防守，向球篮方向切入接回传球投篮的配合（图6-1-11）。

2）空切配合。这是指无球队员掌握时机，摆脱对手，切入篮下接球投篮或做其他战术配合（图6-1-12）。

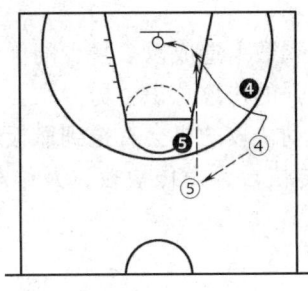
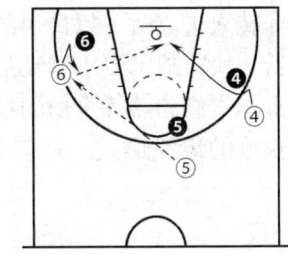

图6-1-11 一传一切配合　　图6-1-12 空切配合

（2）突分配合。突分配合是指持球队员突破对手后，遇到对方补防时，及时将球传给进攻时机最好的同伴进行攻击的一种配合方法（图6-1-13）。

（3）掩护配合。这是队员利用身体合理挡住同伴对手的移动路线，或是主动利用同伴挡住自己对手的移动路线，从而摆脱防守队员，获得进攻机会的一种战术配合方法。

（4）策应配合。这是指进攻队在前场或全场通过中间队员组织的接应和转移球的战术配合，造成空切、绕切以及掩护等进攻机会。

2. 防守战术基础配合

（1）夹击配合。这是两个防守队员积极防守一个进攻队员的配合，是一种积极主动、具有强烈攻击性的防守配合（图6-1-14）。

（2）补防配合。这是两个防守队员之间的一种协同配合方法。当同伴被突破时，临近的防守队员立即放弃自己的对手,去补防那个威胁最大的进攻者,漏人的防守队员则要及时换防。

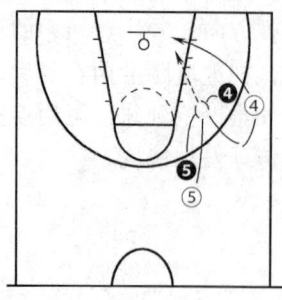
图 6-1-13 突分配合

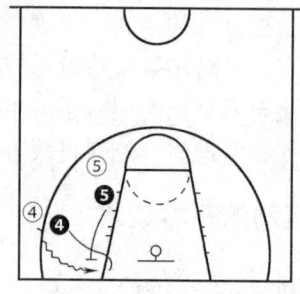
图 6-1-14 夹击配合

(3) 挤过配合,也叫抢过配合。是指防守者从自己的对手和掩护者之间强行"挤过",从而继续防守自己对手的方法。挤过配合是破坏掩护配合积极有效的方法之一。

(4) 穿过配合。这是指防守队员从自己的同伴与进攻队员之间穿过去,继续防守自己的防守对手的配合方法。这是破坏掩护的一种方法。

(5) 绕过配合。这是指当进攻队员掩护时,防掩护者的队员贴近对手,让同伴从自己的身后绕过,继续防守自己对手的方法。这是破坏掩护的一种方法。

(6) 交换配合。这是为了破坏进攻队员的掩护配合,防守队员之间彼此及时地相互交换自己所防守的对手的一种配合方法。

(二) 快攻战术

快攻是由防守转入进攻时,以最快的速度在人数上造成以多打少的优势,也是快攻战术中最锐利的武器。快攻战术要求运动员具备较强的快攻意识,勇猛顽强、敢打敢拼的战斗作风,良好的身体素质和熟练全面的技术,发动快攻的机会有抢到篮板球、断球、掷界外球和跳球等。快攻的组织形式,一般分为长传快攻、短传快攻以及结合运球突破快攻三种。

(三) 防守快攻

防守快攻是防守战术中的重要组成部分。防守快攻以积极拼抢前场篮板球为前提,若对方获篮板球后,则应积极堵截其第一传的发动与接应;在逐步退守中要进行中场堵截,采用"堵中间,卡两边"的办法,并切断先下队员与接应队员之间的联系;在后场防守中还要掌握以少防多的能力,在此基础上争取迅速组织阵地防守战术。

(四) 全场紧逼防守

全场紧逼防守战术是由进攻转入防守时,所有防守队员迅速在全场范围内各自紧逼一名进攻队员,用个人的防守技术与全队队员协同配合,积极阻挠对手传球、运球、突破和投篮等,以破坏对方的战术布置和习惯打法,造成对手心理紧张和配合失误,为自己争取主动的一种战术。这种战术防守移动面宽,争夺激烈,速度快,强度大,配合意识要求高,能充分发挥队员的特长和有效制约对方的活动。因此,它在现代高水平篮球比赛中被视为一种杀伤力最强、谋略性运用效果较好的篮球防守战术体系。

全场紧逼防守战术的种类很多,如全场盯人紧逼、"1-2-2"区域紧逼、"1-2-

1-1"菱形区域紧逼、"1-1-2-1"区域紧逼、"3-1-1"区域紧逼、"2-2-1"区域紧逼、对位紧逼等,从全场紧逼的多样性也说明了全场紧逼在现代篮球中的重要地位和作用。

（五）区域联防

区域联防的特点是在每个人防守一定区域的基础上,随着球的转移和进攻队员的穿插移动而不断地调整防守的位置和队形（简称"球动人动"、"人随球动"）,重点防守有球区域和篮下。这种防守战术的位置固定,分工明确,重点突出,有利于保护篮下,组织后场篮板球和发动快攻；但由于受区域分工的限制,各种联防都存在一定的薄弱区域,容易被对方在局部区域以多打少。

依据防守队员的站位形式,常把区域联防分为"2-1-2"联防、"2-3"联防、"3-2"联防、"1-3-1"联防及对位联防等几种。其中,"2-1-2"联防是最基本的区域联防。

四、篮球的练习方法

（一）移动技术的练习方法

移动技术的练习方法有：①听信号或看信号向不同方向起动。②原地运球,听、看信号做运球起动。③在球场上规定路线练习变速跑、变向跑、侧身跑、各种滑步等。④两人行进间传接球中练习侧身跑。⑤徒手或运球跑动中听、看信号做急停。⑥原地练习转身或结合其他技术做练习。

（二）传接球技术的练习方法

传接球技术的练习方法有：①两人一组,相对站立,做各种传接球练习。②三人一组成等边三角形站立,相距3~5米,采用各种方法传球。③两人一组,一人原地向另一人前、后、左、右方向传球,另一人移动接球。④全场两人行进间传接球练习。⑤两人传球,一人防守进行练习。

（三）投篮技术的练习方法

投篮技术的练习方法有：①徒手做各种投篮动作的模仿练习。②两人相互对投,练习原地单手肩上投篮。③原地单手肩上投篮,距离由近到远。④半场运球行进间单手肩上投篮和低手投篮。⑤行进间接传球单手肩上投篮和低手投篮。⑥原地跳起单手肩上投篮,距离由近到远。

（四）运球技术的练习方法

运球技术的练习方法有：①一人一球,原地做高、低运球,侧身做体前换手变向运球、运球转身等练习。②一人一球,沿球场边线、端线做运球急停、急起,侧身体前换手变向运球、运球转身等练习。③一人一球,做侧身体前换手变向运球、运球转身突破障碍物等练习。④圆圈运球。⑤后转身运球或背后换手变向运球。⑥结合传球、投篮、突破运球。

（五）持球突破技术的练习方法

持球突破技术的练习方法有：①一人一球,原地模仿练习。②两人一球,一攻一守做持球突破练习。③接正面或侧面的传球做急停接持球突破。④原地持球突破练习,掌握交叉步突破和同侧步突破的动作方法。⑤向前、侧方抛球，然后做跳步接球突破练习。⑥突破与加速运球投篮结合练习。

（六）防守对手的练习方法

防守对手的练习方法有：①半场四攻四守。②半场一对一攻防练习。③一攻一守，练习防投篮、防突破技术。④全场一攻一守，练习防运球技术。⑤半场二攻二、三攻三。

（七）抢球、打球、断球技术的练习方法

抢球、打球、断球技术的练习方法有：①两人一组，相距1.5米，面对站立，一人双手持球于腹前，另一人按抢球要求突然上步将球抢夺回来。攻守交换。②三人一组，两人相距1米，中间一人持球向两侧摆动，两侧队员根据球的部位伺机抢球，持球队员做转身跨步和摆脱护球动作。攻守轮换练习。③两人一组，相距1.5米，面对站立，持球人把球传给另一队员后，上步打球。两人轮流练习。④两人传球，两人做前面或侧面断球练习。⑤半场一攻一、二攻二、三攻三，提高防守队员的抢、打、断球能力。

（八）抢篮板球技术的练习方法

抢篮板球技术的练习方法有：①采用自抛自抢，体会抢球动作、抢球时机和得球后落地的动作。②两人一组，一人向篮板或篮圈抛球，另一人开始面向持球人，然后转身跨步（上步）起跳用单或双手抢球；练习数次后交换练习。③攻守双方按罚球时的位置站好，罚球队员投篮后，双方抢位争抢篮板球；练习数次后轮换。④两人一组，站在距离球篮3米处，一人进攻，一人防守；一人在罚球线投篮，防守人练习转身挡人抢篮板球。⑤在半场二攻二守、三攻三守的比赛中，进行争抢篮板球练习。

【思考题】

1. 以某个球员为例，说明现代篮球运动发展的特点及趋势。
2. 简述双手传接球和原地跳起单手肩上投篮的动作要领。
3. 简述全场紧逼防守的特点及种类。

【参考文献】

［1］全国体育学院教材委员会审定．篮球运动教程［M］．北京：人民体育出版社，2001.

［2］刘玉林．现代篮球运动研究［M］．北京：人民体育出版社，2005.

［3］闫育东，赵晶，闫军．篮球裁判晋级必读［M］．北京：北京体育大学出版社，2013.

［4］李杰凯．论我国篮球教材技术分类的新体系［J］．上海体育学院学报，1999（2）．

［5］谭朕斌．篮球运动基本规律及发展特征的研究［D］．北京：北京体育大学，2000.

第二节 排 球

【学习目标】

1. 了解排球的历史与中国女排的辉煌历史，对排球有一个理论和宏观上的认识。
2. 会打排球，使学生参与体育锻炼时增加一项有趣而实用的内容。

一、排球运动概述

(一) 排球运动的起源

排球运动起源于美国。19世纪末，美国在体育方面成为较发达的国家，当时以美式足球、橄榄球、篮球和网球较为盛行。由于美式足球、橄榄球和篮球的比赛活动太激烈，只适合青年人参与，对于中老年人来说是可望而不可即，而网球运动规定参与的人数又太少，所以人们希望能够找到一种运动负荷适当、参与人数较多、富于趣味性且适合男女老少参与的活动方式。1895年，当时美国马萨诸塞州霍利约克市基督教青年会体育干事威廉·摩根（W. G. Morgan）先生从网球运动中受到启发，创造了一种较为和缓、活动量适当的运动方式来满足人们需要的新游戏。即在网球场上把球网架在5英尺6英寸（1.98米）的高度上，然后让人们用篮球的内胆隔着网来回拍打，使其在空中飞来飞去，这就是排球运动最早的雏形。由于篮球内胆太轻且不易控制，篮球和足球太重且易挫伤手指、手腕，摩根找到当时美国较大的制作体育用品的司保丁公司，要求他们设计一种用软牛皮包制的球。这种球既不伤手指，又不会一打就跑。司保丁公司按照摩根的设计要求制作了与现代排球相近的外表是皮制的、内装橡皮胆的球，圆周为25～27英寸（63.5～68.5厘米）、重量为9～12盎司（255～340克）的历史上的第一批排球。今天排球的大小和重量就是据此演变而来的。

摩根把这种游戏式的活动取名为"Mitontte"即"小网子"的意思。1896年，在美国马萨诸塞州斯普林菲尔德基督教青年会体育指导大会上进行这种游戏的首次表演赛。当时观看比赛的春田市的哈尔斯·戴特博士发现这种打法和网球有些相似，就建议把这一运动命名为"Volleyball"，即"空中截球"之意，于是Volleyball就一直被沿用至今。

(二) 中国女排简介

1953年，中国青年女子排球队首次随中国代表团参加在布加勒斯特举行的第1届国际青年友谊运动会排球赛，开始了中国女排参与世界级比赛的生涯。1956年，中国女排第一次参加世界锦标赛就取得了女子第6名的成绩。中国女排最为辉煌的历史要从1981年说起。1981年，我国女排在日本举行的第3届排球世界杯赛中以7战7捷的战绩，第一次获得世界冠军的称号，为三大球翻身打响了第一炮；1982年，在秘鲁举行的第9届世界女排锦标赛中再次夺冠；1984年，中国女排继续发扬顽强拼搏精神，在美国举行的第23届奥运会排球赛中再次问鼎，第一次在奥运会排球比赛大厅内升起了中国的五星红旗。荣获三连冠的中国女排在我国排球史上留下了辉煌的一页。1985年在日本举行的第4届女排世界杯、1986年在捷克斯洛伐克举行的第10届世界女排锦标赛中，我国女排又相继夺得冠军，创造了世界女排大赛中五连冠的新纪录。

2003年是中国女排丰收的一年，接连夺得瑞士女排精英赛、世界女排大奖赛、亚洲女排锦标赛等几个国际赛事冠军。中国女排的姑娘们不负众望，在于日本举行的第9届世界杯中，以11战全胜的佳绩勇夺冠军，国内又重现20世纪80年代的女排热潮。

2004年雅典奥运会上，中国女排队员克服重重困难，终于夺取了那枚让国人整整期待了20年的奥运金牌。2008年北京奥运会，中国女排获得铜牌。随着老队员的退役，新一代女排处于调整期，成绩虽不尽如人意，但中国女排的伟大精神一直鼓舞着国人。

二、排球的基本技术

排球技术是指在排球规则允许下，运动员采用的各种合理的击球动作和为完成击球动作所必不可少的与其他配合动作的总称。合理的击球动作指各种直接触球的动作，如发球、垫球、传球、扣球、拦网等技术，这5项基本击球动作称为有球技术；而各种准备姿势、移动、助跑、起跳、倒地等没有直接触及球的配合动作，又称为无球技术。

排球技术主要由手法和步法两部分组成。手法指击球时手指、手腕、手臂用力和控制球的动作方法，步法是指快速灵活的脚步移动和助跑起跳的动作方法。

（一）准备姿势与移动

1. 准备姿势

运动员在起动、移动和击球前所采用的合理的身体姿势，称为准备姿势。根据比赛中（练习中）完成各项技术动作的需要，运动员做准备姿势时身体重心的高低会有所不同。根据身体重心的高低，准备姿势可分为稍蹲准备姿势、半蹲准备姿势和低蹲准备姿势。

图6-2-1 稍蹲准备姿势

（1）稍蹲准备姿势。两脚前后开立，两膝微屈，身体重心位于两脚之间，并稍靠近前脚，后脚跟稍提起；身体稍前倾，两臂放松，自然弯曲置于腹前；两眼注视球并兼顾场上各种情况，两脚保持微动状态（图6-2-1）。

（2）半蹲准备姿势。两脚前后开立，两膝弯曲，脚跟自然提起；上体前倾，重心靠前，膝部的垂直线应在前脚尖前面，两臂放松，自然弯曲置于腹前；两眼平视，注意来球，两脚始终保持微动（图6-2-2）。

（3）低蹲准备姿势。身体重心比半蹲准备姿势更靠前，两脚左右的距离更宽一些，膝部弯曲的程度大于半蹲准备姿势；肩部垂直线过膝，膝部垂直线超过脚尖，两臂置于胸腹之间（图6-2-3）。

2. 移动

（1）并步。并步时，前脚向来球方向跨出一步，后脚迅速蹬地跟上，并做好击球前的准备姿势。并步的特点是容易保持身体平衡，便于做击球动作。并步可向前、后、左、右各方向移动，主要适用于离身体一步远时的垫球、传球、拦网等技术。

图6-2-2　半蹲准备姿势

图6-2-3　低蹲准备姿势

（2）滑步。连续并步称之为滑步，适用于球离身体的距离较并步稍远的状况。滑步移动时身体重心变换快而移动速度较慢，所以不适合较长距离移动。滑步主要应用于垫球、传球、拦网等技术。

（3）交叉步。当来球距身体2米左右时，可采用交叉步移动。其动作方法是：向右移动时，上体稍向右转，左脚从右脚前面向右迈出一步，右脚再迅速向右迈出一步落在左脚的右边，同时身体向来球方向转动，做好击球前的准备姿势。交叉步的特点是步子大，动作快，便于制动。交叉步主要适用于垫球、传球、拦网等技术。

（4）跨步。当球离身体一步远的时候，也可以采用跨步。跨步时，一腿用力蹬地，另一腿向来球方向跨出一大步，后腿随重心前移自然跟上，两臂做好迎球动作。跨步的特点是跨距大，便于向前、斜前方降低重心进行低点击球。跨步主要适应于垫球技术。

（5）跑步。跑步接球时，不要过早做击球动作的准备，以免影响跑步的速度。球在侧方或者后方时，应一边转身观察球一边跑。跑步的特点是移动速度快，便于随时改变方向。跑步主要应用于垫球、传球等技术。

（二）发球

队员在发球区用一只手将自己抛起的球直接击入对方半场的技术动作叫作发球。发球是比赛的开始。常用的发球方法有正面上手发球、勾手发球、正面下手发球、跳发球。这里主要介绍正面上手发球、勾手发球和正面下手发球，跳发球因难度较大，不作介绍。为了方便理解，这里以右手发球为例。

1. 正面上手发球（图6-2-4至图6-2-7）

（1）准备姿势：面对球网，两脚前后开立，左脚前、右脚后，左手托球于体前。

（2）抛球与引臂：左手将球平托至右肩前上方，初学者不宜抛球过高，1米左右的距离即可；同时，右手臂屈臂后引，要求肩肘在同一平面，上体稍向右侧转动。

（3）击球：利用蹬地、转腰、转肩、挥臂、收腹的力量把球击打出去，击球时整个手掌要和球完全吻合，包住球；击球点在右肩前上方手臂伸直处，此时身体已经转至正前方，身体重心随即跟上。其技术要领为：手托上抛高1米，同时抬臂右旋体；转体收腹带挥臂，弧形鞭甩应加速；全掌击球中下部，手腕推压要积极。

图6-2-4

图6-2-5

图6-2-6

图6-2-7

图6-2-4至图6-2-7 正面上手发球的连贯动作

2. 勾手发球

（1）准备姿势：身体侧对球网，两腿自然开立，左手托球于胸前。

（2）抛球与摆臂：左手将球托至左肩前上方，高度适中；同时，右臂向后下方摆动，重心稍右移。

（3）击球：利用蹬地、转体、转肩、挥臂的力量用半握拳的手型将球击出，击球的过程中右臂是完全伸直的；击球点在左肩的前上方，击球后，身体重心跟上。

3. 正面下手发球（图6-2-8、图6-2-9）

（1）准备姿势：面向球网，两脚前后开立，稍屈，左手托球于腹前，上体稍前倾。

（2）抛球与摆臂：左手将球平托至右肩前方半米左右的位置，同时左臂以肩为轴向后摆动。

（3）击球：利用蹬地、伸膝挥臂的力量用半握拳或者掌根等手型将球击出，击球后身体重心跟上，击球点大约在腹前偏右的位置。

发球的学练方法：可以先做徒手的发球模仿练习，动作定型后，再做有球的发球练习。在做完整的发球练习之前，先做抛球练习，抛球的好坏直接影响发球的质量。开始做发球练习时，可以做球不出手发球练习，即正常发球练习；在球被击打出去后，另外一只手把球拦住，不让球真正飞出去，这个练习主要体会发球动作，同时加强手和球的对准能力。动作熟练后，做由近及远的发球练习。两人一组进行隔网发球练习：先站在场地里发球，如果能够成功过网，便可以逐渐向后退，直至退到发球区内发球。

图6-2-8

图6-2-9

图6-2-8至图6-2-9　正面下手发球

（三）垫球

用除手指弹击动作外的身体任何部位击球的动作都称为垫球，垫球是排球的基本技术之一。按照动作方法进行分类，垫球可以分为正面双手垫球、体侧双手垫球、背向双手垫球、跨步垫球、单手垫球、侧倒垫球、前扑垫球、滚翻垫球、鱼跃垫球等等。下面重点介绍前6种垫球方法；鉴于前扑垫球、滚翻垫球、鱼跃垫球难度较大，不提倡初学者使用，这里不作介绍。

1. 正面双手垫球

（1）准备姿势：面对来球，成半蹲或稍蹲姿势站立。

（2）手型：垫球手型通常有两种（图6-2-10）。①叠指式：两手手掌相靠，两手手指重叠，手掌互握，两拇指平行向前，手腕下压，两前臂外翻成一个平面。②抱拳式：两手抱拳互握，两拇指平行向前，两掌根和小臂外旋紧靠，手腕下压，使前臂形成一个垫击的平面。

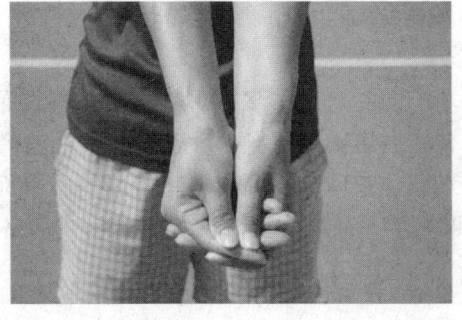
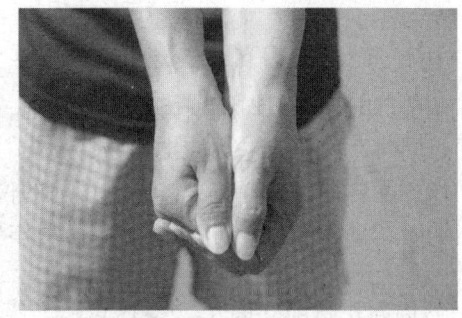

图6-2-10　正面双手垫球手型

（3）垫球动作：当球飞到腹前约一臂远的距离时，两臂夹紧前伸，插入球下，同时配合蹬地、跟腰、提肩、顶肘、压腕、抬臂等全身协调动作迎向来球，身体重心随着击球动作向前上方移动。

(4)击球点:保持在腹前的高度。

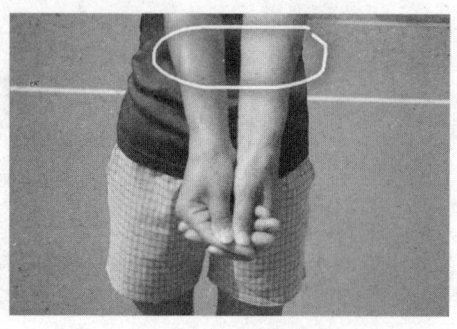

图6-2-11 垫球部位

(5)击球部位:腕关节以上10厘米左右的两小臂桡骨内侧所构成的平面(图6-2-11)。

(6)击球用力:用力垫球时,根据来球力量、速度和垫击的距离,掌握好手臂迎击球的用力和缓冲动作。如果来球力量较小、速度慢或者垫击球的距离较远时,垫击用力大些,必须加大抬臂击球动作来增加球的反弹力;如果来球力量较大或者垫击球距离较近时,垫击球的力量应该小些,靠球的反弹力量将球垫起;如果来球力量很大,为了缓冲来球力量,垫击时,身体和手臂都需要做顺势后撤动作,使球平稳垫出(图6-2-12、图6-2-13)。其动作要领为:两臂前伸插球下,两臂夹紧腕下压;蹬地跟腰前臂垫,击点尽量在腹下;撤臂缓冲接重球,轻球主动抬送臂。

图6-2-12

图6-2-13

图6-2-12至图6-2-13 正面双手垫球

2. 体侧双手垫球(图6-2-14)

左侧垫球时,先以右脚前脚掌内侧蹬地,左脚向左跨出一步,重心移至左脚,保持两膝弯曲;同时,两臂向左侧伸出,左臂高于右臂,右肩微向下倾斜。击球时,用右转体和收腹动作,配合提肩抬臂在身体左侧稍前的位置截住来球,用两前臂垫击球的后下部。来球在右侧时,动作相同,方向相反。其动作要领为:向侧跨步侧前伸臂,向内转体提肩击球。

3. 背向双手垫球(图6-2-15)

背垫时,要判断好来球方向,快速移动到球的落点处,背对垫球方向,两臂夹紧伸直;击球时,用蹬地、抬头挺胸、展腹和上体后仰的动作带动两臂向后上方摆动抬送,以前臂触球的前下方,将球向后下方击出;背垫的击球点一般应在肩部的前上方。其动作要领为:蹬挺抬仰两臂摆,背对目标肩上击。

图6-2-14 体侧双手垫球

图6-2-15 背向双手垫球

4. 跨步垫球

当球的落点距身体只有一步远的时候，通常采用跨步垫球。判断好球的落点，迅速向来球方向跨出一步，身体重心跟上，落在跨出的脚上；同时，两臂做好击球的动作，利用蹬地、提肩抬臂的动作将球击出。跨步的方向主要是向前跨步和向侧方跨步。

5. 单手垫球（图6-2-16）

单手垫球通常应用在球速较快，或离身体较远来不及用双手垫球的情况下。垫球时，单手伸向来球方向，用前臂垫球的部位把球击出。由于单臂的击球平面较小，相对双臂垫球的成功率较低，所以不提倡初学者使用单臂垫球。

6. 侧倒垫球

当来球距体侧较远，球又较低时，使用侧倒垫球。击球前，同侧脚向来球方向跨出一大步，身体重心落在跨出腿上，臀

图6-2-16 单手垫球

部下降，两臂向下方直插球下。击球时，以跨出脚的前脚掌为支撑向内转动，在向内转体转肩的同时两臂上抬击球；击球后，跨出腿臀部、背部依次倒地。侧倒垫球也适用单臂垫球。

垫球的学练方法：开始学习垫球时，首先做徒手模仿垫球动作；为了强化垫球的感受，可以接着做自垫练习，即一个人利用正确的垫球动作连续垫球；动作熟练后可以做一抛一垫练习，即两个人一组，一人抛球，一人垫球。如果同组的两个人都已掌握了垫球的技巧，可以尝试两人对垫，即你垫给我、我垫给你；如果对垫效果不好，可进行多人垫球练习，即多个人一组，围成圆圈状进行垫球练习。

（四）传球（图6-2-17、图6-2-18）

利用全身协调力量并通过手指手腕的弹力，将球传至一定目标的击球动作称为传球。传球是排球运动中一项重要的基本技术，是组织进攻战术的基础。传球分为正面双手传球、背传、侧传、跳传和单手传球等。这里主要介绍正面双手传球和背传。

1. 正面双手传球

正面双手传球一般采用稍蹲准备姿势，上体稍挺起，仰头看球，两手自然抬起，屈肘

放松置于额前。当来球接近额前时，开始蹬地、伸膝、伸臂，手指微张从脸前向前上方迎出，全身各部位动作应协调一致。击球点在距额前上方大约一球的位置上。当手触球时，十指应自然张开使两手成半球状，手腕稍后仰，以拇指内侧、食指全部、中指的二三指节触球的后下部，无名指和小指在球的两侧辅助控制球的方向，两拇指相对近似"一"形；当手和球接触后，各大关节应继续伸展，最后用手指和手腕的弹力将球击出。其动作要领为：蹬地伸臂正对球，额前上方迎击球；触球手型成半球，指腕缓冲控制球。

图6-2-17

图6-2-18

图6-2-17至图6-2-18　正面双手传球准备姿势与手型

2. 背传

背传时要背对传球目标，上体要比正面传球时稍后仰，双手自然抬起置于脸前；抬上臂、挺胸、上体后屈做好迎球动作。击球点在头上方，比正面传球略偏后。手型与正面传球相同，但触球时手腕要稍后仰，掌心向上，拇指托在球下，击球的下部；利用蹬腿、展体、抬臂、伸肘和指腕的弹力，把球向后上方传出。其动作要领为：上体稍直臂上抬，掌心向上腕后仰；背部正对目标处，协调传球向上方。

传球的学练方法：在练习传球之前，首先徒手模仿传球的动作；熟练掌握以后，做自抛自传的练习，即练习者自己将球向上方抛出，然后做传球的练习，注意练习前期球不要抛得过高。也可以做一抛一传的练习，即两人一组，一个人抛球，一个人做传球的练习；距离可由近及远，开始可以距离1米左右，这样力量较小，让传球者能够敢于做传球的动作，熟练以后可以逐步加大距离。需要注意的是，抛球者要尽可能直接将球抛到传球者的额前上方，让传球者不用过多调整。轮流练习，当两人对传球技术都有感觉后，可以做对传练习，练习距离也可以由近及远。熟练掌握传球后，可以适当增加练习难度，做三人传球练习，即三个人以三角形的队形来进行传球练习；也可以做移动传球练习，即两人一组，在移动中进行传球练习；还可以做隔网传球练习，即两人一组，隔网进行传球。隔网传球在传球的高度和力度上要求较高，水平较高者也可以进行隔网移动传球练习。

（五）扣球（图6-2-19至图6-2-22）

队员跳起，用一只手或者手臂将本方场区上方高于球网的球主动向对方半场用力击打的处理球方法叫作扣球。扣球是排球比赛中采取进攻的主要方法之一。根据扣球位置，这里把扣球分为前排扣球和后排进攻扣球。前排扣球是指在场内2、3、4号位上的扣球；后排进攻扣球是指在.1、5、6号位上的扣球，规则规定，后排进攻扣球要在3米线后起跳。

无论是前排扣球还是后排进攻扣球，基本的手型手法是一致的。这里以右手扣球为例来讲述。

（1）准备姿势：采用稍蹲的准备姿势，身体朝向来球方向，观察球的变化，随时做好助跑起跳扣球的准备。

（2）助跑与起跳：当球传出后，扣球队员调整脚步，使左脚前、右脚后站位，然后根据球的方向，右脚迈出一大步，随后左脚跟上一步，最后右脚靠拢左脚。遵循原则是一步大、二步小、三步调整。当助跑结束后身体有个制动，借助制动的力量，两臂由后向前上方摆动，使身体向上跃起。此时，右臂屈臂后引，准备做击球动作；左臂自然前伸，维持身体平衡。

（3）空中击球：起跳后，挺胸展腹，上体稍向右转，身体成反弓形；随着球的下落，迅速做转体、收腹、挥臂的动作，当球落到右肩前上方大约一个手臂高度的时候，利用全手掌将球包住击出，随后右手臂继续向前做鞭打动作。

（4）落地：扣球完毕后，两脚落地，注意要屈膝缓冲。

扣球的学练方法：扣球对初学者的要求较高，往往达不到理想的扣球效果。初学者可以分步骤练习：首先做徒手扣球的挥臂鞭打动作练习，接着做扣球的助跑起跳练习，然后把助跑、起跳、挥臂的动作衔接起来练习，熟练之后可以做有球的扣球练习。

图 6-2-19

图 6-2-20

图 6-2-21

图 6-2-22

图 6-2-19 至图 6-2-22　扣球的连贯动作

（六）拦网（图 6-2-23、图 6-2-24）

前排队员伸手阻拦对方的来球，称之为拦网。拦网是抑制对方扣球得分的有效措施。

拦网根据人数的多少可分为单人拦网、双人拦网和三人拦网。

（1）准备姿势：队员面向球网站立，两脚左右分开，做稍蹲准备姿势，两臂屈肘放于胸前。

（2）步法移动：向来球方向移动，可采用并步、交叉步、侧滑步、跑步等移动方法来移动身体。

（3）起跳与空中动作：移动到最后一步时，注意制动，使身体能够最大限度向上跳起；两手从额前沿球网向上方伸出，两手五指分开，两手掌外沿稍向内扣成半球状，两腕关节下压，抵住来球的力量。

（4）落地：落地时，屈膝缓冲，两臂收回时要先屈肘在下臂，以免触网。

拦网的学练方法：拦网技术对初学者来说，也是较难掌握的排球技术，身体素质好的学生可以尝试练习拦网。首先做原地起跳的单人拦网练习，接着做一步移动的单人拦网练习；熟练之后，两人配合做双人拦网练习，也可以做三人拦网练习。

图 6-2-23　　　　　　　　　　　　图 6-2-24

图 6-2-23 至图 6-2-24　拦网

三、排球的基本战术

在排球比赛中，不可避免地要应用一些排球战术。所谓排球战术，是指队员在比赛中，根据排球竞赛规则和排球运动规律以及比赛双方的具体情况和临场竞赛的变化，合理运用个人技术和集体配合所采取的有意识、有组织的行动。排球基本战术可分为进攻战术和防守战术。

（一）阵容配备

阵容配备是指合理使用本队队员的一种组织形式。其目的在于把全队的力量有效地组织起来，扬长避短，最大限度地发挥每一个队员的作用和特长。

1."三三"配备

即3名能传球的队员和3名能进攻的队员间隔站位，使每一轮都有能传能攻的队员。这种配备适合水平较低的球队比赛时应用。

2."四二"配备

即2个二传手、4个进攻手的配备。其中，4个进攻手由2个主攻和2个副攻组成。站位方法为2个主攻和2个副攻分别站对角线，这样使每个轮次前后排都有1名二传、2

名进攻队员。这种配备适合中等水平的球队。

3. "五一"配备

即 1 个二传、5 个进攻队员的配备。这种配备要求和二传站对角线的队员能够做接应二传。这种配备适合较高水平的球队。

(二) 场上位置（图 6-2-25）

按照逆时针方向，场上位置分别为 1~6 号位，其中发球队员的站位为 1 号位。当需要有一名新的队员进行发球时，队员按照顺时针方向依次轮换一个次序。

(三) 进攻战术

1. "中一二"战术（图 6-2-26）

"中一二"战术是二传站在 3 号位上将球传给 4 号位的主攻和 2 号位的副攻进行扣球进攻的战术。"中一二"战术是最基础、最简单的进攻战术。

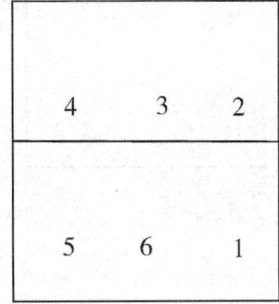
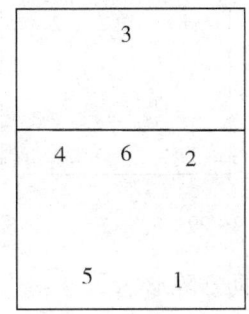

图 6-2-25　场上位置　　图 6-2-26　"中一二"战术站位

2. "边一二"战术（图 6-2-27）

"边一二"战术是二传站在 2 号位上给 3、4 号位上的进攻队员传球，使 4 号位上的主攻和 3 号位上的副攻能够进行扣球进攻的战术。"边一二"战术也是比较简单的进攻战术。

3. "插上"战术（图 6-2-28）

"插上"战术又叫"后排插上"战术，是后排一个队员在对方发球后跑到前排做二传，把球传给 2、3、4 号位上的队员组织进攻的战术。

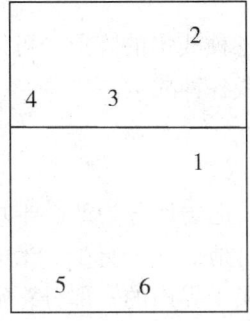
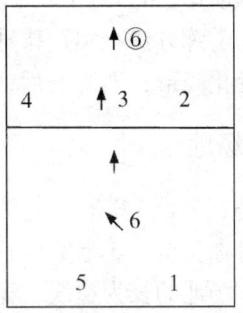

图 6-2-27　"边一二"战术站位　　图 6-2-28　"插上"战术站位（箭头为跑动路线）

77

(四)防守战术

1. 接发球站位阵形

(1)"一三二"接发球阵形——W阵形(图6-2-29)。这种站位的优点是参加接发球的5名队员站位均衡,每名队员接发球的范围相对较小,并且职责明确;前排3名队员接前场球,后排2名队员接后场球。

(2)"一二一二"接发球阵形——M阵形(图6-2-30)。这种站位适合发球落点较分散的状况,更加能够均衡接发球队员的职责;前场2名队员接前场球,中间1名队员接中场的球,后排2名队员接后场的球。

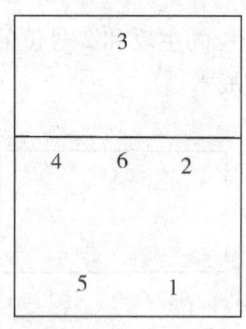 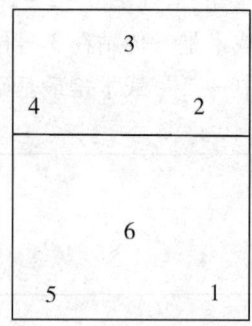

图6-2-29 "一三二"接发球阵形　　图6-2-30 "一二一二"接发球阵形

2. 接扣球防守阵形

(1)无人拦网的防守阵形。在没有拦网必要时采用该阵形。二传在网前,既可以接网前球,又可以组织进攻。前排进攻队员后撤,准备防守和进攻;后排队员在自己的位置上准备防守。

(2)单人拦网的防守阵形。对方进攻力量较弱,扣球以近网扣球为主,吊球较多时采用此阵形。单人拦网应以拦中线为主。前排不拦网的队员后撤防守前场扣球,后排队员防后排扣球。

(3)双人拦网的防守阵形。对方扣球能力较强时采用此阵形。前排不拦网的队员后撤防守前场扣球,后排队员防后排扣球。

(4)"边跟进"的防守阵形。对方4号位队员扣球,本方2、3号位队员拦网,1号位队员跟进防守网前球,4、5、6号队员防扣球。

排球战术的学练方法:实践排球战术时,必须要先熟悉各种战术的阵形,可以先进行无球模拟比赛变化阵形;熟练之后,组织比赛,在实战中实践各种战术。

四、排球场地

排球场地是一个长18米、宽9米的长方形,由网和中线把场地分为两个半场。场地四周设有相互对称且至少3米宽的长方形无障碍区域。场内自地面向上至少7米的空间必须无任何障碍。场地的长为边线,宽为端线,线宽5厘米,属于界内的一部分;端线后的区域为发球区。场地内距中线3米的左右两侧各有一条线,称为3米线,3米线的作用在于限制后排队员进攻,后排队员必须在3米线以后起跳扣球才有效。排球比赛的网高,成年男子为 2.43 米,女子为 2.24 米;少年男子一般为 2.24~2.35 米,少年女子为 2.00~2.15 米(图 6-2-31)。

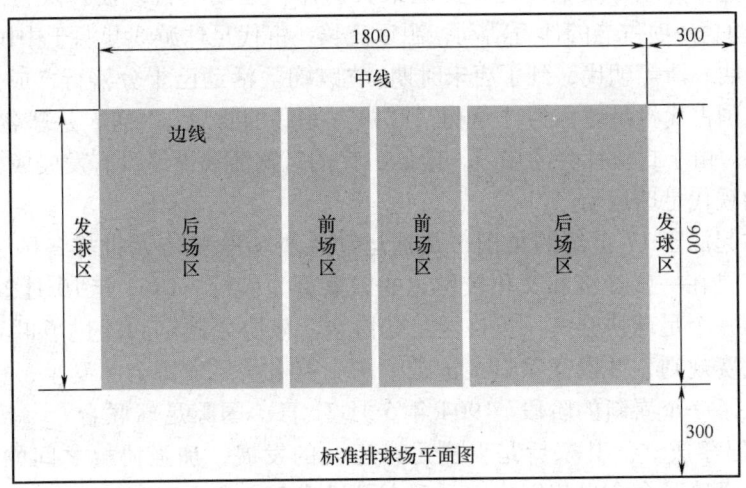

图 6-2-31 排球场平面

【思考题】

1. 排球运动的价值体现在哪几个方面?
2. 排球运动包括哪几项基本技术?
3. 画图说明"中一二"战术。
4. 画图说明"边一二"战术。

【参考文献】

[1] 黄汉升. 球类运动——排球[M]. 北京:高等教育出版社,2001.
[2] 全国体育院校教材委员会. 排球运动[M]. 北京:人民体育出版社,1999.
[3] 黄茂武,等. 大学体育[M]. 广州:中山大学出版社,2003.
[4] 李海燕,等. 大学体育教程[M]. 北京:北京体育大学出版社,2008.
[5] 百度百科(http://baike.baidu.com).

第三节 足 球

【学习目标】

1. 学习足球运动的基础知识,掌握足球的几项基本技术和简单战术。
2. 发展学生的速度、力量、耐力、柔韧、灵敏等身体素质与体能。
3. 培养学生具有较强的合作与竞争意识,具备良好的心理品质和社会适应能力。

一、足球的起源与发展

足球运动是世界上开展最广泛、影响最大的体育运动项目,被公认为"世界第一运动"。足球运动是一项古老的体育活动,源远流长。古代足球游戏起源于中国,经历了汉、唐、宋、元、明、清等朝代,到了唐宋时期,"蹴鞠"活动已十分盛行,成为宫廷之中的高雅活动。我国古代将足球称为"蹴鞠","蹴"是踢的意思,"鞠"是球名。"蹴鞠"就是踢球的意思。由于封建社会的局限,中国古代的蹴鞠活动最终没有发展成为以"公平竞争"为原则的现代足球运动。

现代足球起源于17世纪的英国,足球运动逐步从欧美传入世界各国,促进了足球的发展,尤其是在一些经济和文化较发达的国家更为盛行。1863年10月26日,英国人成立了世界第一个足球协会——英格兰足球协会。该协会制定和通过了世界第一部较为统一的足球竞赛规则,并以文字形式记载下来。英格兰足球协会的诞生,标志着足球运动的发展进入了一个崭新的阶段。1904年5月21日,国际足球联合会(简称"国际足联")在法国巴黎成立。其宗旨是促进足球运动的发展,加强协会之间的联系。接着,世界各大洲的足球联合会也相继成立,现在已经有200多个国家和地区加入了国际足球联合会。

二、足球运动的基本技术

足球技术是指运动员在足球竞赛规则条件下,运用身体的有效部位合理完成各种动作方法的总称。根据比赛的攻防转换,可以把技术分为进攻技术和防守技术;根据运动员的技术方式,又可以将其分为有球技术和无球技术。无球技术包括跑动、急停、转身、跳跃等,有球技术主要包括踢球、接球、运球、头顶球、断球、掷界外球等。有球技术和无球技术都是足球技术的重要组成部分,在比赛中都起着非常重要的作用。

(一)踢球

踢球指运动员有目的地用脚把球击向预定目标的技术。踢球是足球技术中最重要的技术,主要用于传球和射门。踢球动作按照踢球时脚触球的部位可以分为脚内侧踢球、脚背正面踢球、脚背内侧踢球、脚背外侧踢球以及脚尖踢球和脚跟踢球。以上这些踢球方法,在动作结构上都大体一致,都由以下这五个部分组成,即助跑、支撑脚站位、踢球脚摆动、脚触球、踢球的随前动作。

1. 脚内侧踢球

脚内侧踢球的特点是,脚与球接触面积大,出球准确平稳,可控性强且易于掌握。由于脚内侧踢球的出球力量相对较小,所以一般常用于短距离的传球和射门(图6-3-1至图6-3-5)。

2. 脚背正面踢球

脚背正面踢球的特点是,踢球腿的摆动幅度相对较大,易于发力,踢球力量大,脚与球的接触面积也相对较大,准确性强,多用于远距离的传球和大力射门;但是,出球线路缺乏变化。

图 6 - 3 - 1　　　　　　　　图 6 - 3 - 2　　　　　　　　图 6 - 3 - 3

图 6 - 3 - 4　　　　　　　　图 6 - 3 - 5

图 6 - 3 - 1 至图 6 - 3 - 5　脚内侧踢球

3. 脚背内侧踢球

脚背内侧踢球动作的特点是，踢摆的幅度大，动作流畅，触球面积大，出球平稳有力，且出球线路多变，可以踢出平直球、远距离弧线球等，是中远距离球和射门的重要方法（图 6 - 3 - 6 至图 6 - 3 - 10）。

脚背内侧踢球动作要领是：踢定位球时，斜线助跑，助跑方向与出球方向约成 45 度角，最后一步稍大，以支撑脚脚底着地，身体重心稍倾向支撑脚一侧，脚尖指向出球方向，距球内侧后方 20～25 厘米，膝关节微屈；在支撑脚踏地时，踢球腿以髋关节为轴大腿带动小腿由后向前呈弧线摆动，脚背绷直，脚趾紧扣斜向下指，以脚背内侧触击球的后中下部位；击球后踢球腿顺势向前摆动。

4. 脚背外侧踢球

由于踢这种球的脚踝灵活性较大，摆腿方向变化较多，且助跑时又是正常的跑动姿势，故其出球隐蔽性较强，足球比赛中各种距离的弧线球及非弧线球均可使用，实用性非常强。

图 6 - 3 - 6

图 6-3-7

图 6-3-8

图 6-3-9

图 6-3-10

图 6-3-6 至图 6-3-10　脚背内侧踢球

（二）停球

停球是指运动员有目的地用身体的合理部位把运行中的球停下来，控制在预想的范围内，以便更好地衔接下一个技术动作，停球质量的好坏直接影响下一个动作的顺利完成。比赛中根据来球性质、状态不同，所以停球应根据不同情况，采用不同的动作方法。按停球部位来分可以分为脚部停球、腿部停球、胸部停球、腹部停球、头部停球这几类。比较常用的有脚内侧、脚底、脚背正面、脚背外侧、大腿和胸部停球等。

1. 脚内侧停球

这是用脚内侧部位停球的一种技术。由于脚触球面积大，停球平稳，动作简单易学。比赛中经常使用这种技术停各种地滚球、反弹球、空中球。

2. 脚背外侧停球

脚背外侧停地滚球时，判断来球情况，选好支撑脚站立位置，将停球点放在停球腿一侧，支撑腿膝关节微屈；以脚背外侧对准来球，球来时，停球脚以脚背外侧拨球。脚背外侧停反弹球根据来球的落点及时移动到位，支撑脚站在来球落点的侧后方，支撑腿小腿与地面成一定的夹角，膝关节做扣压动作，避免球的反弹。

3. 脚背正面停球

这种方法多用于停由空中下落的来球。根据球的落点，及时移动到位，脚背正面上迎下落的球，当球与脚面接触的一瞬间，停球脚与球下落的速度同步下撤，增加缓冲效果。

4. 脚底停球

由于脚底停球接触球面积大，技术便于掌握，易于将球停到位置，故常被用来停各种地滚球和反弹球。脚底停地滚球：身体和脚尖正对来球方向，膝关节微屈，同时接球腿提起，膝关节微屈，脚尖高于脚跟，用脚掌触球的中上部。脚底停反弹球：根据来球落点，及时前移迎球，支撑脚站在落点侧后方，脚尖正对来球方向，球落地瞬间，用前脚掌去触球的中上部，微伸膝，用脚掌将球停在体前。

5. 大腿停球

大腿停球一般可以用来停抛物线较大的高空球和略高于膝的低平球。大腿停抛物线较大的下落球：面对来球方向，根据球的落点迅速移动到位，停球腿大腿抬起，当球与大腿接触的瞬间，大腿下撤将球停到需要的位置上。大腿停低平球：面对来球方向，根据来球高度，停球腿大腿微屈，送髋前迎来球，当球与大腿接触瞬间收撤大腿，使球落在所需要的位置上（图6-3-11）。

图6-3-11　大腿停球

6. 胸部停球

由于胸部停球部位较高、面积大、停球稳定等特点，适用于停高空球和平直球。胸部停球包括挺胸式、收胸式两种方法。挺胸式停球：面对来球站立（两脚开立），两膝微屈，上体稍后仰，下颌微收，两臂自然张开，接触球瞬间，两脚蹬地，向上挺胸，使球弹起落到体前。收胸式停球：多用于接齐胸高的平直球，面对来球，两脚左右或前后开立，两臂自然张开，挺胸迎球，触球瞬间收胸、收腹缓冲来球的力量，将球停在体前；若需将球按在体侧时，则触球瞬间转体将球停在转体后相应的一侧。

（三）运球

运球是指运动员用脚部将球进行推、拨、拉等技术动作，在跑动中将球控制在自身范围内，采用此类方法越过对方防守队员，称之为运球过人。运球与运球过人是运动员进攻能力的表现，运用运球技术可以调控比赛节奏，打乱对方的防守，丰富战术，为同伴创造射门得分的机会。常用的运球技术有脚内侧运球、脚背正面运球、脚背外侧运球、脚背内侧运球。

1. 脚内侧运球

这是在有对方阻拦需用身体做掩护时采用的运球方式。其特点是容易控制球，速度比较慢，属于掩护性运球。脚内侧运球时，要求在运球前进时支撑脚始终领先于球，位于球的侧前方，肩部指向运球方向，支撑腿膝关节微屈，重心放在支撑腿上，另一条腿提起屈膝，用脚内侧推球前进（图6-3-12）。

2. 脚背正面运球

运球时身体保持正常跑动姿势，上体稍前倾，步幅不宜过大，运球腿提起，膝关节稍屈，髋关节前送，提踵，脚尖下指，在着地前用脚背正面部位触球后中部将球推送前进；由于脚背正面运球时身体持正常跑动姿势，速度较快，但是路线单一、缺少变化，因而这种技术多用在运球前方一定距离内没有防守队员（图6-3-13）。

图6-3-12 脚内侧运球

图6-3-13 脚背正面运球

3. 脚背外侧运球

运球时身体持正常跑动姿势，上体稍前倾，步幅不宜过大，运球腿提起，膝关节稍屈，髋关节前送，提踵，使脚背外侧正对运球方向，在运球脚落地前用脚背外侧推拨球的后中部。脚背外侧运球时，身体姿势与正常跑动时相同，因而可以发挥较快的速度；脚踝灵活，易于改变运球方向。这种方法能用身体将对手与球隔开，故掩护时也常使用。

4. 脚背内侧运球

身体稍侧转并自然协调放松，步幅小，上体前倾，运球腿提起外展，膝微屈外转，提踵，脚尖外转，使脚背内侧正对运球方向，在运球脚落地前用脚背内侧推拨球，使球随身体前进。脚背内侧运球采用非正常跑动姿势，不适用于高速运球；具备灵活和可变性大的特点，可以进行直线、弧线运球，容易控制方向，并且利于保护球。

（四）头顶球

头顶球是指运动员有目的地用前额将球击向预定目标的动作。足球比赛中，不仅要处理各种地滚球和反弹球，同时也要处理各种空中球。现代足球比赛中，双方对时间与空间的争夺异常激烈，头顶球技术的使用不仅使运动员占据空间，又能争取时间，所以头顶球是处理高空球的重要手段。在攻防两端，头顶球的作用都非常大，不仅可以破坏进攻，还能进攻得分。头顶球技术分前额正面头顶球与前额侧面头顶球。

1. 前额正面头顶球

原地头顶球时身体正对来球，眼睛注视来球，两脚开立，膝关节微屈，两臂自然张开；球快到时，上体稍后仰，两腿用力蹬地，迅速向前摆体，微收下颌，身体自下而上发力，用前额正面击球后中部，上体随球前摆（图6-3-14）。

2. 前额侧面头顶球

前额侧面头顶球的特点是动作快、变向突然、出球线路多变，对守门员的威胁较大，但出球方向不易控制，一般用于防守破坏对方进攻和接传中球头球攻门；根据来球的运行速度、运行轨迹，及时移动到位；两脚前后开立，出球方向的侧支撑腿在

图6-3-14 前额正面头顶球

前，重心在后脚上，眼睛注视来球，前膝微屈，两臂自然张开，当球运行至体前上方时，后脚向出球方向猛力蹬伸，上体随着向出球方向侧摆，同时用力向击球方向甩头，以前额侧面击球的后中部。

（五）掷界外球

由于掷界外球时接球人不受越位规则的约束，因此，不仅用于恢复比赛，而且可以为进攻创造有利条件。尤其是在前场30米内掷界外球，将球直接掷入门前，可以给对方造成很大威胁。掷界外球要充分利用蹬地、腰腹和手腕的力量，动作协调连贯。

1. 原地掷界外球

两手自然张开，持球的侧后部，将球置于脑后；面对出球方向，两脚前后或左右开立，膝关节弯曲，上体后仰成背弓，掷球时两脚用力蹬地，收腹屈体，同时两臂急速前摆，当球举到头上时用力甩腕将球掷入场内；掷球时，后脚可沿地面向前滑动，两脚均不得离地。

2. 助跑掷界外球

在助跑时，两手持球放于胸前，在助跑迈出最后一步时，上体后仰成背弓，同时将球上举至头后、蹬地、收腹、向前快速摆臂将球掷出。

（六）守门员技术

守门员的主要职责是在比赛中用身体各部分阻止对方球员将球攻入己方的球门。足球比赛的守门员是唯一能用手触球的球员，但只限在禁区内，否则被视为犯规。守门员技术的高低与反应的灵敏度，会影响到比赛最后一道防线的牢固与全队的士气。

1. 接球

（1）直立接球。两腿自然并立，脚尖正对来球，上体前屈，两臂并肘前迎，两手小指靠近，手掌对球；手触球的刹那随球后引屈肘、屈腕，两臂靠近将球抱于胸前。

（2）单膝跪立接球。多用于向侧移步接球。接左侧球时，左腿屈，右腿跪撑于左脚附近，距离不得超过球的直径，其余动作与直腿式接球相同；接右则球时，动作相同，方向相反。

（3）接平空球。接球时面对来球，两手掌心向上，两臂屈肘放于胸前两侧，上体前倾，前迎接球，当手触球时两臂向后撤引缓冲，将球抱于胸前。

（4）接高空球。面对来球，两臂上伸，在最高点手触球瞬间，手指、手腕适当用力将球抓住，缓冲来球并将球接住，顺势转腕屈肘、下引将球抱于胸前；判定落点准，起跳要积极迅速。

2. 击球、托球

（1）击球。一般用于出击时的防守，在争高球没有把握直接拿下来的情况下，可以用单手或者双手将球击出；准确判断来球运行路线，及时移动到位，握紧拳，在接近球的刹那迅速出拳击球。

（2）托球。一般用于临近球门的防守，用于射门力量大、角度刁的球。判断来球运行路线后，向后跃起托球；托球时手指微张，手掌向外翻转，用手掌前部触球的下部，使球改变运行轨迹，将球托出。

3. 扑球

扑球是守门员技术的难点，在守门员重心无法移动到位时，利用倒地加速重心向球侧移动的一种动作方法。扑球主要分为倒地侧扑和跃起侧扑。

三、足球运动的基本战术

足球战术就是比赛中为了战胜对手，根据主客观的实际所采取的个人和集体配合的手段的综合表现。熟练而巧妙地运用战术是全队夺取胜利的重要因素。足球比赛是由攻和守这对矛盾组成的，攻守转换组成了比赛的全过程。因此，足球战术可分为进攻战术和防守战术，其中又分别包含着个人进攻战术、局部进攻战术和整体进攻战术三类。

（一）进攻的基本战术

1. 个人进攻战术

（1）跑位。跑位是比赛中队员在无球的情况下，通过有意识的跑动，拉开防线，为自己和同伴创造进攻机会的行动。在比赛当中，每个队员的控球时间相对短暂，大部分都是无球的跑动。

（2）传球。传球是整体战术配合的基础，是组织进攻、变换战术、迅速逼近对方球门、创造射门机会的主要战术方法。传球在比赛中形式多样、变化多端，运用最多，而且传球水平的高低代表一个队的水平；传球的成功率往往决定着比赛的胜负，传球成功率高，容易创造最佳的射门机会。

（3）运球过人。运球过人是一项极有威胁的个人进攻手段，是突破对方防守体系、创造以多打少的重要方法，也是制造更好射门和传球机会的有效手段。运球突破是个人进攻的利器，但要运用时机得当，队友有更好机会时要及时将球传出，以免延误战机，但在本方后场时尽量少用。

（4）射门。射门是一切进攻战术配合的最终目的，也是进攻得分的唯一手段。在足球比赛当中，由于防守严密、逼抢积极，射门机会非常难得，因此，射门的瞬间是最困难的，同时也是最激动人心的。要想攻入对方球门，必须要有强烈的进球意识，射门准确有力，并且要出其不意，同时要选择最佳的射门角度。

2. 局部进攻战术

（1）"二过一"配合。"二过一"配合是指两个进攻队员在局部地区，通过传球配合突破一个防守队员的配合方法。"二过一"是集体配合的基础，可以在任何场区、任何位置上运用这种方法来摆脱对方的抢截或突破防线。"二过一"配合的技术动作一般采用脚内侧踢球较多。具体方法有直插斜传"二过一"、斜插直传"二过一"、斜插斜传"二过一"、回传反切直传"二过一"。

（2）"三过二"配合。"三过二"配合是在比赛中三个进攻队员通过连续配合突破两个防守者的防守。由于这种配合有两个同队队员可以同时接应传球，因此使持球人传球路线更多，且进攻面扩大。

（3）传切配合。传切配合指控球队员向防守队员身后传球，另一名同队队员越过防守队员，切入得球的默契行动。控球队员要掌握好传球时机，切入队员插上要及时，才能完成好传切配合。

3. 整队进攻战术

（1）中路进攻。中路进攻通常是指在对方半场中部形成的进攻。中路进攻一般说来比边路进攻更具有威胁性和直接性，射门角度大，破门机会大。但是，中路往往防守人员密集，不容易突破，以致进攻有效性的难度很大。

（2）边路进攻。边路进攻一般是指在对方半场两侧发起的进攻。边路进攻打法的主要目的是最大限度地利用足球场的宽度，拉开对方的防守，使用边路传中和个人突破的战术配合，创造中路破门得分的有利战机。

（3）快速反击。快速反击是指从防守中获球队尽快地把球输送给处于有利位置的中、前场队员，使他们在对方还没有完全组织好严密防守之前，形成以多打少的局面，以此获得一次良好的射门机会。在当今足球比赛中，快速反击的机会很常见。

（二）防守的基本战术

1. 个人防守战术

选位是防守队员根据位置职责和临场情况，选择适当的防守位置。盯人是指在正确选位的基础上，对防守的对手实施监控或严密控制其进攻行动。合理的选位不仅有助于个人防守行动的效果，而且也与整体布局的合理程度密切相关，对防线的稳固性起着重要作用。盯人时采用有球紧无球松，对离球较远的一侧松动盯人、离球较近的一侧紧逼盯人。

2. 局部防守战术

（1）保护与补位。保护是指在逼抢持球对手的同伴身后，选择适当的位置协防并阻止对手突破的战术配合行动。补位是指防守队员间互相协助的防守配合行动。补位的方式有两种，一种是弥补插上的前卫或后卫的防守空位，另外一种是相互补位。

（2）围抢。围抢是指比赛中在某局部位置上，防守一方利用人数上的相对优势，同时围堵对方的持球队员，以求在短暂时间内达到抢断或破坏对方的目的。

3. 整体防守战术

（1）区域盯人防守。区域盯人防守，是指根据比赛当中足球场上位置的分布和职责的分工，每一名防守队员占据一定的活动区域，当进攻者进入自己所负责的防区时，区域防守队员实施严密盯人，以控制进攻者在此区域的一切有效行动，进攻队员离开自己负责的防区，就不再跟踪盯防。

（2）人盯人防守。人盯人防守是一种每个队员都有固定盯人对象的防守形式，一个负责一个，全程跟防对手。这种打法突出的特点是分工明确，但是体能消耗大，一旦突破防守，不易补防。人盯人防守分为全场人盯人、半场人盯人、后场人盯人防守。

（3）混合防守。混合防守是人盯人防守和区域盯人防守两种形式相结合的防守打法。它的最大特点是，能根据对手情况，灵活地将人盯人防守和区域盯人防守的优点充分运用，可以有重点地盯防中场组织球员和前场攻击球员，威胁不大的区域采用区域盯人防守，以提高全队防守的效益。

（4）密集防守。密集防守是一种缩小防范区域，集防守主要力量于门前危险地带，仅留1~2名队员在中场附近的防守形式。它的主要防范区域是球门前的30米区域。其防守打法的主要特点是，防守人数多，可趁空隙小，渗透性进攻配合较难，因此破门的难度也相对较大。

四、足球运动的练习方法

（一）足球技术的练习方法

1. 熟悉球性练习

此练习包括：①一人一球用身体各部位起颠球。②左右脚交替向后拉球。③侧身用脚底滑球向前滚动。④左右脚交替踩球。⑤手抛脚接球练习。⑥拨、拉、扣球练习。

2. 踢球的练习方法

踢球的练习方法包括：①踢球技术动作的模仿练习。②两人一球，一人踩着球，一人做助跑踢球练习。③两人一组，分开一定距离，运用各种踢球技术动作进行对传。④用各种踢球技术进行射门练习。⑤向足球墙的标志区定位踢球。

3. 停球的练习方法

停球的练习方法包括：①两人一组，做地滚球的传球和停球练习。②自己抛球自己停地面弹起的反弹球。③两人一组对抛，练习胸部、腿部停球。④两人一组，进行中远距离的传球，练习停平高球。⑤一人一球，对着球墙进行各种停球练习。

4. 运球的练习方法

运球的练习方法包括：①在行进中两脚交替运球。②直线、曲线运球练习。③各种变向变速运球练习。④进行有障碍物运球练习。⑤两人一组运球过人练习。

5. 头顶球的练习方法

头顶球的练习方法包括：①自己抛球，自己头顶球练习。②一人抛球，一人头顶球练习。③头顶球练习。④两人一球，相距 5 米，互相头顶球。⑤底线传中头顶球射门练习。

（二）足球战术的练习方法

（1）个人战术练习。

（2）传抢练习。

（3）边路传中与中路射门练习。

（4）半场攻守练习。

（5）全场攻守练习。

【思考题】

1. 古代足球起源于哪个国家？
2. 试分析脚内侧踢球的技术动作过程。
3. 全队进攻战术包括哪些？

【参考文献】

[1] 王崇喜. 球类运动——足球 [M]. 北京：高等教育出版社，2005.

[2] 张瑞林，等. 足球运动 [M]. 北京：高等教育出版社，2005.

[3] 周雷. 足球 [M]. 北京：高等教育出版社，2005.

[4] 何志林，等，足球 [M]. 北京：高等教育出版社，2004.

[5] 百度百科（http：//baike.baidu.com/）.

第四节 乒乓球

【学习目标】

1. 了解乒乓球运动的发展。
2. 学会推挡与攻球。

一、乒乓球运动的起源与发展

乒乓球是由两名选手或两对选手，用球拍在中间隔放一个球网的球台两端轮流击球的一项球类运动。乒乓球运动于 19 世纪起源于英国，网球是其前身，英文名叫"TableTennis"。由于球与球拍接触时发出"乒""乓"的声音，故又称"乒乓球"。现行的国际比赛用球为 40 毫米，重 2.7 克。乒乓球拍底板为木制，其覆盖物可以为红、两种不同颜色的胶皮。

根据个人习惯和兴趣，它分为横拍和直拍两种打法。奥运会乒乓球共有 4 个项目，即男子单打、女子单打、男子团体和女子团体。而世锦赛和世界杯则有 7 个项目，即男、女团体，男、女单打，男、女双打和混合双打比赛。单项比赛一般采用七局五胜制或五局三胜制，双打比赛和团体赛中的单项比赛一般采用五局三胜制或三局两胜制，每局 11 分（如 10 平后，则要比对手领先 2 分才能获胜）。1926 年，第 1 届欧洲乒乓球锦标赛在英国伦敦举行；1988 年，乒乓球比赛首次进入韩国汉城奥运会，比赛设 4 个项目。

乒乓球运动在我国有着广阔的群众基础，在现代乒乓史和外交史上留下了辉煌的一笔。乒乓球又被称为"国球"。乒乓球运动的特点是球小、速度快、变化多、趣味性强，设备简单，便于开展和普及，是我国重点比赛项目。经常参加这项运动可以发展自身的协调性和灵敏性，提高动作的速度和机体的免疫能力，并能培养人的顽强拼搏精神和机智果断的自信心。

二、乒乓球的基本技术

（一）准备姿势、站位与步法

1. 准备姿势

（1）两脚平行站立与肩同宽或稍宽，保持身体重心平稳。

（2）微微提踵，前脚掌内侧用力着地，保证快速起动移步。

（3）两膝微屈并向内扣，保持膝关节的良好弹性和使小腿处于略内旋的状态，以便动员较多的肌肉群参与脚步移动，发挥腿部力量，加快起动速度；稍稍含胸收腹，上体略向前倾，以利于快速移动和转腰击球。

（4）持拍手臂自然弯曲，直握拍的肘部略向外张，手腕放松，球拍置于腹部右前侧 20～30 厘米处，以利于左右照顾，加快击球速度；横握拍的肘部向下，前臂自然平举。

（5）两眼注视来球，加强判断。

2. 站位

以弧圈球为主的打法，基本站位离台50厘米，偏左。快攻型打法基本站位离台30～40厘米，中间略偏左。削球型打法基本站位在中台附近或中远台附近。

3. 步法

步法是指乒乓球运动员为选择合适的击球位置所采用的脚步移动方法。乒乓球运动技术包括手法和步法，两者密切联系，缺一不可。步法是及时准确地使用与衔接各项技术动作的枢纽，也是执行各项战术的有力保证。所以，从初学乒乓球技术开始，就应该重视步法的训练。乒乓球虽然步法较多，但常用的主要有如下几种。

（1）单步。一脚为轴，另一只脚向前、后、左、右不同方向移动，重心随之跟上。单步具有移步简单灵活、重心平稳的特点，一般用于离身体不远的小范围移动，如接近网短球等。

（2）跨步。一脚蹬地，另一只脚向移动方向跨一大步，多用于进攻型选手左右移动击球。为了防止跨步后失去重心，蹬地脚应随后跟上半步或一小步。

（3）并步。一脚先向另一只脚移（或叫并）半步或一小步，另一只脚在并步脚落地后即向同方向移动。其特点是身体不腾空，重心起伏小，很稳定，一般为进攻型选手或削球选手在左右移动时运用。

（4）跳步。以来球同方向脚蹬地为主，双足有瞬间的腾空，离来球较远的脚先落地，另一只脚跟着离地。其特点是移动范围比跨步大，利于发力进攻，攻球选手在左右移动时常用。

（5）交叉步。近来球方向的脚尖先由向前转向移动方向，并略移半步或原地调动一下重心；远来球方向的脚向来球方向跨一大步，在身体前（侧）瞬间呈交叉状态，身体随之向来球方向移动，另一只脚再跟上一步，身体重心随手臂挥动方向略转；在远来球方向脚跨出的一步将落地时进行击球，另一只脚移动时击球已完成。此步法移动范围大，侧身攻后扑打右方空当，或再从右大角回到反手攻球时常用，削球选手在前后移动时也经常使用。

（二）握拍法

1. 横拍握拍法

横拍的一般握法如同人们见面时握手一样，中指、无名指、小指握拍柄，虎口贝占住拍肩，拇指略弯曲紧捏拍或斜伸拍面，食指斜伸在拍的另一面（图6-4-1至图6-4-3）。

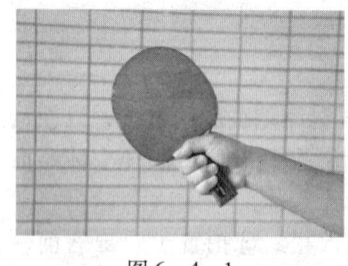
图6-4-1

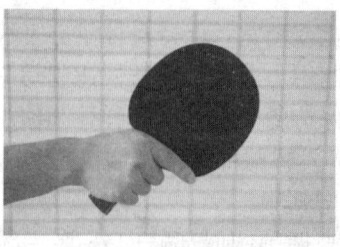
图6-4-2

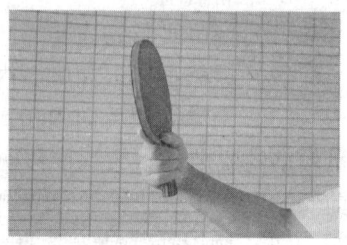
图6-4-3

图6-4-1至图6-4-3　横拍握拍法

2. 直拍握拍法

该法像人们握钢笔写字一样,以食指第二指节和拇指第一指节在拍的前面构成一个钳形,两指间距离1~2厘米,拍柄贴住虎口,拍后三指自然弯曲贴于拍1/3的上端(图6-4-4至图6-4-6)。

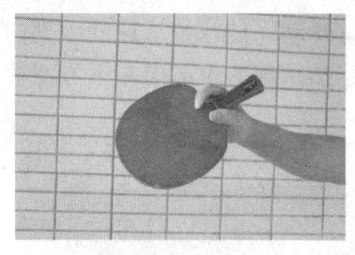 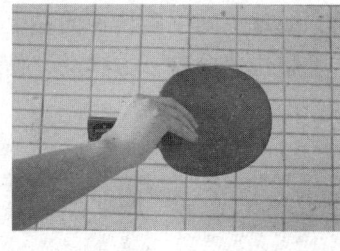 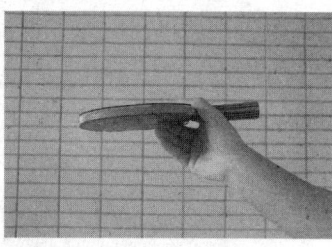

图6-4-4　　　　　　　　　图6-4-5　　　　　　　　　图6-4-6

图6-4-4至图6-4-6　直拍握拍法

3. 弧圈型握拍法

在拍的前面拇指紧贴拍柄左侧,食指扣住拍柄形成一个环状紧握拍柄,拍后三指自然弯曲顶住拍的中部。

(三)发球技术

发球是在规则的要求下可以凭自己的主观意志发出任何线路、落点、旋转、弧线等各种变化的球,起到直接得分、控制对手和破坏对手进攻的一项技术。

1. 平击发球(正手)

(1)特点。一般上旋、一般速度,易学易练,是掌握其他发球技术的基础。

(2)动作要领。左脚稍前,身体稍向右转,左手托球置于身体右前方,球向上抛起时,转腰;同时持拍手向右后方引拍,当球稍高于网时,击球中上部向左前上方挥动。

2. 正(反)手发急球

(1)特点。球速急、落点长、冲力大,发至对方右大角或中左位置,对对方威胁较大。

(2)动作要领。一脚稍前或两脚平行站立,掌心托球置于腹前左侧,持拍手于身体左侧;抛球后,待球下落时前臂迅速由后向前挥动,拍面稍前倾,击球的中上部;击球后,前臂和手腕向前挥动。

(3)要点。抛球不宜太高,提高击球瞬间的挥拍速度,第一落点要靠近本方台面的端线,击球点与网同高或稍低于网。

3. 发短球

(1)特点。击球动作小,出手快,球落到对方台面后的第二跳不出台,使对方不易发力抢拉、冲或抢攻。

(2)动作要领。准备姿势与发急球相似。不同的是击球时拍形稍后仰,前臂和手腕轻轻击球的中下部。击球点与网同高,第一落点应在本方球台的中段。

(3)要点。抛球不宜太高;击球时,手腕的力量大于前臂的力量;发球的第一落点在球台中区,不要离网太近;发球动作尽可能与发长球相似,使对方不易判断。

4. 正手发左侧上(下)旋球

(1)特点。左侧上(下)旋转力较强,对方挡球时向其右侧上(下)方反弹,一般站在中线偏左或侧身发球。

(2)动作要领。右脚向后;抛球时,持拍手向右上方引拍,手腕外展;当球下落与网同高时,手臂迅速向左下方挥动,触球瞬间手腕快速向左上方转动,使球拍从球的中部向左上方摩擦;发左侧下旋球时,手腕快速向左下方转动,使球拍从球的中部向左下方摩擦(图6-4-7至图6-4-10)。

图6-4-7

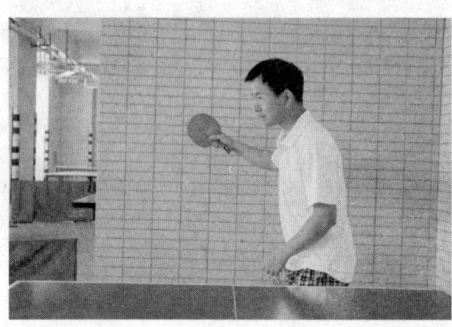

图6-4-8

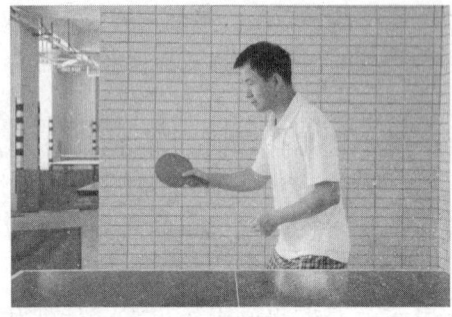

图6-4-9

图6-4-10

图6-4-7至图6-4-10　正手发左侧上(下)旋球

(3)要点。发球时要收腹,击球点不可远离身体;尽量加大由右向左挥动的幅度和弧线,以增强侧旋强度;发左侧上旋时,击球瞬间手腕快速内收,球拍从球的正中向左上方摩擦;发左侧下旋时,拍面稍后仰,球拍从球的中下部向左下方摩擦。

5. 反手发右侧上(下)旋球

(1)特点。右侧上(下)旋球力强,对方挡住后,向其左侧上(下)反弹,发球落点以左方斜线长球配合中右近网短球为佳。

(2)动作要领。右脚在前;持拍手向左上方引拍,拍柄略向下;当球下落与网同高时,前臂和手腕同时发力,触球瞬间手腕向右上方转动,使拍从球的中部向右上方摩擦;发右侧下旋球时,手腕向右下方转动,使拍从球的中部向右下方摩擦。

（3）要点。注意收腹和转腰动作；充分利用手腕转动配合前臂发力；发右侧上旋球时，击球瞬间球拍从球的中部向右上方摩擦，手腕有一个上勾动作；发右侧下旋球时，拍面稍后仰，击球瞬间球拍从球的中下部向右侧下摩擦（图6-4-11至图6-4-14）。

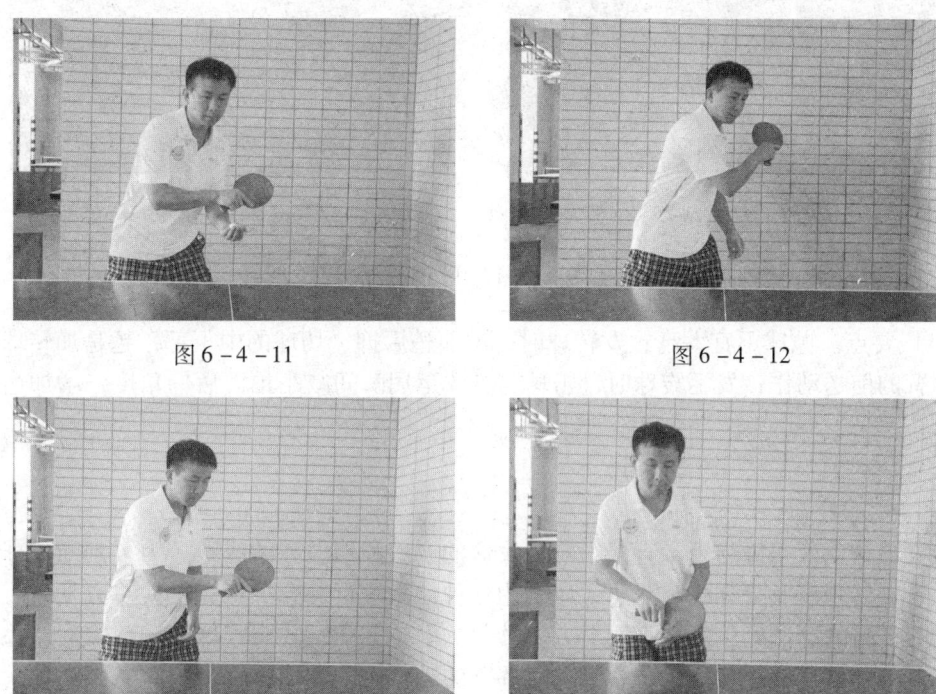

图6-4-11至图6-4-14　反手发右侧上（下）旋球

6. 正手发转与不转球

（1）特点。球速较慢，前冲力小，主要用相似的发球动作制造旋转变化去迷惑对方，造成对方接发球失误或为自己抢攻创造机会。

（2）动作要领。右脚在后，前臂向后上方引拍，拍面略后仰；当球下落与网同高时，前臂迅速向前下方挥动，手腕用力转动，摩擦球的中下部；发不转球时，主要是拍与球接触的一瞬间，用球拍向前撞击，减少向下的摩擦力（图6-4-15至图6-4-18）。

图6-4-15　　　　　　　　　图6-4-16

图6-4-17　　　　　　　　　　　图6-4-18

图6-4-15至图6-4-18　正手发转与不转球

（3）要点。抛球不宜太高；发转球时，拍面稍后抑，切球的中下部，越是加转球越应注意手臂的前送动作；发不转球时，击球与具体运用瞬间减小拍面后仰角度，增加前推的力量。

（四）接发球技术与具体运用

1. 接发球技术

接发球的判断正确与否，直接影响接发球的方式和接发球的成败。为了判断发球的旋转性质、旋转强度及来球线路落点，应利用各种信息进行综合分析：①就对方发球时的站位决定自己接发球的站位。②观察对方发球前的引拍方向。③观察球拍触球瞬间摩擦球的方向，判断球的旋转性质。④观察发球时挥臂的动作幅度和手腕用力大小，判断球的落点长短和旋转强弱。⑤根据发球的第一落点判断来球的长短。⑥根据球在空中的飞行弧线判断球的旋转。⑦根据手感判断来球的旋转。⑧记住不同球拍的颜色及各自的性能。

2. 接发球技术的具体运用

（1）接上旋转球（奔球）。正反手攻球或推挡回接，拍面适当前倾，击球的中上部，调节好向前的力量。

（2）接下旋长球。用搓球、削球、提拉球回接，搓或削时多向前用力。

（3）接左侧上下旋球。可采用攻球和推挡（搓球或拉球）回接，拍面稍前倾（后仰）并略向左偏斜，击球偏右中上（中下）部位，以抵消来球的左侧上（下）旋力。

（4）接右侧上下球。可采用攻球或推挡（搓球或拉球）回击，拍面稍前倾（后仰）并向右偏斜，击球偏左中上（中下）部位；回接要点和方法与接左侧上下旋球相同。

（5）接近网短球。用快搓、快点或台内突击回接，主要靠手腕和前臂的力量。

（6）接转与不转球。在判断不准的情况下可轻轻地托一板或撇一板，但要注意弧线和落点。

（7）接不同性能球拍的发球。长胶、生胶、防弧胶的发球基本属于不转球，用相应的方法回接。

（8）接高抛发球。如球着台后拐弯的程度大，应向拐弯方向提前引拍。

（五）推挡球技术

1. 挡球

（1）特点。球速慢，力量轻，动作较简单，初学者容易掌握。它可以帮助初学者熟悉球性，认识乒乓球的击球规律，提高控制球的能力。

（2）动作要领。两脚平行站立，身体靠近球台；击球前，两膝微屈，含胸收腹；击球时，球拍由后向前，球拍触球拍面与台面近乎垂直，在上升期击球的中部，借助对方来球的反弹力将球挡回；击球后，迅速还原，准备下次击球（图6-4-19至图6-4-22）。

（3）要点。挡球是推挡球技术的基础，初学者应形成正确的动作手法；引拍时，上臂应靠近身体；前臂前伸近球，手腕手指调节拍形，食指用力，拇指放松。

图6-4-19

图6-4-20

图6-4-21

图6-4-22

图6-4-19至图6-4-22　挡球

2. 快推

（1）特点。站位近，动作小，借力还击，速度快，线路变化多，是推挡球最常用的一项技术。

（2）动作要领。站位近台，右脚稍后或两脚平行开立，上臂和肘关节靠近右侧身旁；击球时，前臂向前推出，食指压拍，拇指放松，球拍前倾，在来球上升期击球的中上部，击球后手臂随势前送。

（3）要点。击球前靠近身体，前臂适当后撤引起；在前臂向前推送的过程中，完成外旋动作；转腕动作不宜过大，关键是时机要恰当。

3. 加力推

（1）特点。回球力量重，速度快，击球点较高。

（2）动作要领。击球前，前臂上提，球拍后引；在来球上升后期或高点期击球的中上部，触球瞬间用力推压；击球后，手臂随势前送。

（3）要点。球拍后撤上引是为了增大用力距离，击球点适当离身体远一点，击球时间不宜过早或过迟，要有效地把身体各部分的力集中在击球的一瞬间。

4. 减力挡

（1）特点。回球弧线低、落点低、力量轻。

（2）动作要领。站位与平挡球相同；击球时，在触球瞬间手臂前移的动作骤停，或调节好拍面角度把球拍轻轻后移，以削减来球的反弹力；击球后，迅速还原，准备好下一次击球。

（3）要点。击球前身体重心略升高，稍屈前臂，球拍保持合适的前倾角度；触球瞬间，有意识地做手臂和手腕后收的动作；削弱来球反弹力的同时，借来球的力量将球挡过去，回球速度快。

（六）攻球技术

1. 正反手近台攻球

（1）特点。站位近台，击球时间早，球的速度快，动作幅度小，是我们近台快攻打法的主要技术之一。

（2）正手近台攻球动作要领。直拍正手（以下均以右手握拍为例）近台攻球时，身体靠近球台，右脚稍后，两膝微屈，上体略前倾；击球前，引拍至身体右侧成半横状，上臂与身体约成35度、与前臂约成120度；当球从台面弹起时，手臂由右侧向左前上方迅速挥动，以前臂发力为主；击球时，食指放松，拇指压拍，使拍面前倾并结合手腕内转动作，在球上升期击球的中上部。横拍正手近台攻球时，前臂和手腕成直线并与台面接近平行，拍柄略朝下；击球的时间、部位、拍面角度及手臂挥动方向基本与直拍相似（图6-4-23至图6-4-25）。

图6-4-23

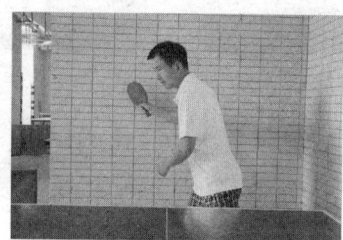
图6-4-24

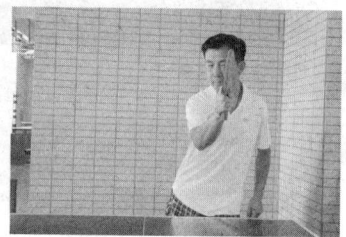
图6-4-25

图6-4-23至图6-4-25　正手近台攻球

（3）反手近台攻球动作要领。直拍反手近台攻球时，身体靠近球台，两脚平行开立；击球前，引拍到腹前左侧，肘关节略前出，上臂和前臂约成100度，拍柄稍向下；击球时，上臂贴近身体，前臂外旋向右上方挥动，配合向上的转腕动作使拍面略前倾，在上升期击球的中上部；击球后，随势将拍挥到右肩前。横拍反手近台攻球时，两脚平行开立，上体稍前倾，肘关节自然弯曲，上臂与前臂约成100度，前臂与手腕几乎成直线，拍柄稍微朝下，球拍置于腹部左前方；击球时，前臂向右前上方挥动，在上升期击球的中上部，触球时手腕向外转动。

（4）要点。充分利用全身协调用力（蹬地、转腰、移重心）；前臂发力为主，手腕辅助用力；击球点在身体右前侧（大约为前臂的长度），触球瞬间向前打为主，略带向上摩擦。

2. 正反手中台攻球

（1）特点。站位稍远，动作幅度大、力量重、进攻性强，但步法移动的范围较大。

（2）正手中台攻球动作要领。右脚在后，重心支撑点在右脚，身体离台1米左右；击球前的准备姿势与正手近台攻球相似；击球时以上臂发力为主，带动前臂和手腕向左前上方挥动，在球最高点或下降前段击球的中部。

（3）反手中台攻球动作要领。右脚稍前，身体略向左转，重心支撑点放在左脚上，离台1米左右；击球前，上臂贴近身体，肘关节自然弯曲，引拍至腹部左前侧；击球时，上臂带动前臂向右前上方迅速挥动，拍面近乎垂直，在下降前期击球的中部或中下部；击球后，球拍随势挥至头部，重心支撑点移至右脚。

（4）要点。加大向右手方引拍幅度，是为了增大击球的动作半径；上臂带动前臂发力，上臂向前，前臂和手腕向上发力为主；身体其他部位的协调用力不可缺少。

3. 正反手扣杀

（1）特点。动作幅度大、力量重、球速快、攻击性强，是得分的重要手段。

（2）正手扣杀动作要领。两脚开立，右脚在后，重心支撑点在右脚；击球前，身体略向右转，引拍至右后方成半横状（直握拍拍端略朝下，横握拍拍端略朝上）；击球时，上臂带动前臂由后向前用力挥击，结合右腿蹬地和转腰力量在高点期击球；来球上旋击球时拍面稍前倾、击球的中上部，来球下旋击球前球拍要略低于来球、击球的中部；击球后，球拍随势挥至胸前左方，重心支撑点移至左脚（图6-4-26至图6-4-29）。

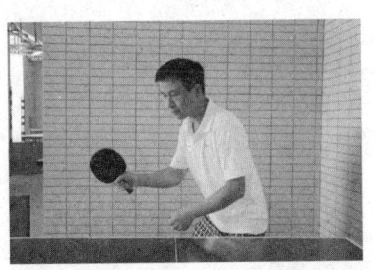

图6-4-26 图6-4-27

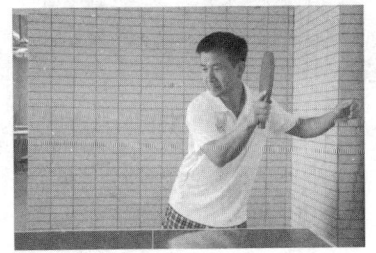

图6-4-28 图6-4-29

图6-4-26至图6-4-29 正手扣杀

（3）反手扣杀动作要领。两脚开立，右脚稍前；击球前，身体略向左转，并向左后方引拍，上臂贴近身体，重心支撑点在左脚；击球时，上臂带动前臂向右前方挥击，同时腰部右转，拍面前倾，拍柄略向下，在高点期击球的中上部；击球后，随势挥拍至右肩前上方，重心支撑点移至右脚。

（4）要点。击球点离身体稍远，球拍应与球同高；要以整个手臂和腰的协调配合来增加击球的力量；击球瞬间，整个手臂应发挥到最大力量，配合腰部转动及蹬地的力量；如来球带有下旋，球拍略低于来球，触球瞬间手腕向上抖动发力。

4. 侧身正手攻球

（1）特点。速度快、力量重、攻势强，它是各种不同类型打法都必须掌握的一项重要技术。

（2）动作要领。首先迅速移动脚步到侧身位置，身体侧向球台，左脚在前，右脚稍后，上体略前倾并收腹；击球时，根据来球情况，可以在侧身位置用正手近台攻球、中台攻球、台内攻球、拉球和扣球等技术击球（图6－4－30至图6－4－33）。

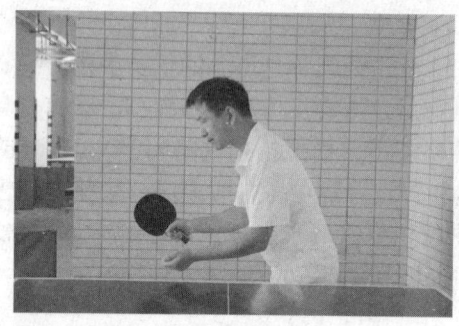
图6－4－30

图6－4－31

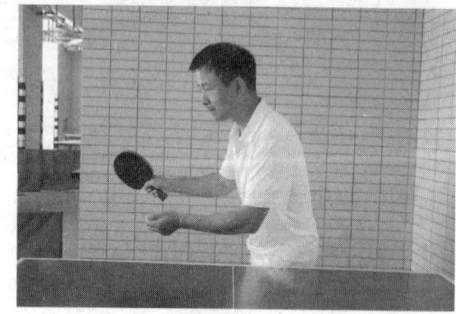
图6－4－32

图6－4－33

图6－4－30至图6－4－33 侧身正手攻球

（3）要点。侧身后，要保持上体与球台的合适角度，既能攻斜线，也能打直线；要有足够的击球空间（收腹）；应尽量避免在移动过程中击球；攻球时要利用右脚蹬地的力量，重心适当前移，前臂稍向前发力。

(七）搓球技术

1. 慢搓

（1）特点。动作幅度大，在来球的下降期击球，回球速度慢，有利于增加搓球的旋转强度。

（2）正手慢搓动作要领。两脚开立，右脚稍后；两膝微屈，身体稍向右转，离台稍远；击球前，向右上方引拍，拍面后仰；击球时，前臂和手腕向左前下方挥动，在来球下降期摩擦球的中下部，将球搓出。

（3）反手慢搓动作要领。两脚开立，身体离台稍远，手臂自然弯曲，向左上方引拍；击球时，前臂内旋配合转腕动作向前下方用力，拍面后仰，在来球下降期摩擦球的中下部，将球搓出。

（4）要点。应根据来球的具体情况，控制好拍面的后仰角度；击球时，前臂用力为主，转腕动作不宜过大；搓加转球，在向下用力的同时，应增加前送的幅度。

2. 快搓

（1）特点。动作幅度小，回球速度快，借来球的前进力将球搓回。

（2）正手快搓动作要领。两脚平行或右脚稍前站立，两膝微屈，身体靠近球台；击球前，右手向右上方引拍，拍面稍后仰；击球时，前臂和手腕向左前下方挥动，在来球上升期摩擦球的中下部，将球快速搓出（图6-4-34、图6-4-35）。

图6-4-34　　　　　　　　　　　　　图6-4-35

图6-4-34、图6-4-35　正手快搓

（3）反手快搓动作要领。两脚开立，两膝微屈，身体靠近球台；击球时，拍面稍后仰，前臂配合手腕动作向前下方送出，在来球上升期摩擦球的中下部，将球快速搓出。

（4）要点。身体重心前移，身体靠近来球；前臂主动前伸插向球的中下部；快搓一般借力还击，若来球下旋弱可用力下切。

（八）弧圈球技术

1. 正手前冲弧圈球

（1）特点。飞行弧线低、速度快、前冲力强，落点后弹起不高但急向前冲并向下滑落，能起到与扣杀同样的作用。

(2) 动作要领。两脚开立，右脚稍后，身体略向右转，重心支撑点放在右脚上；自然引拍至右下方约与台面齐高处，拍面保持前倾；当来球从台面弹起时，腰部由右向左转动，前臂在上臂带动下向前发力，手腕略为转动，拍面与台面约成50度，在高点期摩擦球的中上部；击球后，重心支撑点移至左脚。

(3) 要点。引拍的幅度大，尽可能增大挥拍的动作与半径；加快挥拍速度，在球拍达到最大速度时触球；纯用上肢发力，前冲力不强，因此腿、髋、腰的配合不可缺少；摩擦力大于撞击力，球拍与球的吻合面要合适，防止打滑。

2. 正手加转弧圈球

(1) 特点。飞行弧线高、上旋很强、速度较慢，但着台后向下滑落较快，对方回击容易出高球甚至出界，可以直接得分或为扣杀争取机会。

(2) 动作要领。两脚开立，右脚稍后，身体略向右转，两膝微屈，重心支撑点放在右脚上；准备击球时，持拍手臂自然下垂并向后下方引拍，使球拍靠近臀部挥至身后，右肩略低于左肩，拇指压拍使拍面略为前倾，并使拍面固定；当来球从台面弹起时，手臂向前上方挥动，前臂在上臂带动下很快收缩，拍面与台面约成80度，在下降期用拍摩擦球的中部或中上部；摩擦球时，要注意配合腰部向左上方转动和右脚蹬地的力量；击球后，手臂随势将拍挥至额前，重心支撑移至左脚。

(3) 要点。引拍时，球拍必须低于来球，但不要下沉太多；拉球时，持拍手臂由下向上发力，前臂快速收缩，触球瞬间，尽量加长摩擦球体的时间；身体重心随右脚蹬地，转腰，挥臂提高。

3. 反手拉弧圈球

(1) 特点。反手拉弧圈球，是横拍握法的优势之一；拉球的速度比正手稍快，但力量和旋转略逊于正手。

(2) 动作要领。两脚平行或右脚稍后站立，两膝微屈；击球前，引拍至腹部下方，含胸收腹，肘部略向前出，手腕后屈，拍面前倾；当来球从台面弹起时，以肘关节为轴，前臂迅速向上方挥动，结合手腕向上转动的力量，在下降期摩擦球的中部或中上部；在击球过程中两膝逐渐伸直，重心上提。

(3) 要点。击球点不宜离身体太近；充分利用肘关节的杠杆作用，先支肘，再收肘，借以增加前臂的挥摆幅度和力量；近台快拉的击球时间为上升后期或高点期，中远台发力拉的击球时间为下降期，但不可过分低于台面。

(九) 削球技术

1. 远削

(1) 特点。击球动作大、球速慢、弧线长，有利于削转与不转球和以落点变化来牵制对方。

(2) 正手远削动作要领。两脚开立，右脚在后，身体离台1米以外，两膝弯曲，上体稍向右转，重心支撑点在右脚上；手臂自然弯曲，引拍至右肩侧；击球时，手臂向左前下方挥动，拍面后仰，手腕在拍与球接触的一瞬间转动，在来球下降期摩擦球的中下部；击球后，迅速还原，准备下一次击球。

(3) 反手远削动作要领。两脚开立，右脚在前，两膝微屈，上体略向左转，重心支撑点放在左脚上，引拍至左肩侧；击球时，上臂带动前臂向右前下方挥动，拍面后仰，手腕跟着前臂用力方向转动，在来球下降期摩擦球的中下部，将球削出，重心支撑点移至右脚；击球后，迅速还原，准备下一次击球。

（4）要点。向上引拍，是为了增大削击球的用力距离；在下降期击球，但不能过于低于台面；要保持足够的撞击力，否则球不会过网。

2. 近削

（1）特点。动作幅度小、回球速度快、前进力较强，多用于近削逼角，有一定的威胁，往往能获得主动或直接得分。

（2）正手近削动作要领。两脚几乎与球台平行站立，身体离台稍近；击球时，稍向右转，右脚拉后半步，手臂自然弯曲，引拍约与肩平，拍面稍后仰，前臂用力向左前下方切削，手腕配合下压，一般在来球高点期摩擦球的中部或中下部。

（3）反手近削动作要领。两脚开立，右脚稍前，两膝微屈，身体离台稍近并略向左转；手臂自然弯曲，向左上方引拍约与肩平，拍面稍后仰；击球时，手臂迅速向右前下方挥动，以前臂和手腕用力为主，在来球高点期摩擦球的中部或中下部，将球削出。

（4）要点。向上引拍比肩略高；根据来球的情况调节拍面后仰角度；前臂发力为主，手腕配合下压，击球后没有前送的动作。

3. 削弧圈球

（1）特点。削加转弧圈球是削球手必须掌握的一项重要技术，由于加转弧圈球上旋强，触拍后向上的反弹力极大，处理不好容易回出高球甚至出界，所以难度较大。

（2）动作要领。削加转弧圈球时，拍面近乎垂直，向下的力量要大于向前的力量；对方来球旋转愈强，愈要把球压低，一般在下降期击球；削前冲弧圈球时，上臂动作较小，前臂发力，手腕固定，拍面稍后仰，从后上方向前下方削出，动作短促有力，一般在下降期击球；在向下用力切削以抵消来球前冲力的同时，还应适应增加前送的力量。

（3）要点。应在来球的下降后期触球，此时，球的旋转已减弱；击球点一般选在右腹前为宜，并适当放低些，这样可利用来球部分向上的反弹力形成自然的回球弧线，有利于提高削球的准确性；球拍触球时，拍面不能过分后仰，应触球的中下部，如来球旋转较强，可使拍面竖直些，并适当加大手臂向下压球的力量；触球时，手腕应相对固定，以免回球过高。

三、乒乓球的基本战术

（一）发球抢攻战术

发球抢攻是一种力争主动、先发制人的战术，发球抢攻战术运用的效果主要取决于发球的质量和进攻的能力。各种打法常用的发球抢攻战术主要有：①正手发转与不转球（发相同落点先转后不转、发不同落点连发短球后突发长球）；②侧身正手（高抛或低抛）发左侧上（下）旋球（结合落点抢攻）；③反手发右侧上（下）旋球（长短结合落点）；④反手发急球或急下旋球（结合长短落点、以急球为主配合短球）。

（二）接发球战术

接发球技术水平的高低可以反映运动员的实战能力以及各项基本技术的应用程度。常用的接发球战术有：①稳健保守法；②接发球抢攻；③盯住对方的弱点，寻找突破口；④控制接发球的落点。

（三）对攻战术

对攻是进攻型打法相互对垒中常用的一项重要战术，主要依靠正反手攻球（或弧圈球）和反手推挡（或反手攻球）的技术，充分发挥快速多变的特点来调动对方，以达到攻击的目的。常用的对攻战术有：①紧逼对方反手，伺机抢攻或侧身抢攻、抢拉；②连攻一角，突袭另一角；③攻追身杀两角或攻两角杀追身；④压对方反手，在侧身攻左、中、右三点；⑤变化击球节奏，轻重相结合（加力推和减力挡结合，发力攻、拉与轻打、拉结合），造成对手被动。

（四）拉攻战术

拉攻是以攻为主的选手对付削球类打法的主要战术。为了发挥拉攻的战术效果，首先要具备连续拉的能力，并有线路、落点、旋转、轻重等变化；其次要有拉中突击和连续扣杀的能力。常用的拉攻战术主要有：①拉反手后，侧身突击斜线或中路追身球；②转与不转或轻重相结合；③长短相结合（同线长短结合、异线长短结合、追身长短结合）；④拉中路杀两角或拉两角杀中路；⑤攻中结合挡球或削球。

（五）搓攻战术

搓攻是进攻型打法的一项战术，主要是利用搓球的旋转变化和落点变化为进攻创造机会，借以达到攻击对方的目的。常用的搓攻战术主要有：①搓转与不转、快搓与慢搓结合落点变化进行突击；②搓拉结合落点变化伺机突击；③搓削结合落点变化进行反击；④搓中变推或抢攻。

（六）削中反攻战术

削中反攻是削球打法赖以得分的主要战术，主要是靠稳健的削球，限制对方的进攻能力，为自己的反攻创造有利条件。常用的削中反攻战术主要有：①削两角伺机反攻；②削长球伺机反攻；③削转与不转伺机反攻；④交叉削两大角，突击对方弱点；⑤削中结合挡、攻技术，伺机强攻。

（七）弧圈球战术

弧圈球把速度和旋转有效地结合起来，稳健性好，适应性强。其主要战术有：①发球抢攻；②接发球果断上手；③相持中的战术运用。

四、乒乓球的训练方法

（一）球性训练

（1）向上托球。球拍平放在胸前，开始时均匀用力，使球弹至头部高度，然后用轻重力量交替向上托球；横拍可转换拍面托球；最后，左、右、前、后移动脚步进行托球，以熟悉球性。

（2）对墙击球。球拍略后仰，站位离墙1米左右，连续击球，可分为落地与不落地两种。开始时，落点不要高于头部，击墙的范围由大到小；熟练后，可以使球不规则地跳动,有轻、重、高、低之分,并逐步缩小击球到墙上的范围,在走动中击球;横拍可转换拍面进行练习,以进一步熟悉球性。

(3) 两人面对面击空中球,从固定位置到走动中击球。

(二) 单球训练

1. 单线练习法

这是按规定的单一线路进行单一技术或多个技术的练习。如右方斜线对攻、右方斜线的削中反攻等练习。在实际训练中,所谓的单线练习,常是规定击球区域的练习。例如,两条斜线经常是以对角半台为界,两条直线往往是以同边半台为界。即使是单一线路的单一技术练习,也不能站死不动地打球,最起码应有单步或小碎步式的重心交换。

2. 复线练习法

(1) 两点打一点的练习。如正手2/3台走动攻、左推右攻。它可提高将几种技术结合起来的技能,如反手推挡与正手攻球的结合、反手攻球与正手攻球的结合等;可提高步法的移动速度,特别是用一种技术(如正手攻球)在走动中击球时,对锻炼步法的意义尤为明显。

(2) 一点打两点的练习。如反手推挡、反手推结合反手攻或侧身攻等练习。它可高练习者控制球与变化落点的能力。

(3) 两点对两点的练习。如规定一方只能打两条斜线,另一方只能打两条直线的练习;一方可随意向对方全台击球,另一方遇斜线来球必须回直线,遇直线来球必须回斜线的练习;全台无规律地变化落点的练习;等等。这些练习既可提高判断能力,又可锻炼步法和有意识地控制落点,调动对方的能力。

(4) 长短球练习。如同线长短、异线长短、一长一短、两长一短或无规律地变化长短落点等练习。它可提高前后步法及其与左右步法的结合能力,把打台内、近台及中远台球的技术结合起来。

(三) 多球训练

多球训练主要有:①多球单练练习,如练习发球;②多球移动中练习,如移动中单面攻、连续左推右攻、推挡侧身扑攻、反手攻、后侧身扑攻等技术练习。

(四) 专项身体素质训练

专项身体素质训练主要有:①提高反应速度的练习,如根据教练员口令做相应动作、步法练习。②提高移动速度的练习,如左右跨跳、摸球台端线两角、交叉步等步法移动练习。③提高力量素质的练习,如持器械做各种动作练习。④提高耐力素质的练习,如800~1500米长跑、多球练习、30分钟步法结合手法练习。⑤提高灵敏素质的练习,如两人传球行进、托球折回跑接力练习。

(五) 心理训练

心理训练是一个有意识、有目的地对运动员施加影响的过程。放松训练,控制注意力训练,假想对手做各种手法、步法等意念练习都是心理训练的内容之一。心理训练应作为整个训练内容的重要组成部分,要从实战出发,并和技术、战术、身体训练紧密结合起来,心理训练要区别对待、因人而定。

【思考题】

1. 简述乒乓球运动的发展过程。
2. 乒乓球运动的基本战术有哪些？

【参考文献】

［1］唐建军．乒乓球运动教程［M］．北京：北京体育大学出版社，2007.
［2］张瑞林．乒乓球运动［M］．北京：高等教育出版社，2005.
［3］周林．乒乓球［M］．北京：北京体育大学出版社，2009.
［4］中国乒乓球协会．乒乓球竞赛规则［M］．北京：人民体育出版社，2006.

第五节 网 球

【学习目标】

1. 认识和了解网球运动的起源、发展、重大四十、技战术等知识。
2. 掌握网球的基本运动技能，能参与体育锻炼，达到强身健体的效果。

一、网球运动的起源与发展

网球运动最早起源于12至13世纪法国传教士在教堂回廊里，是用手掌击球的一种游戏。这种游戏法语叫"jeu de paume"，即以手掌击球的意思，它是一种手部的运动。当时玩这种游戏，场地是宫廷内的大厅，没有网也没有球拍，最初的球是用布卷成圆形后用绳子绑成的。场地中间架起一条绳子为界，利用两手作球拍把球从绳上丢来丢去，法语把这个叫作"Tenez"，英语叫作"Take it! Play"，意思是："抓住！丢过去"，今天"网球(Tennis)"一语即来源于此。1358－1360年间这种室内活动传入英国，英国国王爱德华三世对此特别感兴趣，下令在宫内建造一处室内球场。从此，网球开始在英国流行，成为英国上层社会的一种娱乐活动，所以有"贵族运动"之雅称。

1873年英国人沃尔特·克洛普顿·温菲尔德将早期的网球打法加以改进，使之成为夏天在草坪上进行的一项体育活动，并取名为"草地网球"。同年还出版了一本以《草地网球》为题的小册子，对这种活动进行宣传和推广。所以温菲尔德被称为"近代网球的创始人"。1877年7月，全英板球俱乐部更名为全英板球和草地网球俱乐部，并第一次举办了温布尔登男子网球单打比赛，现在网球比赛所采用的网球规则基本上就是这次比赛的规则。

网球运动大约在1885年传入中国，至今已有一百多年的历史。2004年，孙甜甜、李婷获雅典奥运会女子双打冠军；2006年，晏紫、郑洁获澳大利亚网球公开赛双打冠军；2006年，晏紫、郑洁获德国网球公开赛双打冠军；2006年，晏紫、郑洁获温布尔顿网球公开赛双打冠军；2011年，李娜获得法国网球公开赛女单冠军（亚洲赢得第一个网球大满贯单打冠军）；2013年，彭帅获温网女双冠军；2014年，李娜获澳大利亚网球公开赛女单冠军（首位亚洲人夺得澳网单打冠军）。目前，网球运动已经在中国日益广泛地开展起来。中国女子网球已有多名队员跻身网球世界排名前100，她们分别是李娜、彭帅、张帅、郑洁。亚洲"网球一姐"李娜2013年澳大利亚网球公开赛之后排名更是飙升世界第三，创造亚洲人的新纪录。

二、网球运动的基本技术

（一）握拍方法

在网球赛场上专业的技术是最为关键的，但是正确的握拍方式，是整个网球技术的基础。握拍方法是否正确可直接影响网球学习者的技术掌握的好坏。本书以右手握拍为例，主要介绍以下五种最基本的握拍方式：大陆式握拍、东方式握拍、半西方式握拍、西方式握拍、双手反手握拍等。

1. 大陆式握拍

大陆式握拍是将你的右手食指指节和右上方的棱面接触，使你的虎口很自然对准拍柄的正上面的那个平面上。大陆式握法的击球位置会是在离你的身体侧面较近和较低的区域。大陆式握拍主要用于发球、网前球、过顶球、削切球以及防御性击球（图6-5-1）。

2. 东方式握拍

（1）东方式正手握拍。东方式正手握拍：也称为"握手式"握拍。将拍面与地面垂直，右手握拍柄好像与人握手一样。准确地说，用握拍手的虎口对准拍柄右上侧楞面上，手掌根与拍柄右斜面紧贴，拇指垫握住拍柄的左垂直面，食指稍离中指，食指下关节压住拍柄右垂直面，五指握紧拍柄。这种握法主要用于正手击球，它能增大正手击球的力量（图6-5-2）。

（2）东方式反手握拍。东方式反手握拍：是在东方式正手握拍法的基础上把手向左转动1/4即转动90度（或拍柄向右转动1/4即转动90度），使握拍手的虎口对准拍柄左上侧楞面上与左垂直面的中间条线。用手掌根压住拍柄的左上斜面，拇指贴在左垂直面上，食指下关节压在右上斜面上。这种握拍法更加适合发球上网型选手，当他们发球上网或网前截击时就不用再转换握拍（图6-5-3）。

3. 半西方式握拍

半西方式握拍是将虎口对准拍柄右上斜面与右垂直面的交界线上，拇指直伸压住拍柄上平面，食指第三指节贴住右上斜面。这种握拍法可以让球员打出更多的上旋球，使球更容易过网（图6-5-4）。

4. 西方式握拍

西方式握拍是将虎口对准拍柄的右垂直面，该握拍法有利于抽击出强有力的上旋球，特别适合打腰部及腰部以上的来球（图6-5-5）。

5. 双手反手握拍

双手反手握拍时右手用大陆式握在拍柄底部，左手在右手之上，以东方式正手握拍法握拍。

这种双手反手握拍法可借助肩部的转动和小幅度的挥拍来发力，使回球更加连贯和流畅（图6-5-6）。

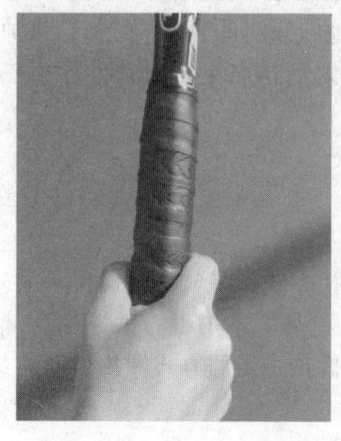
图6-5-1

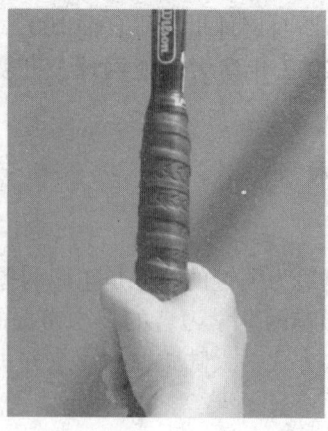
图6-5-2

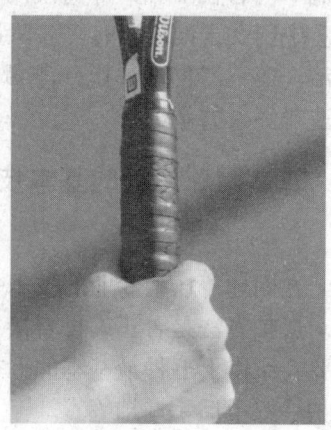
图6-5-3

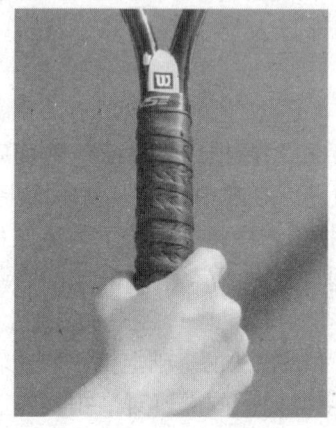
图6-5-4

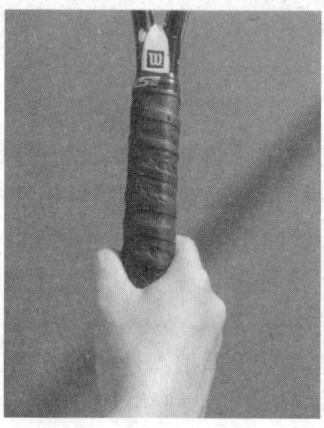
图6-5-5

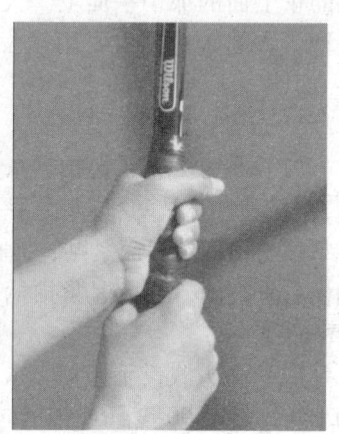
图6-5-6

（二）发球

发球在网球运动中最重要的技术，它是网球运动中唯一完全在运动员控制之下的进攻技术。当一名运动员发球技术很好时，他就能在比赛的一开始决定整场的比赛节奏和发展，如果运动员的发球技术不好时，他便会从一开始就要被动救球。因此，要求运动员必须比较全面地掌握各种发球技术，有利于在比赛中争的主动（图6-5-7至图6-5-11）。

发球基本分三种：平击发球、切削发球和上旋发球。每一种发球都有自己的特点和用途，好的发球具有相当大的攻击力，并使发出的球在速度、力量、旋转和落点等方面都有灵活变化。

1. 平击发球

平击发球在所有发球技术中是过网最低、速度最快且发弹较低的一种发球方法，常被职业选手用于一发。

图 6 – 5 – 7　　　　　　　　　图 6 – 5 – 8　　　　　　　　　图 6 – 5 – 9

图 6 – 5 – 10　　　　　　　　图 6 – 5 – 11

（1）准备姿势。全身放松，侧身站在离底线中点左侧或者右侧 20 厘米到 1 米的位置（单打）。左脚脚尖大约指向右侧网柱，右脚大约与底线平行站立，两脚之间距离约与肩宽，重心在左脚上。左手持球轻轻托在拍颈位置，右手大陆式握拍，呼吸均匀，注意力集中。

（2）抛球引拍

抛球手拇指、食指、中指的 3 个手指根托球，掌心向上。左手向前上抛球，右手持拍向下向后上引拍，身体做转体、屈膝、展肩。抛球动作要协调、平稳，球送至最高点再离开手指抛向空中。此时右肘向后外展约同肩高，拍头指向天空，左侧腰、胯成弓形状，身体重心随着抛球开始先移向右脚，然后平稳地开始前移，两臂动作要协调而有节奏。

（3）挥拍击球。当左手抛出球时，身体向前上转动朝向击球方向，上身、击球臂和腕关节伸展，球拍击打球的正后方。此时前臂和腕关节有一个向内旋转的"鞭打"动作，这就是发球发力的关键动作，同时在击球时要抬头，注意力和眼睛要全部集中在球上。

（4）随挥跟进。球发出去后，腕关节向右、前弯曲。上身继续转向击球方向并向场内倾斜，使手臂保持连续的完整地向前上方伸展的随挥动作，并且从身体的左侧向前、向下放松的充分摆动，重心向前移动，做到完全自然地跟进以保持身体平衡。

2. 侧旋发球

侧旋发球是一种以右侧旋转为主的发球法。就是由球的右上往左下切削击球。由于切削发球过网后落地会弹向一侧。场地地面越平滑，球速就会快，威胁也会越大，而且容易提高发球命中率。为此这种发球方式被世界各国多数运动员所采纳。

（1）准备姿势。同平击发球准备姿势。

（2）抛球引拍。抛球引拍动作基本同于平击发球，其不同点在于抛球时通常抛向正前方稍靠右侧。然而，对于高水平的运动员来讲，抛球的动作应该基本一致，这样发球才会更有隐蔽性和攻击性。

（3）挥拍击球。挥拍击球基本同于平击发球，其不同点在于击球点是在球的中部偏右侧，使球产生右侧旋转，球拍快速从右侧中上方至左下方挥动。

（4）随挥跟进。上体朝向出球方向跟进，右脚落地并支撑运动员的身体重心。

3. 上旋发球

上旋发球也称为高弹发球或者旋转发球，这是以上旋为主，侧旋为辅的发球法。由于球的上旋成分多于切削发球，使球产生一个明显的从上向下的弧形飞行轨迹过网，发力越强，旋转成分越多，弧形就越大，命中率也越高；落地后高反弹到对方的左侧，迫使对方离位接球，给对方造成很大压力，同时为发球上网带来足够的时间。

（1）准备姿势。同平击发球准备姿势。

（2）抛球引拍。与发平击球相比较，其不同点在于抛球时通常抛向更靠近左肩的位置，并且抛球不宜太靠前。

（3）挥拍击球。与平击发球相比较，上旋发球的击球点更偏向左后方的位置，因此右肩必须更加向后旋转，肩轴也会更加向下、向后倾斜，膝关节更加弯曲，身体后仰成弓形，利用杠杆力量对球加以旋转，球拍快速从左向右上方挥动，从下向上擦击球的背面，并向右带出，使球产生右侧上旋。

（4）随挥跟进。击球之后，在球拍向左腿方向做充分随挥之前，球拍首先是稍稍地向右挥拍。在整个上旋发球的过程中，身体重心的转移、身体的参与和平击发球基本相同。

（3）接发球

接发球技术是指还击对方发球的技术。接发球技术水平的高低直接影响到比赛的得分与失误，并和比赛的持续性密切相关，因此，接发球技术也是网球运动中一项重要基本技术（图 6-5-12 至图 6-5-15）。

1. 握拍

当使用进攻型的接发时，球员应使用合适的正反手握拍法（现在多使用东方式握拍法），回击球前握拍要松弛，引拍和前挥也要保持松弛，但从拍接触球的一刹那，要紧紧握住球拍，特别是拇指、无名指和食指要用力抓拍，手腕固定以保证拍面稳定。

2. 站位与准备姿势

接一发时，球员多站于底线以后；接二发时，可适当向前移动。接发球的准备姿势是两脚自然开立，两膝微屈，上体稍向前倾，两臂屈肘，两手持拍置于腹前，将拍头向上翘起，身体重心放在两脚前脚掌上。从对方抛球开始，眼睛要盯住球，在对方击球瞬间，双脚稍微跳离地面，积极做出击球准备。

图 6-5-12

图 6-5-13

图 6-5-14

图 6-5-15

3. 引拍与前挥击球

引拍动作应与正常的击落地球相似，判断来球，迅速移动，向预测击球点启动时，双肩与身体重心同时移动，并向击球方向踏出异侧步，转肩时要使肘部离开身体。向前挥击时尽量使拍子运行轨迹由高处向下再向上，但上下幅度要小。击球时动作与正常击球基本相同，只是没有明显的后引，特别是对于快速来球，回球多数采用阻挡式动作或类似截击动作回球，不做过大引拍和挥动动作。因为发过来的球通常比正常回球的弹跳要高得多，所以接发球的击球点也更高，更靠前。

4. 随球跟进

进攻性的接发球的随球跟进动作与击带上旋的落地求得随球动作相似，而如果是防守型的接发球随球跟进动作则要根据来球的力量与正常的截击球或者凌空拦击球的随球动作相似。在第二种情况下，球员通常会在接发球后尽快复位以准备迎接下一次击球。

（4）正手击球

网球正手击球指的是在练习者握拍手同侧的地方对落地球的打法。它是网球基本技术中最常用的击球方法，也是初学者学习的第一种击球技术。下面以右手握拍者为例介绍正手击球的动作要领（以后介绍的各项基本技术均是以右手为例）（图6-5-16至图6-5-19）。

图6-5-16　　　　　　　　　　图6-5-17

图6-5-18　　　　　　　　　　图6-5-19

1. 准备姿势

两脚左右开立比肩稍宽，膝关节微微弯曲，上体略微前倾，脚跟稍提起，重心放在前脚掌上，且在两脚之间，双手持拍（右手握拍，左手松握在拍颈上）自然地置于胸前，眼睛注视前方来球。

2. 上步引拍

当来球飞向身体右侧时，快速向来球方向移动到合适的距离，以右脚为中心，转肩、转髋，侧对来球，右手向后拉拍，同时左脚向右前方上步成关闭步伐，此时重心放在两脚之间或右脚上，左手向前伸出指向来球并保持身体平衡，拍柄底部对着来球方向，拍头略低于击球点，肘关节微微弯曲，微微收紧腋下。

3. 挥拍击球

从后下摆进向前挥动球拍，适度屈膝，右脚用力蹬地，身体重心从右脚移向左脚，对准来球方向迅速向前挥拍迎上击球，击球时手腕绷紧，拍面垂直于地面,,正手的击球点在身体的右侧前方腰部以下膝关节以上的高度。

4. 随挥跟进

球拍碰击球后，使拍面平行于网的时间尽量长些，挥拍方向沿着球飞行的方向前送，重心前移落在左脚，同时右髋、身体、右肩、大臂向前转动送出直至球拍停于左肩上方，右手肘关节停于胸前完成随球挥拍动作。随挥跟进结束，立即回位到准备姿势，准备下一次击球。

（5）反手击球

反手击球指的是当来球落向练习者左侧地方时回击球的一种打法。它也是网球基本技术中最常用的击球方法之一。大多数初学者都是在学习完正手击球之后便会学习反手击球技术（图 6-5-20 至图 6-5-23）。

1. 准备姿势

两脚左右开立比肩稍宽，膝关节微微弯曲，上体略微前倾，脚跟稍提起，重心放在前脚掌上，且在两脚之间，双手持拍（右手握拍，左手松握在拍颈上）自然地置于胸前，眼睛注视前方来球。

2. 上步引拍

当判断对方来球朝向身体左侧飞来时，轻握拍颈的左手应该迅速帮助右手变换为反手击球时的握拍法，身体快速移动到合适的击球位置，以左脚为轴，转肩、转髋，带动右手向左后方摆动，同时右脚向左前方上步，右肩对着球网，手腕绷紧，双肩夹紧，右手靠近左腿的上部。后摆时肘关节自然弯曲、下垂，重心移向左脚上。

图 6-5-20

图 6-5-21

图6-5-22

图6-5-23

3. 挥拍击球

从后摆进入向前挥动时应紧握球拍，手腕固定，转动双肩、躯干和臀部，挥拍向球，反拍的击球点应在身体的左侧前方，击球时球拍与右脚应在一条直线上。击球瞬间，肘部应伸直，球拍与手臂齐平，双眼盯住球，身体重心从后面的左脚移向前面的右脚。

4. 随挥跟进

击球后，双手握住球拍应继续向平行网的方向前送，重心前移，落在右脚上，身体也随着转向回球方向，球拍挥至右肩上方，完好的随挥动作有助于控制球的落点和方向。随挥跟进结束，立即回位到准备姿势，准备下一次击球。

（6）截击球

截击球是网前技术中的一种攻击性击球方法，当球在落地之前，将球击回到对方半场区，其回球速度快，力量重，威胁大（图6-5-24至图6-5-27）。

图6-5-24

图6-5-25

图 6-5-26　　　　　　　图 6-5-27

1. 正手截击

截击时大约站在网前 2.5~3 米的距离，两脚自然开立约同肩宽，重心放在前脚掌上，足跟提起，两手持拍置于胸前，拍头竖起高度基本上与眼睛齐平，上体微前倾，两眼注视来球。截击时微向右后引拍（后摆动作要小），要用举拍转肩、转体来带动上臂，肘要离开身体，不要夹臂击，手腕略竖起使拍头高于手腕，击球点应该保持在身体的前方以眼的高度为最佳，拍子触击来球瞬间握拍手腕要固定，左脚向右前方上步迎击来球即可。

2. 反手截击

准备动作同正手截击，其不同点在于反手截击是双手握拍，左转引拍，右脚左前上步，击球点要更加靠前（前脚前面），球拍触球时手腕固定，膝盖弯曲，重心直接移向来球，球拍略后仰，触击球的中上部。击球后右手臂伸展，向前下压送（图 6-5-28 至图 6-5-31）。

图 6-5-28　　　　　　　图 6-5-29

图 6-5-30　　　　　　　　图 6-5-31

五、网球运动的基本战术

在网球比赛中，运动员要想获得胜利，除了要有高超的网球技术外，运用好基本战术也是十分重要的。网球运动的基本战术可以简单地分为单打战术和双打战术。

（一）单打战术

单打战术的运用要有独立作战的能力，头脑冷静，适应能力强，即能控制球路，不轻易失球，又能积极发力进攻。在战术运用上要根据自己技术特点及场上条件灵活运用。

1. 发球战术

运用发球战术之前首先要考虑在不同的发球区域是发球时的站位和落点选择，如果站在右区发球时，运动员的站位应在中点线附近，这样既便于控制全场，又可以发直线球逼住对方的反拍，迫使对方用反手接发球，而站在左区发球时，运动员可选择站在离中点线左侧 1-2 米之间的位置上，从这里可以将球发到对方反手的最佳角度，能迫使对方用反手接球，并被远远地拉离场区。

发球之后的战术选择一般情况下又可分为下面两种：

第一：发球上网战术

发球上网战术一般情况适用于第一发球之后，是上网型打法者利用了球的力量进行主动进攻，先发制人，然后上网抢攻的一项主要战术，是上网型打法者在比赛中的主要得分手段。

① 第一发球发侧旋，目标对方发球区右区外角，然后上网、冲至发球线中线偏左，主要封住对方正拍接直线球，截击球至对方反拍区。

② 第一发球发平击或用发上旋，目标对方发球区右区内角，然后上网，冲至发球线中线，判断来球，截击至对方底线正、反拍深区，随中场截击贴近网。

③ 第一发球发上旋，目标对方发球区左区外角，然后上网，冲至发球线偏右，主要封对方反拍接直线球，截击球至对方正拍区。

④ 第一发球发平击或侧旋，发球在左区内角上网，冲至中场处，判断来球，截击至

对方正、反拍底线深区，然后人随球跟进，准备近网截击。

第二：底线对攻战术

底线型打法是以底线正、反抽击球为基础组织的战术。它的指导思想必须是用速度，旋转，落点的变化来创造进攻机会。

① 以正、反拍抽击球的速度、力量、攻击对手的弱点，用速度压住对方。

② 用正、反拍强有力的抽击球，连压对方一点，突出其另一点。

③ 用正、反拍的有力击球，调动对方大角度跑动，同时寻找进攻得分机会。

④ 在调动对方两边跑动时，突然连续打重复球，再加变线。

2. 接发球战术

接发球时要注意区分一发和二发两种情况：通常接一发时，球员多站于底线以后，接二发相比接一发可适当向前移动。而结合在不同的区域接发球，其站位和落点选择又有所不同，在右区接发球应站在底线偏右的位置，在左区接发球则最好站在对方可能发出角度的分角线上，在底线偏左的位置。

针对对手的发球，接发球运动员可以做以下选择：

第一：接发球破网

① 面对发球后直接猛冲到网前的对手，挑出有深度的高球是相当有效的破网方法。

② 面对发球后上网较缓慢的对手，最有效的破网办法是在他上网的跑动中把球回到其脚下，若能打出带有强烈上旋的球效果势必更好。

③ 面对发球后上网较缓慢的对手，也可以采用直线穿越的方法进行破网。

第二：接发球上网

接发球上网常在对手二发时使用，这项技术的特殊意义是，可以给对手发球施加压力，强迫对手在发球时更加追求攻击性，从而可能导致他们发出更多的双误。在运用此项非常规技术时，特别需要注意以下细节。

① 当对方第二次发球较松散时，可以用反拍抽击将球打回至中线深处，然后大胆抢攻上网，将回球截击在对方空当。

② 当对方发球后远离中线时，可用正拍抽击或推切球回击直线球，然后迅速上网，用短线球将来球截击至对方的空当。

③ 用削球接发球，回至对方边线深区位置以调动对方，然后上网至恰当的位置截击。

3. 底线战术

底线型打法是以底线正、反抽击球为基础组织的战术。它的指导思想是用速度，旋转，落点的变化来创造进攻机会。

① 积极的进攻性选手通常采用的底线战术。

压制反手，突击正手的战术：这种战术适用于对付反手较弱的对手，即集中力量攻击对手反手，迫使对手逐渐离开场区的位置，等对方身体已完全脱离场区，突然给一个直线球，让对手没有足够时间救球。

对角线战术：为了最大限度地调动对方，消耗其体力，可选择打两个对角线，使对手做对角线跑动。

② 防守反攻型选手常用的底线战术。

积极参加调动对方：这种打法的攻击性在于控制球的落点变化和节奏变化，等待对方浅球的出现，一旦出现浅球，便可迅速冲上去打随机球，把球打得很深。

挑高球战术：如果对手上网，而自身被牢牢地固定在底线的状况下，想改变一下这样的打法，就可以运用挑高球的战术，使对手离开网前，回到底线，这样就可以赢得时间变化战术和打法。

（二）双打战术

首先介绍几种双打比赛中运动员常用的站位方法：

① 一网前一底线站位。

在比赛中，一名运动员站在底线，另外一名运动员在网前的比赛形式，叫作一前一后站位。这种阵势站位在双打比赛的比较具有攻击性的站位方式，现如今国内外优秀运动员都采用这种阵势。这种站位的特点是两名运动员的特点突出，分工明确，配合合理，攻守兼备。站在底线的运动员以底线正、反手击球技术为特长，不仅击球的速度快，落点准，而且变化多．在比赛中，通过各种技术控制局面，调动对手，攻击对方。站在网前的运动员以中前场拦、截技术较突出，在网前通过各种动作迷惑对手，干扰对方，突然出击，上手得分。

② 双底线站位。

两名运动员都站在底线进行双打比赛的形式叫作双底线站位。这种站位的特点是两名运动员的优缺点明显且相同，防守能力较强，攻击能力较弱。在比赛中，完全采用这种形式的运动员极少，但在比赛中作为一种过渡的手段应用，却是屡见不鲜的。

③ 双上网站位。

两名运动员都站在中前场与对方进行比赛的形式，叫作双上网站位。这种阵势的特点是发球运动员技术比较全面，能前能后，能上能下，不仅能在底线对击，而且能到网前对拦，能守善攻，战术变化灵活。目前世界高手中多数运动员皆具备这种能力。

其次介绍运用双打战术的要点：

① 双打运动员之间要相互尊重、相互鼓励，取长补短。彼此间的默契，相互的掩护和接应能有效地弥补个人技术的不足。

② 在比赛过程中，尽量发挥彼此的特长，发球技术较好的先发球，技术强的可在左区接发球。

③ 第一发球应力求成功，大多发向对方的反手。双打中的落点比力量更重要。

④ 占据网前的有利地位使对手产生压迫感是双打取胜的关键因素。

⑤ 攻守有序。一味地攻击有时会造成失误过多，适当的防守常是突破难关的转折点。要注意灵活运用战术，做到攻守结合。

⑥ 将球打到对手的脚边及两人的中间，常能制造有利的攻击时机。

六、网球运动的学练方法

（一）发球、接发球技术的学练方法

1. 发球学练方法

① 抛球练习：来到网球墙前举起球拍后，在球拍拍头对应的墙上的做个记号，然后后退一个手臂的距离，开始向那个高度反复练习抛球。

② 左、右手各持一球，左手做抛球动作，右手做挥拍动作，左手抛球同时右手用挥拍动作向前上掷球，使两球在空中碰击，反复练习培养良好的发球节奏。

③ 发球徒手挥拍练习。

④ 面向网球墙，距离6米左右进行发球练习。待技术的提高，发球位置可逐渐后移，最后移至距墙10米左右，同网球场上的实战发球相似。在练习过程中注意球的落点。

⑤ 在发球线后蹲下，左手抛球，右手持拍由下而上挥动，将球击打到对方发球区内；待基本掌握后，由发球线向后移动2～3米，再继续练习蹲下发球；最后移至底线后，练习蹲下发球。通过这种方法练习可以使初学者在击球过程中着重体会向上－向前－向下挥拍的感觉。

⑥ 找一个小凳，分别放置在发球线后、中后场和底线后，练习者坐着发球。体会稳定重心后的手臂、手腕击球动作。

⑦ 依次站在发球线、发球线后2～3米、底线进行发球练习，体会在不同的位置发球时的挥拍击球感觉。

⑧ 为了将发球的落点练得更加准确，在对方场地发球落点区域内设定三个目标，分别放在内角、中间、外角，可以选用圆桶或垫子等作为目标。进行发球练习时，将球发向目标；也可先制定以发中目标几次为计划，不断轮换左右区，不断增加发中次数。

⑨ 在球网上放置六个小标志物，把左右半场分成a，b，c三个区段。练习发球时，让球分别从每个区段通过，并落在发球区内。计划好每个区段的有效发球次数，完成计划后，轮换到另一半场区段练习。

⑩ 在两侧网球柱上各竖起一根小棍，用绳子拉起，约高出球网0.5米左右，找一些羽毛球网挂在上面，练习越过较高的球网的发球。

2. 接发球学练方法

① 接发球徒手挥拍练习。

② 两人一组，一人站在另外一人身后将球从其头后向左右两侧抛出，练习者在球第一次落地弹起后将球抓住。

③ 两人一组，间距3米左右相对站立。一位学员双手各拿一球，然后双臂侧平举。随机松开一只手中的球，另一位学员快速反应冲向球，在球两跳之前将球接住。

④ 接发球线路练习：两人一组，一人发球，另外一人接发球有目的地回直线或者斜线。

⑤ 一、二区轮流接发球：三人一组，其中两人分别站在一区和二区发球，另外一人在一区接发之后，迅速移动到二区接下一个发球，依次循环练习。

⑥ 正、反手轮流接发球：两人一组，一人依次发外角、内角球，另外一人运用正、反手进行接球练习。

（二）正手、反手击球技术的学练方法

1. 正、反手击球的基础练习方法

① 熟悉球性练习：用球拍颠球或者拍球走、跑；两人一组，隔网站立也可以用球拍互相颠球。

② 徒手练习：徒手做正、反手的挥拍击球动作；对着镜子进行徒手挥拍练习，帮助纠正、巩固、熟练正确的正、反手挥拍技术。

③ 练习者距离网球墙 7~10 米，连续正、反拍对墙击落地球，要求循序渐进练习。

④ 对墙练习比赛：两人一组，一人抛球对着墙上 1~1.5 米这个区间击球，另外一人接着他的一击，交换击球，直至一人因击打不到目标区或让球两跳而输掉一分。

⑤ 依次站在发球线、底线位置，面向球网，进行自抛自打的正、反手技术练习。

⑥ 底线直线练习：两人一组，一人打正拍直线，另外一人打反拍直线；然后交换击球。

⑦ 底线斜线练习：两人一组，互相击正拍斜线球；换边，两人互相击反拍斜线球。

2. 正、反手击球的提高练习方法

① 正、反拍"8"字抽球练习：两人一组，一人从右区打正拍斜线后立即移动至左区打反拍斜线；另外一人在右区还击正拍直线后迅速移动至左区打反拍直线，一定时间后，交换练习。

② 三人底线抽球练习：换言之"底线二打一练习"，就是两个人在球网一侧大力抽底线球，充分调动对方，另一人在对面根据场上情况用正、反手抽球回击来球。

③ 狭长地带对打练习：两人一组，利用网球场单双打线的狭长区域，一人正手击球，一人反手击球。熟练之后，交换练习。

④ 底线定点多球练习：两人一组，一人在右侧网前送定点多球，一人站在对面右区依次打正手直线球和正手斜线球；然后网前的那个人再来到左侧网前送定点多球，对面的练习者在左区依次打反手直线和反手斜线球。

⑤ 底线移动多球练习：两人一组，一人在网前送多球，一个正手球，一个反手球，另外一人在底线移动中练习正、反手击球。待练习者熟练之后，网前送球的那个人可适当加快送球节奏，加大送球落点，从而进一步提高练习者底线移动中的正、反手击球技术。

（三）截击球技术的学练方法

① 徒手练习：徒手做正、反手的截击挥拍击球动作；对着镜子进行徒手截击挥拍练习，帮助纠正、巩固、熟练正确的正、反手截击技术。

② 距离网球墙 2 米，首先对墙进行正手截击练习，其次再进行反手截击练习，再次是一正一反交替的截击球练习。待上述练习熟练后，逐渐拉开与墙的距离进行以上练习。

③ 两人一组，分别站在球网两侧，相距 3 米左右，交替进行直线的连续正手截击和反手截击练习，待熟练之后可适当拉大距离。

④ 两人一组，在网前沿斜线隔网相距 4 米左右站好，交替进行连续的正手截击练习和反手截击练习，待熟练之后可适当拉大距离。

⑤ 两人一组，一人在发球线前后送网前定点球，一人进行定点正手截击和反手截击练习。要求练习者第一阶段将球截击到底线附近，第二阶段将截击球回至发球线外角区域。

⑥ 两人一组，一人在发球线前后送网前不定点球，一人进行判断后做出反应进行移动中正手截击和反手截击练习。要求同上。

⑦ 两人一组，一人在底线正、反手击球回中路，一人在网前发球中线区域练习正、反手截击。

【思考题】

1. 简述网球运动的起源、特点和锻炼价值。
2. 列举影响较大的世界级网球赛事。
3. 简述网球基本战术。

【参考文献】

［1］陶志祥．网球运动教程［M］．北京：高等教育出版社，2003．
［2］黄茂武，等．大学体育［M］．广州：中山大学出版社，2003．
［3］李海燕，等．大学体育教程［M］．北京：北京体育大学出版社，2008．
［4］美国网球协会．网球成功教学（第二版）［M］．计伟忠，等译．北京：北京体育大学出版社，2007．

第六节　羽毛球

【学习目标】

1. 认识和了解羽毛球运动的起源、发展、技战术、比赛规则等知识性内容。
2. 掌握羽毛球的基本运动技能，参与体育锻炼，达到强身健体的效果。

一、羽毛球运动的起源与发展

羽毛球运动起源于民间体育活动。据史料记载，早在远古时期就有类似羽毛球活动的游戏存在。现代羽毛球运动起源于英国。据传 1860 年的一天，英国公爵鲍费特在伯明顿庄园招待客人，并准备了各种游戏活动，因下雨庄园积水不退，客人们只能在室内活动，有人建议玩"毽子板"游戏。毽子是由鸡毛制成，其制作原理和结构较接近现代的羽毛球，游戏时双方相互击打毽子。这一游戏引发了客人们的兴趣，于是他们就把这一游戏带回了各地，以庄园的名字"伯明顿（Badminton）"命名，并广泛传播。

现代羽毛球运动于 20 世纪初传入中国，主要是在上海、广州、天津、厦门等外国租界内和基督青年教会以及教会学校中开展。新中国成立以后，竞技羽毛球运动开始起步，并于 1958 年 9 月成立了中国羽毛球协会。20 世纪 60 年代是中国竞技羽毛球运动赶超世界水平的时期，汤仙虎、侯加昌等印度尼西亚华侨归国，带回了国际羽毛球最新的技术与战术，给中国羽毛球运动的发展注入了新鲜血液；我国羽毛球运动员在学习、借鉴外国先进技术的同时，根据自己的身体特点，对基本的技术、战术进行了大胆改革，确定了"快、狠、准、活"的技术风格和"以我为主、以攻为主、以快为主"的发展方向。1981 年 5 月，国际羽毛球联合会（简称"国际羽联"）正式接纳了中国羽毛球协会，标志着中国羽毛球运动进入了世界体坛。随着世界羽毛球整体水平的不断提高，羽毛球运动被更多国家和民众接受，并于 1992 年被列为奥运会正式比赛项目，设置了男单、女单、男双、女双 4 个项目金牌，1996 年混合双打也被列为正式比赛项目，使其项目金牌数达到了 5 枚。20

世纪 90 年代，中国女子双打选手葛菲和顾俊在 1996 年亚特兰大奥运会羽毛球比赛中成功夺金，实现了中国羽毛球在奥运会上金牌"零"的突破。进入新世纪以后，中国羽毛球运动进入了全面发展的阶段，曾连续在奥运会、汤姆斯杯、尤伯杯等国际性羽毛球大赛上获得冠军。

二、羽毛球的基本技术

（一）握拍

握拍是进行羽毛球击球前要做的最基本的准备，是学习羽毛球各项技术的起点。握拍方法是否正确，直接影响着动作的合理性、击球的准确性和技术水平的提高空间，因此，初学者首先应学习并掌握正确的握拍方法。羽毛球最基本的握拍方法包括正手握拍和反手握拍两种。下面将逐一介绍各种握拍方法，均以右手持拍者为例，反手持拍者则反之。

1. 正手握拍技术

右手持拍，使拍框与地面垂直，此时从左至右可以看到拍柄上有四条棱线；右手的虎口位置对准拍柄斜棱上的第二条棱线，用近似握手的方法握住拍柄，从正面看右手虎口位置与拍柄的结合部位呈 V 形；无名指与小指紧握球拍，拇指、食指和中指自然放松，贴在拍柄两侧的宽面上，球拍柄靠近手掌的小鱼际肌，拍柄与掌心间留有空隙（图 6-6-1）。

2. 反手握拍技术

在正手握拍的基础上，将拍柄稍向外旋，拇指上提，使拇指内侧顶贴在拍柄的宽面上，食指稍向下靠，与拇指一起卡住拍柄，其余三指自然贴靠在拍柄上，掌心与拍柄间留有发力空间（图 6-6-2）。

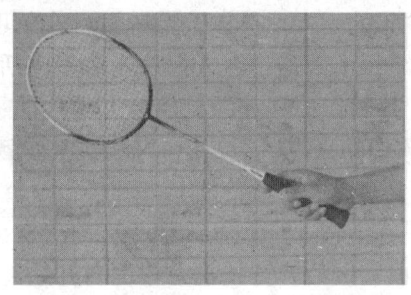
图 6-6-1 正手握拍

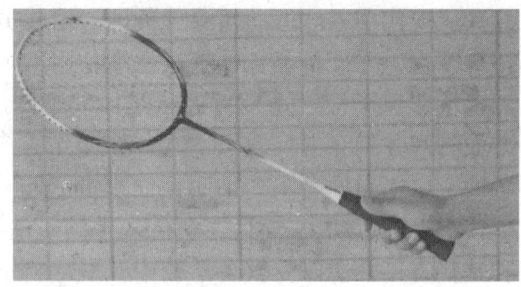
图 6-6-2 反手握拍

（二）发球

发球是羽毛球运动的一项基本技术，是组织进攻的开始。根据发球姿势可将其分为正手发球和反手发球两种。一般情况下，单打时多采用正手发球，双打则多采用反手发球。就球在场上的飞行路线与距离而言，可将其分为发后场高远球、平高球和前场小球等。在比赛过程中，发球站位至关重要：单打发球时，发球者一般选择靠近中线并距前发球线 1 米的位置发球；双打发球时，发球者的站位较单打靠前，一般在靠近前发球线和中线交接的 T 形位置。

1. 正手发球（图6-6-3）

图6-6-3　正手发球

（1）准备姿势：两脚自然开立，左脚在前，右脚在后，脚尖对网，重心落在右脚上；左手手指夹持球的中部，置于胸前，右手持拍放松举至身体后侧；双眼目视前方。

（2）击球动作：发球时，持球手松开使球自然下落，持拍手上臂外旋，自下而上回环形引拍，同时随引拍动作转体，重心由右脚向左脚移动；当挥拍至身体右前下方时，准备击球（注：正手发球的最佳击球点在左脚脚尖的右前下方）。当拍面与球接触的瞬间，上臂与前臂迅速内旋，带动手腕、手指展腕屈指闪动发力，用正拍面将球击出。正手发平高球时，击球点须在右前下方略高于发高远球的位置，击球时前臂带动手腕发力，拍面与地面的夹角小于45度，向前推进击球。发前场小球时，握拍要松，前臂前摆，以手指控制力量收腕发力，用斜拍面向前推送切击球托底。

（3）击球后，身体重心完全移至左脚，持拍手随击球后的惯性自然挥动至头部左前上方，手腕呈展腕放松状态。

2. 反手发球（图6-6-4）

图6-6-4　反手发球

反手发球技术是在身体左前方用反拍击球的一种发球姿势。它与正手发球的不同之处在于反手发球力矩相对较小,对球的控制力更强,更具有稳定性、隐蔽性和突然性。

(1) 准备姿势:双脚自然前后开立,左脚在前,脚尖对网,右脚在后,脚尖点地,重心在前脚上;为争取高点击球,提高发球质量,双脚可适当提踵;左手拇指、食指和中指拿住球的两三根羽毛,自然倾斜置于拍面前,持拍手做反手发球握拍,自然屈指于体前,拍头向下,准备击球。

(2) 击球动作:反手网前小球时,手腕由外展至内收,捻动发力,靠手指手腕的力量,以斜拍面向前推送切击球托,使球贴网飞行至对方发球线附近;反手发平高球时,屈指收腕发力,用正拍面向前上方将球击出,使球呈弧线飞行落至对方双打后发球线附近。

(3) 击球后,以制动动作结束发力。

(三) 接发球技术

将对方的发球击回对方场区叫接发球。发球方控制着发球的主动权,接发球方却掌握着第一次击球的主动权。根据比赛可将接发球分为单打接发球和双打接发球两种,根据发球的种类可将接发球分为前场和后场、正手和反手姿势接发球。

1. 接发球站位

(1) 单打接发球站位。在单打接发球时,接发球者一般选择距前发球线 1.5 米处的位置;在右区接发球时以有效发球区域中心稍靠近中线的位置为最佳接发球位置,在左区接发球时选择有效发球区的中心位置。

(2) 双打接发球站位。双打接发球站位与单打有所不同:双打时,一般选择靠近前发起线的位置,以争取在网前抢高点击球;在右区接球时站位略偏左靠近中线,在左区接发球站位选择在中心位置。

2. 接发球的准备姿势

(1) 单打接发球准备姿势:两脚自然开立,左脚在前全脚掌着地,右脚在后脚前掌触地;膝关节微屈,重心落在左脚上,右手持拍置于胸前,左手自然屈于体侧,保持身体平衡,两眼注视来球方向,准备接球。

(2) 双打接发球准备姿势:与单打基本相同,区别在于持拍手略高,约举至头顶前上方,以争取高点击球,掌握场上的主动权。

3. 接发球回击种类

根据对方发球的路线,可采用不同的接发球技术。接网前球一般可采用网前小球、勾对角球、挑球、扑球、推球等回击动作,接后场高远球可采用回击高远球、吊球、杀球等击球动作。

(四) 击球技术

1. 前场击球技术

前场击球技术由前场挑高球、平推球、搓球、放网前小球、勾对角球和扑球等几种击球技术组成。每项技术均可由正反手击球姿势完成,击出直线、斜线不同飞行路线的球。下面逐一介绍这几项击球技术,均以右手击球为例。

(1) 挑球。正手挑高球时,根据来球方向判断其落点,跨步击球;击球前,前臂充分外旋,手腕后伸;击球时,以肘关节为轴,小臂快速内旋带动手腕,由右下向前上方展腕发力击球。反手挑高球时,击球前,右臂往左后引拍,前臂充分内旋;击球时,前臂快速外旋,带动手指手腕向前上闪动发力击球(图6-6-5)。

图6-6-5 挑球

(2)推球。击球前,球拍举于右侧前上方,前臂稍外旋,手腕后伸,球拍后摆,拍面正对来球;击球时,身体稍向前移,右臂前伸内旋,手腕和手指控制拍面角度,手腕由伸到展,食指向前压和小指、无名指突然握紧拍柄,屈指发力。反手推球时,前臂前伸外旋,手腕由展到收,中指、无名指、小指突然紧握拍柄,拇指顶压,屈指捻动发力。

(3)搓球。正手搓球击球前,小臂稍外旋,手臂伸直;击球时,拇指、食指捻动球拍,手腕由展至收,以斜拍面由右向左切击球托底部,使球翻转过网。反手网前搓球时,手腕由展到收,手指捻动以斜拍面由左至右切击球托底部(图6-6-6)。

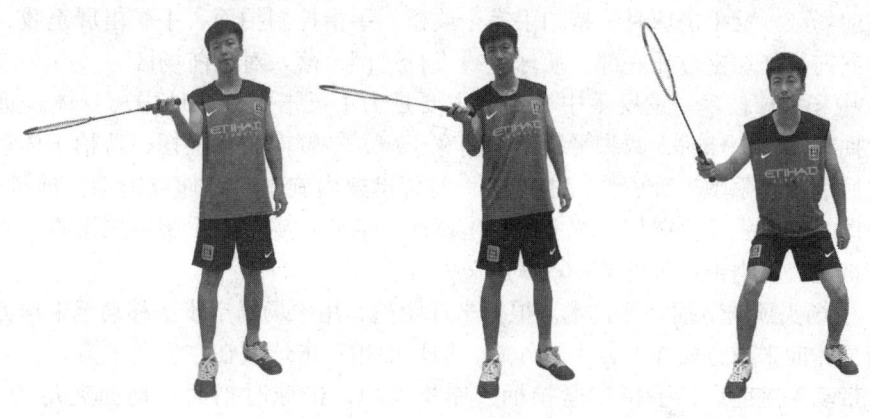

图6-6-6 搓球

(4)放网前球。正手放网前球,当对方将球击至自己正手网前时,以正手握拍法,采用上网步法迅速移动到位,右脚向前跨出,重心落在右脚上;击球时,手掌放松空出,仅用手指握住球拍柄,水平伸向来球,靠身体的前冲力以及拇指、食指的力量将球轻轻向上抬击,使球贴网下落至对方场区。反手放网前球,反手握拍,靠跨步的前冲力、手指轻轻向上的抖动力抬击球的底部,使球过网并贴网下落。

(5)勾对角球。正手网前勾对角线球,击球前,持拍手前臂外旋前伸;击球时,靠前臂内旋带动肘部回拉,手腕由后伸至收腕,闪腕发力,挥拍切击球托的右侧下部,使球沿网的对角线飞行,拨击球时手腕要控制拍面角度。反手网前勾对角线球,采用反手握拍法,当来球过网时,肘部下沉同时前臂外旋,食指、拇指捻动球拍,用斜拍面向网前斜上方抬击球的左侧下部,手腕控制拍面角度,使球沿对角线飞行。

(6) 扑球。正手网前扑球击球点必须高于网的顶部,以正拍面对准来球;击球时,前臂内旋手腕由展至收迅速向前下方挥拍击球,若来球距球网较近,为避免球拍触网,可采用由右至左与球网平行的方向挥拍击球。反手网前扑球时反手握拍,持于左侧体前,击球点高于网的顶部;击球时,前臂外旋,手腕伸向前下方迅速发力击球,为避免触网,可采用由左向右与球网平行的方向挥拍击球。

2. 中场击球技术

羽毛球比赛中,中场击球技术采用较多的有接杀球技术、抽球技术等,下面将逐一介绍,均以右手击球为例。

(1) 接杀球技术。准备时需降低重心,运用中场接球步法向来球方向移动,上臂带动前臂、手腕呈环形引拍,球拍与跨步脚脚尖朝向来球方向,准备击球,击球点控制在体侧平行面稍前的位置。①正手接杀挑高球击球动作:击球时,以肘关节为轴,小臂与手腕迅速内旋,十指紧扣拍柄,展腕发力迅速将球击出,使球以高弧线飞行,落入对方后场区。反手击球时,同样以肘关节为轴,小臂与手腕迅速外旋,利用拇指顶力以及收腕动作将球击出。②正手接杀平抽球击球动作:击球时,手臂内旋,食指控制拍柄,其余四指握住拍柄,以翻压的动作发力击球,使球平行过网,落入对方场区。反手击球时,手臂迅速外旋带动手腕闪动发力,拇指前顶将球击出。③正手接杀放小球击球动作:击球时,手腕稍屈,手指控制拍面,借助对方杀球的力量,以斜拍面向前方推送切击球托底部,使球直线飞入对方前场区。反手击球时,持拍手完全放松,手指控制拍面,手腕由展至收,稍发力以斜拍面向前推送切击球托底部,使球直线飞行过网,落入对方前场区。

(2) 中场抽球技术。正反手中场抽球主要是为了反击对方来球中离身体较远的平快球。正手抽球准备击球时,两脚平行站立稍宽于肩,右臂向右侧上摆,持拍于体前,前臂外旋,向后引拍,手腕充分后伸;击球时,前臂迅速内旋,手腕伸直闪动向前推压击球。反手平抽球时,右手反手握拍在左前侧;击球时,前臂外旋带动手腕由屈至收,利用拇指顶力向前推送,发力击球(图6-6-7)。

(3) 中场头顶腾空抽杀球技术。根据来球距离,用中场腾空步法移动至来球方向,持球手臂与身体向来球方向伸展,手臂外旋,回环引拍;击球点在左肩前上方,击球时,前臂内旋,带动手腕前屈,手指握紧拍柄,屈指发力,击球时拍面与地面夹角约为90度(图6-6-8)。

3. 后场击球技术

后场击球具有力量大、速度快、攻击性强等特点,是羽毛球运动中的一项主要击球技术,广泛运用于单双打比赛中。依据击球位置的不同,后场击球技术可分为后场高远球、后场平高球、后场吊球、后场杀球技术等(下面介绍均以右手击球为例)。

(1) 后场高远球。后场高远球是由底线击至对方场地的一种高弧线球,速度相对较慢,在被动状态下运用可争取回位时间,以便过渡和调整击球位置,夺回场上的主动权。后场高远球击球前,运用后场后退步法向来球方向移动,持拍手手臂以45度夹角屈肘举

图 6-6-7 中场抽球

图 6-6-8 中场头顶腾空抽杀球

于体侧,左手上举,保持平衡;身体侧面对网,重心在右脚上;当球下落至一定高度时,持拍手臂肘关节上抬,手臂外旋充分后倒,以肩关节为轴,向后引拍,手腕充分伸展,左手随转体动作伸向左侧以协助发力,准备击球。

1)后场正手高远球,击球点位于右肩前上方,击球时,前臂迅速内旋,带动手腕向前上方挥拍,屈指发力,用正拍面以约与地面 120 度仰角,在空中最高点快速将球向前上方击出,使球呈高弧线飞行,落至对方底线位置(图 6-6-9)。

2)后场头顶高远球,击球点位于头顶或左肩前上方,准备姿势与击球动作要领与后场正手高远球相同。

图 6-6-9 后场正手高远球

3）后场反手高远球，击球前身体稍向左转，背对球网，反手握拍屈肘举于身体右侧，手臂内旋回环引拍，两眼注视来球；击球点在右肩上方；击球时，大臂与小臂加速外旋，带动手腕由左下方经胸前向右前上方画弧，手腕由伸至收，屈指发力，用反拍将球向对方后场击出，击球完成后，重心落在右脚上（图 6-6-10）。

图 6-6-10 后场反手高远球

（2）后场平高球。后场平高球击球前的准备动作与后场高远球准备动作相似；击球时，拍面与地面仰角比击高远球时稍小，将球击出后，使其以平高弧线飞至对方后场区。

(3) 后场吊球。

1) 正手吊球，击球前动作同正手高远球相似；击球点在右肩前上方较高远球稍前的位置；击球时，手腕由伸到屈，带动手指捻动发力，使球拍由内向外旋转，以斜拍面切击球托底部，使球越网后立即下落；击球后，手臂随惯性自然回收到胸前（图6-6-11）。

图6-6-11　正手吊球

2) 反手吊球，击球前动作同反手高远球相似；击球瞬间拍面与地面约呈90度夹角，前臂外旋带动手腕、手指捻动发力，以斜拍面切击球托后中部，完成击球后重心落在右脚上。

3) 头顶吊球，击球前动作同正手高远球相似；击球点位于头顶或左肩前上方；击球时，用手指捻动球拍拍柄，使球拍向内旋转，以斜拍面向前下方滑动击球，切击球托左侧后部。

(4) 后场杀球。

1) 后场正手杀球，击球前的准备姿势、引拍动作与正手高远球的基本一致；击球点在右肩前上方较击高远球稍前一点的位置；击球前，为获得较大的力臂，身体充分后仰呈反弓形；击球时，前臂带动手腕由伸到屈，快速闪动，击球瞬间充分利用转体收腹的力量，以正拍面向前下方发力击球，使球自上而下飞行落入对方场区；击球后，持拍手随惯性挥至身体左前下方（图6-6-12）。

2) 后场反手杀球，采用反手握拍，准备姿势、击球动作与反手高远球的一致；击球点比高远球稍前，击球瞬间拍面向前下方快速发力下压击球。

3) 后场头顶杀球，击球前动作同正手高远球一致；击球点在头顶上方较高远球和吊球稍靠前的位置；击球时，前臂内旋，带动球拍快速向前下方挥动，屈指发力击球；击球后，球拍随惯性收至体前。

(五) 基本步法

步法是羽毛球运动的重要组成部分，它是各项技术的基础。作为初学者必须从基本步

图 6-6-12 后场正手杀球

法入手，加强练习，基本步法的好坏是能否提高技术水平的重要条件。

1. 羽毛球运动基本步法的技术术语

（1）步法：运动中脚步移动的动作方法。

（2）起动：准确判断来球后，双脚脚前掌迅速蹬地向来球方向移动，即为起动。判断与起动的速度是争取有利击球位置的前提。

（3）垫步：前脚向前迈出一步，后脚跟进，紧接着以同一脚向同一方向再迈一步，为垫步。一般用于步法间的衔接。

（4）并步：一只脚先移动，另外一只脚蹬地，双脚离地向空中跃起，同时后脚向前脚快速靠拢，完成移动，称为并步。

（5）交叉步：左右脚交替向前、向侧、向后移动的步法为交叉步。移动脚向前面的为前交叉步，向后面的为后交叉步。

（6）跨步：后脚蹬地，前脚向前、后、左、右跨出一大步，即为跨步。

（7）蹬步：由支撑腿蹬地向前、后、左、右移动产生的步法。

（8）跳步：为争取击球时机、获得击球高度而腾空跃起的步法。

（9）回位：运用各种移动步法击球后，立即回到中心位置，准备迎接下一球。

2. 移动步法

根据场上移动的方向和场区的位置，通常将羽毛球步法划分为前场上网步法、后场后退步法和两侧移动步法三种。上网步法和后退步法根据来球距离的远近，均可分为一步、两步和三步步法。

（1）前场上网步法。上网移动步法包括跨步上网（两步）、垫步或交叉步上网（三步）、蹬跳上网。三种上网步法其上网前的站位及准备姿势都是相同的。即站位取中心位置，两脚左右开立（稍前后），约同肩宽，两膝微屈，两脚前脚掌触地，后脚跟稍提起；

上体稍前倾，右手持拍于体前，两眼注视对方的来球。

1）跨步上网：准确判断来球后，左脚掌内侧用力蹬地并侧身向来球方向迈出，接着右脚也向前迈一大步，以脚掌外侧和脚跟先着地过渡至前脚掌，右膝膝关节弯曲并成弓箭步，然后左脚自然地向前脚着地方向靠上小半步；击球后，右脚蹬地用小步、交叉步或并步回到中心位置（图6-6-13）。

图6-6-13　跨步上网

2）垫步或交叉步上网：准确判断来球后，右脚先迈出一小步，左脚随后向右脚垫一小步（或从右脚后交叉迈出一步），左脚着地后，脚内侧用力蹬地，右脚再向网前跨一大步成弓箭步，身体重心在前脚，击球后，前脚朝后蹬地，回位至中心位置。

3）蹬跳上网：蹬跳上网是在预先判断来球的基础上，利用脚的蹬地，迅速扑向球网，以争取在球过网的瞬间还击来球的移动步法。使用这一步法站位应稍靠前，右脚向来球方向做小步调整后，用力蹬地大步跨出，比赛时常用于网前扑球；击球后，应迅速制动以防止前冲力过大而造成触网，并回位至中心位置。

（2）后场后退步法。后场后退步法，有右后场区后退步法和左后场区后退步法两种。右后场区后退步法主要有正手后退步法，左后场区后退步法又可分为头顶后退步法、反手后退步法。

1）正手后退步法：正手后退步法可分为并步和交叉步两种。根据场上情况和个人可选用不同步法。准确判断来球后，调整身体重心至右脚，然后右脚蹬地迅速向右后方撤步，同时上体右转，左肩对网，接着，左脚用并步（或交叉步）靠近右脚，右脚继续后移至来球位置；脚步移动的同时，持拍手须完成挥拍击球前的准备动作，待球落至最佳击球点时，做正手原地或起跳击球；击球后，身体重心随右脚前移，然后迅速回位到中心位置（图6-6-14）。

2）头顶后退步法：对方来球至左后场区可采用头顶后退步法，头顶后退步法也可分为并步或交叉步移动后退两种。准确判断来球后，右脚蹬地撤向左后方，同时，髋关节及上体向右后方转动，且稍后仰；左脚采用并步或交叉步后撤，右脚退至来球位置时，用头顶击球技术将球击出；击球后，迅速回位至中心位置。

3）反手后退步法：采用反手后退步法时，应先根据来球的距离调整移动步伐，选取

图 6-6-14 正手后退步法

采用两步或三步后退步法。两步后退步法是左脚先向左后方撤一步，上体左转，右脚向左后方跨一步，背对网。如离球较远，则要采取三步后退步法。三步后退时，右脚先向左脚并步，左脚再向左后方撤一步，同时上体左转，右脚再向左后方跨一步至来球位置，背对球网，做反手击球；击球后，迅速回位至中心位置。

（3）两侧移动步法。两侧移动步法多用于接对方的扣杀球和半场低平球。其移动前的准备姿势及站位与上网步法基本相同。

1）向右侧移动步法：准确判断来球方向，上体稍倾倒向左侧用左脚掌内侧用力蹬地，右脚同时向右侧跨大步，髋关节随之右转，上体稍倾倒向右侧，重心在右脚上。离中心较近时，用蹬跨一大步到位击球；离中心较远时，则垫步后右脚再跨出一大步（图6-6-15）。

图 6-6-15 向右侧移动步法

2）向左侧移动步法：准确判断来球后，上体稍倾倒向右侧，用右脚掌内侧用力蹬地，左脚随髋关节的转动，同时向左跨出一大步。当来球较远时，左脚先向左侧垫步后，右脚往左侧方向蹬出并转身，向左跨出一大步（图6-6-16）。

图 6-6-16　向左侧移动步法

三、羽毛球的基本战术

羽毛球战术是指运动员在比赛中为表现出高超的竞技水平和战胜对手而采取的计谋与行动。在比赛中如何选择最佳战术，要根据自己的技术水平、打法、战术特点、身体素质、心理素质等具体情况以及对方的情况来决定。在战术的运用过程中要学会利用自己的优点去攻击对方的弱点，即"以己之长，攻敌之短"或"以己之短，克敌之劣"，这是最正确的、最佳的战术选择。

（一）单打进攻战术

1. 发球抢攻战术

发球不受对方干扰，只要在规则允许的范围内，发球者可以采用任何发球方式发到对方接球区的任何一点。采用变化多端的发球战术，常常能起到先发制人、取得主动的作用。从发球的第一拍起，争取控制对方，以攻杀得分。这种战术，一般为发后场高远球、网前低球结合平快球、平高球争取场上的主动进攻。发球时还可根据对手的站位、回击球的习惯路线、反击能力、打法、心理状态等情况，运用不同的发球方法，以取得主动权。通过这一战术的运用，打乱对方的整个战略部署，造成对方措手不及。

2. 接发球抢攻战术

接发球抢攻战术是接发球战术中最易得分、最具威胁力的一种战术，前提是对方在发球时质量欠佳。例如，发高球时落点不到位、发网前球时过网太高、发平快球时速度不够，以及发平高球时速度、落点、路线不佳等都是造成接发球抢攻的机会。除此之外，还要有积极而大胆的抢攻意识。接发球虽然处于被动状态，但由于发球时受到诸多规则的限制，使发球不能给接发球者带来太大的威胁。发球者发球只能发到对角线的接发球区内，而接发球者只需防守好半个区域，却可还击球至对方场地的整个场区。所以，接发球者若能处理好这一拍，是可以变被动为主动的。

（二）单打防守战术

防守战术的原则是积极防守、守中有攻。要达到这一目的，就必须得了解防守的目的是在自己被动的情况下，通过调整战术，夺回主动权所进行的有组织、有目的的战术行动。然而，防守中必备的是要具备较好的防守能力（包括手法、步法），具备较好的回击后场高远球的能力，起动反应快、步法到位，有较好的反挡底线能力、勾对角球的能力、挡及反抽的能力。

1. 打两底线高远球的防守战术

这一战术和打两底线平高球战术不同之处在于，一是防守战术，一是进攻战术。高远球是作为防守时使用的技术，而平高球则是进攻时使用的技术。进行防守时只能使用高远球，如用平高球去进行防守战术，则不但不能达到较好的防守目的，反而会增加防守难度。

2. 勾对角战术

在防守中勾对角网前战术，作为一种积极防守反攻战术很有效果，可以打乱对方节奏，为自己夺得主动权争取时间。

3. 挡直线网前战术

在防守中结合挡直线球能使防守战术更灵活多变，对对方更有威胁性。当然，要打好这一防守战术，首先要具备能准确判断对方进攻的落点，反应快，还要具有灵活多变的手法，才能达到积极反攻的目的。

（三）双打战术

双打比单打每方增多一位队员，场地变宽，接发球区缩短。要想获得较好的比赛成绩，两名队员须配合默契，相互信任，攻防衔接一致。

1. 双打基本打法类型

双打打法是根据双方的技术水平、身体素质和心理素质以及伙伴的配合特点，经过长期训练而形成的。最常见的是前后站位打法、左右站位打法、轮转站位打法三种。

2. 双打的站位

（1）发球基本站位。靠近中线距前发球线附近；发球员同伴基本站位在发球员身后至后场底线的中间，双脚跨在中线两边，左右兼顾。

（2）接发球基本站位。在右区接发球时，站在靠近中线距前发球线10~50厘米的位置，据对方发球情况，站位可选择偏前或偏后；在左区接发球时，站位距前发球线的距离与右区相同，左右位置约为中线的中间，据对方发球情况，站位可选择偏前或偏后些。接发球员同伴基本站位，在接发球员侧边站位，为中间距前发球线1米左右，准备在接发球员接球后，积极封网；靠后站位，在接发球员身后1~2米处，准备进攻。

3. 双打进攻战术

（1）发球战术。双打发球是一项战术意识较强的战术，它与单打的发球抢攻同等重要。因此，在比赛中运用好发球战术，根据具体情况选择好发球的站位、发球方法、发球路线及落点，可帮助获得比赛的主动权，进而取得比赛胜利。

（2）第三拍战术。第三拍战术是反攻战术的一种，是指对方接发球过来的球对我方形成一种既不主动也不被动的形势，在这种情况下，第三拍处理得好就可控制主动权。因此，此时出手击球要有一定的质量，要做到高打、快打，过网质量要高，球路要明显；以速度压住对方，迫使对方打出高球利于我方进攻。

（3）攻人战术。攻人战术是双打中常用的一种战术，就是以人为攻击目标。对付两名技术水平高低不一的对手时，一般都采用这种战术。例如，当发现对方有一个人防守能力、心理素质较差,失误率较高,或防守时球路单调,即可采用这种进攻战术。

(4) 攻中路战术。防守方左右站位时把球打在两人的中间。这种战术可以造成守方两人同时抢球或让球,以破坏对方节奏和打法,有利于我方的封网、进攻。

(5) 攻后场战术。攻后场战术通常用来对付后场扣杀能力较差的对手,把对方弱者调动到后场后也可以使用。此战术多利用平高球、平推球、挑底线把对方一人紧逼在底线,使其在底线两角移动击球,在其还击时击出半场高球或网前高球时即可大力扣杀,以增加攻防的成功率。

4. 双打防守战术

(1) 调整防守站位。调整防守站位是摆脱被动伺机反攻的一种有效方式。如果是网前挑高球,那么击球者应该直线后退,切勿对角后退。直线后退路线短,站位快;对角后退路线长,容易被对方打追身球。另一名队员应根据同伴移动的情况填补空位。

(2) 防守球路。当攻方杀球者和封网队员在半边场前后一条直线上时,接杀球应打到另一半边前场或后场;当攻方杀球者和封网者在前后对角位上时,接杀球可还击至杀球者的网前或封网者的后场;当攻方杀球者杀对角后,另一名队员想要退到后场去助攻时,接杀球时可以还击到网前中路或直线网前。

(3) 挑两底线平高球战术。这一战术比较简单,即不论对方从哪个位置进攻都将球挑到进攻者后场,即对方攻直线球我方挑对角,对方攻对角球我方挑直线,以达到调动对方移动的目的。

(4) 挡直线、勾对角网前逼近战术。当遇到后场两边进攻能力很强的对手时,若我方采用挑两边底线球,则无法获得进攻机会,此时应采用挡直线、勾对角网前逼近的战术,以回击网前球来避开对方的后场强攻。这一战术往往是为了争夺进攻权,特别是对付网前扑、推以及前、后、左、右移动较慢的对手。

(5) 打空位战术。在运用这一战术之前,首先要观察对方采用哪一种进攻方式,掌握了对方场上进攻的规律性,找出对方场上的漏洞、空隙,以便有意识地把球打到对方的空位,从而争得主动权。

四、羽毛球的练习方法

(一) 发球技术练习方法

(1) 原地多球练习法。无论是发后场高远球、平高球还是发网前小球,均可采用原地发多球练习法,以掌握发球姿势,习惯发球动作,提高发球质量。

(2) 两人一组相互反复发球,高远球以后场边角底线为目标,网前球以对方前场区为目标。

(二) 击球技术练习方法

1. 击高远球练习

(1) 空中悬球练习。用绳子将球挂在适合于击高球的位置,反复练习击高球动作,检查击球点与球拍的接触面是否正确。

(2) 原地对打练习。两人面对面站在各自的场区底线附近对打高远球,可分为直线对打和对角线对打。

（3）移动中对打高球练习。较熟练地掌握了原地击高球动作之后，可进一步过渡到移动中的对打高球练习，这种练习便与步法训练结合起来了。

（4）一人固定、一人前后移动练习。一人在底线固定位置击出高球，另一人在回击高球后回位到中心位置，再重新后退至底线回击对方打来的高球。

（5）一点打一点前后移动练习。对练双方在各自击完球后，回位至中心位置，然后再各自后退到底线回击对方打来的高球；循环练习。

2. 吊球练习

（1）原地吊球练习。①定点吊斜线。练习者固定在右后场或左后场底线，用正手或头顶击球技术将球吊至对方的右（左）场区网前，对方将球挑回练习者的右（左）后场底线；循环练习。②定点吊直线。练习者固定在右（左）后场底线，将球吊至对方的右（左）场区网前，对方将球挑至练习者的右（左）后场底线；循环练习。

（2）移动中吊球练习。①一点吊，一点前后移动。练习者在后场底线吊球后，移动至中心位置，然后重新后退到底线进行吊球；挑球者挑球后，退回中心位置，然后再上网挑球。②两点吊，一点前后移动。吊球者先后在后场两个点将球吊至对方网前的某点上，挑球者在网前点一个点是先后将球挑至对方后场两点上，双方均作前后移动。

3. 杀球练习

由于接杀球者一般不容易把对方的杀球连续挑到后场，因此，练习杀球时多采用多球练习。即一人利用多球练习，将球连续发至练习者的后场，练习者先原地进行扣杀球练习，然后再过渡到移动中点扣杀练习。初学者一般先练正手杀球，待熟练后再练头顶或反手杀球。

4. 网前球练习

不论是练搓球，还是练勾对角球、扑球、放网前球、平推球等等，均宜采用多球练习。训练者通过大密度点练习，可充分体会网前击球动作的感觉。练习时，两人隔网相立，一人将球一个接一个地抛至练习者一方点网前，练习者用正手或反手技术练习各种网前击球。一开始原地练习，待熟练掌握各种网前击球技术后，可结合上网步法进行练习。

5. 平抽球练习

两人站在场地中部，用平球相互抽击（直线或斜线均可）；练平抽球时，握拍可适当上移。

6. 接杀球练习

在进行多球杀球练习时可同时练杀球技术。可以固定杀球落点，让接杀者连续进行防守；也可两人在半场进行一攻一守练习。

7. 综合练习

羽毛球技术练习，除了进行单个技术练习，还可以通过对打或比赛等形式进行综合练习，例如，两人一组，分别站位于球网两侧，进行各种击球、打吊练习；还可以通过打比赛的形式，检测自身的不足，重点练习，以提高羽毛球技术水平和临场能力。

【思考题】

1. 简述羽毛球运动的发展史及锻炼价值。
2. 简述羽毛球正手发高远球和击后场高远球的技术要领。

3. 简要介绍羽毛球的基本战术。

【参考文献】

[1] 肖杰．羽毛球运动理论与实践（体育院校通用教材）［M］．北京：人民体育出版社，2005.

[2] 乌尔里希·菲舍尔．羽毛球教学［M］．北京：北京体育大学出版社，2005.

[3] 张瑞林．羽毛球运动［M］，北京：高等教育出版社，2005.

[4] 杨恒，新编羽毛球教程［M］．西安：西北工业大学出版社，2007.

[5] 王汉勋．大学体育教程［M］．北京：中国科技技术出版社，2006.

[6] 陆淳．羽毛球技术训练与战术运用［M］．北京：人民体育出版社，2005.

[7] 薛孝恩，大学体育［M］．北京：中国农业出版社，2008.

[8] 朱伟健．羽毛球概论［M］．西安：西安地图出版社，2009.

第七章 民族传统体育运动

第一节 初级长拳第三路

【学习目标】

1. 了解初级武术套路的基本知识,使学生掌握初级长拳第三路的整套动作,弘扬中华优秀传统文化。
2. 培养学生热爱运动的习惯,为传承和发展民族传统体育提供后备人才。

一、概述

二、动作说明

1. 预备势

两脚并步站立,脚尖向前;两臂垂于身体两侧,双手成掌自然贴靠腿外侧;眼向前平视(图7-1-1)。

要领:头要摆正,下颌略收、挺胸、收腹、塌腰。

2. 虚步亮掌

(1) 退步砍掌。右脚向右后方退步成左弓步;同时,右掌经体侧向上体右前方砍掌,掌心向上,左掌收提至左腰间,掌心向上;目视右掌(图7-1-2)。

图7-1-1

图7-1-2

(2) 穿掌转身收脚。身体重心后移至右脚,上体右转;同时左掌由体前穿右掌,两掌心向上,目视左掌(图7-1-3)。

(3) 转身亮。身体左转,左脚向前落成左虚步;同时左掌由体前摆至身体左后方变勾手,勾手向上,右掌由身后摆至头前上方抖腕亮掌,目视左方图(7-1-4)。

图7-1-3　　　　　　　　　　图7-1-4

要领：上述三个动作连贯有力，落成虚步的同时，迅速亮掌，目视左方。

3. 并步对拳

（1）提膝亮掌。右腿蹬直，左腿迅速屈膝上提，脚尖里扣；上体姿势保持不变（图7-1-5）。

（2）上步穿掌。左脚向前方上步，同时，右手臂外旋向后再经肋间向前穿出，左勾手变掌从肋间穿出与右手同高，掌心向上，目视前方（图7-1-6）。

图7-1-5　　　　　　　　　　图7-1-6

（3）上步摆拳。右脚向前迈步，同时左右两臂由体前向身体后方摆臂（图7-1-7）。

（4）并步对拳。两臂由后向胸前屈肘下按变拳，两拳相对，收在小腹处；同时左脚向右脚并步，上体保持直立；目视左侧（图7-1-8）。

要领：上述四个动作要连贯，并步后上体挺胸、塌腰、头向左转。

图7-1-7　　　　　　　　　　图7-1-8

第一段

1. 弓步冲拳

（1）上步格挡。左脚向左上步成半马步；同时左臂向左格挡，拳眼向后，与肩同高，右拳收至右腰侧，拳心向上；目视左拳。

（2）弓步冲拳。上体左转，右腿蹬地伸直成左弓步；右拳由腰间向前冲出，与肩同高，拳眼朝上，同时左拳收至左腰侧，拳心向上；目视右拳（图7-1-9）。

要领：冲拳时，迅速转腰顺肩。

2. 弹腿冲拳

重心前移至左腿，右腿屈膝提起，脚面绷直向前弹踢，高与腰平；左拳由腰间向前冲出成立拳，右拳收至右腰侧，拳心向上；目视前方（图7-1-10）。

要领：弹腿和冲拳要协调一致，弹出的腿要迅猛有力，力达脚尖。

图7-1-9

图7-1-10

3. 马步冲拳

右脚向前落步，脚尖里扣，同时上体左转，右脚脚跟向左辗地，两腿下蹲成马步；右拳成立拳向前冲出，高与肩平，同时左拳收至左腰侧；目视前方（图7-1-11）。

要领：右脚落步的同时迅速转腰碾地冲右拳。

4. 弓步冲拳

（1）转体格挡。身体右转，右脚尖稍外展，成半马步；同时右臂向右格挡，拳眼向后，拳与肩同高；目视右拳。

（2）弓步冲拳。上体右转，左腿蹬地伸直成右弓步；左拳由腰间向前冲出，与肩同高，拳眼朝上，同时右拳收至左腰侧，拳心向上；目视左拳（图7-1-12）。

要领：冲拳时，迅速转腰顺肩。

5. 弹腿冲拳

重心前移至右腿，左腿屈膝提起，脚面绷直向前弹踢，高与腰平；右拳由腰间向前冲出成立拳，左拳收至左腰侧，拳心向上；目视前方（图7-1-13）。

要领：弹腿和冲拳要协调一致，弹出的腿要迅猛有力，力达脚尖。

6. 大跃步前穿

（1）提膝挂掌。左腿屈膝上提，上体稍前倾；右拳变掌挂至左膝外侧；目视右手

（图7-1-14）。

图7-1-11

图7-1-12

图7-1-13

图7-1-14

（2）上步摆掌。左脚向前落步，重心移至左腿，两腿微屈；右掌继续向后挂，左拳变掌，向后下摆掌伸直；目视左掌。

（3）跃步摆掌。右腿屈膝向前提起，左腿迅速蹬地向前上方跃起，身体向右转；两掌向前向上划弧抢摆；目视右掌（图7-1-15）。

（4）仆步抱拳。右腿落地成左仆步，右掌变拳收于右腰侧，左掌划弧成立掌，落于右胸前；目视左脚（图7-1-16）。

要领：上述几个动作要协调连贯，跃步要远，落地要轻。

图7-1-15

图7-1-16

7. 弓步击掌

右腿迅速蹬地，上体左转形成左弓步，左掌经左脚面向后搂掌至身后成勾手，左臂要伸直，勾尖朝上，右拳由腰间变掌向前推出，高与肩平，目视右掌（图7-1-17）。

8. 马步架掌

（1）转体穿掌。身体右转，左脚内扣成马步，左臂屈肘由勾手变掌步从右臂内向左上穿出，目视左手。

（2）转头亮掌。上体继续右转；右掌停于左胸侧，左臂向左上屈肘抖腕亮掌于头部左上方，掌心向上；头部右转，目视右方（图7-1-18）。

要领：亮掌和转头同时完成。

图7-1-17

图7-1-18

第二段

1. 虚步栽拳

（1）提膝转身。右脚蹬地，屈膝上提，左腿伸直站起，上体向右转体；右掌由左胸前向下成勾手，勾尖朝后，左臂随体转动并外旋，使掌心朝右；目视右手。

图7-1-19

（2）虚步栽拳。右脚向右后方落地，重心移至右腿上，左腿下蹲成左虚步；左手臂内旋由掌变拳下落于左膝上，拳心向内，右勾手变拳，屈肘架于头上方，拳心斜向下；目视左前方（图7-1-19）。

要领：做成虚步后身体要跟着稍左转，同时栽拳位置要准确。

2. 提膝穿掌

（1）转身盖掌 身体右转，两拳变掌，左掌由身体左侧向上盖至头上方，掌心斜向上，右掌向下收于右腰侧，掌心向上，目视右方。

（2）提膝穿掌 右腿直立，左腿屈膝提起，脚尖内扣；右掌从腰侧经左臂内侧向右上方穿出，，掌心斜向上，左掌收至右胸前成立掌；目视右掌（图7-1-20）。

要领：穿掌提膝要协调，连贯。

3. 仆步穿掌

左腿向左前方成左仆步，脚尖里扣；右臂不动，左掌由右胸前向下经左腿内侧，向左脚面穿出；目随左掌转动（图7-1-21）。

图7-1-20　　　　　　　　　　　　　图7-1-21

4. 虚步挑掌

（1）弓步穿掌　右腿蹬直，成左弓步，左掌随重心前移继续向前上方穿掌，右掌稍下降；目随左掌转动。

（2）虚步前挑　右脚向左前方上一步，成右虚步，上体向左转；在右脚上步的同时，右掌由后下、向前上挑起成立掌，指尖向上与眼平，左掌由前向后划弧成立掌；目视右掌（图7-1-22）。

要领：上述两步要连贯，虚步要稳。

5. 马步击掌

身体右转，左脚向前落成马步，右掌变拳收至右腰侧，左掌经腰间立掌向身体左侧平推，目视左方（图7-1-23）。

要领：左掌击出要快，力达掌根。

图7-1-22　　　　　　　　　　　　　图7-1-23

6. 叉步双摆掌

右脚向左腿后插步，上体向右扭转，左掌由左侧向下经腰向上划圆最后摆至身体左侧，右拳变掌向上经头上划圆摆至左胸侧成立掌，目视左前方（图7-1-24）。

要领：两手臂要划立圆轮摆，幅度要大。

7. 弓步击掌

（1）转身按掌。身体右转；右掌向上、向右划弧按掌，掌心向上，左掌收至左腰侧，掌心向上；目视右掌。

（2）退步击掌。左腿后退一步，成右弓步；右掌向后伸直摆动成勾手，勾尖向上，左掌成立掌向前推出；目视左掌（图7-1-25）。

要领：退步和推掌协调一致，右臂伸直成勾手，勾尖向上。

图7-1-24

图7-1-25

8. 转身踢腿马步盘肘

（1）转体抡臂。身体左转，在转体的同时，左臂向上、向前划立圆抡摆，右手变掌，右臂向下、向后划立圆；目随左手转视。

（2）顺势抡臂。上动不停，两脚不动；右臂由后向上、向前划半立圆，左臂由前向下、向后划半立圆；目视前方。

（3）亮掌正踢腿。上动不停，重心移至左脚，重心升高；右臂向下成勾手，勾尖向上，左臂向上成亮掌，掌心向前上方；右腿伸直像额头踢摆，脚尖勾起。

（4）马步盘肘。右脚向前下落地，脚尖里扣，上体左转90°两脚下蹲成马步；同时左掌向左前方平掳，变拳后收至左腰侧，右勾手变拳，由体后向右前方平摆，至体前时屈肘，肘尖向前，高与肩平，拳心向下；目视肘尖（图7-1-26）。

要领：两手臂抡摆要划立圆，同时转身和踢腿动作要保持连贯。

图7-1-26

第三段

1. 歇步抡砸拳

（1）转身抡拳。重心稍起高，身体右转，右臂向下、向后抡摆，左臂向上、向前抡摆。

（3）歇步砸拳。身体重心下移，两腿屈膝成歇步；左臂随身体下蹲向下平砸，力达拳背，拳心向上，臂部微屈，右臂伸直向上举起；目视左拳（图7-1-27）。

要领：抡臂和屈膝下蹲要连贯。

2. 仆步亮拳

（1）弓步横击掌。左脚由右腿后抽出向前上一步，左腿蹬直，右腿半蹲成右弓步；上体微向右转；左拳收至腰侧，拳心向上，右拳变掌向下经胸前向右横击掌，掌心向下，力达掌沿；目视右掌。

（2）提膝穿掌。上体右转；右脚蹬地重心移至左腿，左拳变掌从右掌上向前穿出，掌心向上，右掌下收至左肘下，掌心向上。

（3）仆步亮拳。右脚向右落步蹲成左仆步，上体微左转，左掌向下、向后成勾手，勾尖向上，右掌向右、向上划弧后抖腕亮掌，掌心向前，臂微屈；目视左方（图7-1-28）。

要领：右脚下落成仆步和亮掌要连贯有力，左仆步，左腿充分伸直，脚尖里扣。

图7-1-27

图7-1-28

3. 弓步劈拳

（1）上步平搂。右腿蹬地立起，左腿经右脚内侧向左前方弧形上步；右掌变拳收至腰侧，拳心向上，左勾手变掌由下向左前方搂手，掌心横向外；目视左手。

（2）弓步劈拳。右腿向前上步成右弓步；右拳由后向前做抡劈拳，拳心向上，左掌外旋接扶右前臂；目视右拳（图7-1-29）。

要领：右腿上步和右拳抡劈要连贯有力。

图7-1-29

4. 换跳步弓步冲拳

（1）虚步挂掌。重心后移左腿成右虚步；同时右拳变掌下挂，左掌背贴靠右肘外侧，掌指前；目视右掌。

（2）震脚抡臂。右掌由左向上，向前立圆抡劈变拳收至右腰侧，左掌由后向前平按，掌心向下；右脚以全脚掌用力向下震跺，与此同时，左脚急速离地向后勾起，同时上体右转；目视左掌。

（3）弓步冲拳。左脚向前上步，右腿蹬直成左弓步；右拳从左手手背上向前冲出（立拳），左掌回收至右腋下，掌指向上；目视右拳（图7-1-30）。

要领：换跳步动作要连贯、协调。震脚时要有力且全脚掌着地。

图 7 - 1 - 30

5. 马步冲拳

上体右转 90°，左脚收成马步，脚尖里扣；左掌变拳向左冲出，拳眼向上，右拳收至腰侧，拳心向上；目视左拳（图 7 - 1 - 31）。

要领：转体和冲拳要连贯，冲拳要有力度。

6. 弓步下冲拳

右脚蹬直，左腿弯曲，上体稍向左转，成左弓步；左拳变掌向下经体前划弧向上架于头左上方，掌心向上，右拳自腰侧向左前斜下方冲出，拳眼向上；目视右拳（图 7 - 1 - 32）。

要领：左拳要格挡上架变掌收至上体左后方。

图 7 - 1 - 31

图 7 - 1 - 32

7. 叉步亮掌侧踹腿

（1）插步十字手。右腿向左腿后方插步；同时两手手腕处交叉成十字，收至胸前；目视左方。

（2）亮掌。身体重心稍起；同时左掌由体前向下、向后划弧成勾手，勾尖向上，右掌由前向右、向上划弧抖腕亮掌，掌心向前；目视左方。

图 7 - 1 - 33

（3）侧踹腿　重心移至右腿，左腿屈膝提起，向左前上方猛力踹出，脚尖勾紧；上肢姿势不变；目视左方（图 7 - 1 - 33）。

要领：插步时腿、臂的动作要一致。侧踹高度不能低于腰，立在脚跟。

8. 虚步挑拳

（1）落步左挑拳。左脚在左侧落地；左勾手变拳由体后向左上挑，拳背向上，右掌变拳稍后移，拳心向后。

（2）虚步挑拳。右脚向左前方上步，

脚尖虚点地，重心落于左腿，左腿下蹲成右虚步；左拳向后划弧收至腰侧，拳心向上，右拳向前屈臂挑出，拳眼斜向上，目视右拳（图7－1－34）。

要领：挑拳有力与落成右虚步同时完成。

第四段

1. 弓步顶肘

（1）缩身下挂。重心升高，右脚踏实，上身微前俯；右臂内旋向下挂至右膝内侧，左拳不变；目视前下方。

（2）跳步摆掌。左腿蹬直跳起，右腿屈膝上提，身体腾空；左拳变掌，右拳不变，两臂向前向上划弧摆起；目随右拳转视。

（3）跳换步。右脚先落地，右腿屈膝，左脚向前落步，同时两臂向右向下屈肘停于右胸前，右拳变掌，左掌变拳，右掌心贴靠左拳面，目视右方。

（4）弓步顶肘。左脚向前落成左弓步；同时右掌推左拳，肘尖向左顶出，头随目视前方（图7－1－35）。

要领：两臂抡摆时要成圆弧。肘和弓步方向一致。

图7－1－34

图7－1－35

2. 转身左拍脚

（1）转身抡臂。身体向右后转体；同时右臂向上、向右、向下划弧抡摆，同时左拳变掌向下、向后、向前上抡摆。

（2）左拍脚。左腿伸直向前上方迅速踢起，脚面绷平；左掌变拳收至左腰侧，拳心向上，右掌由体后向上经头上向前拍击左脚面；目视右手（图7－1－36）。

要领：拍脚面时要准确且有声响。

3. 右拍脚

（1）左掌后摆。左脚向前下落地；左拳变掌向下、向后摆，右掌变拳收至腰侧，拳心向上。

（2）右拍脚。右腿伸直向前上方踢起，脚面绷平；左掌由后向上向前拍击右脚面；目视左手（图7－1－37）。

要领：接转身左拍脚的上步动作要连贯。

4. 腾空飞脚

（1）落脚击掌。右脚前落后起跳，身体腾空；同时左掌随之上摆，右拳变掌向上摆至头上方迎击左掌心；目视前方。

图 7-1-36

图 7-1-37

（2）空中拍脚。左腿保持屈膝上提，右腿继续上摆，腿绷直；右手拍击右脚面，左掌由体前向后侧上举，目视右手（图 7-1-38）。

要领：击响要在腾空时完成，空中击拍时上体微前倾。

5. 歇步下冲拳

左脚先落地，右脚随后向前落地；右掌下落前伸，掌心向下，左掌变拳收至腰侧。身体右转，两腿蹲成歇步；右掌抓握变拳收至腰侧，左拳由腰侧向前下方冲出，拳心向下；目视左拳（图 7-1-39）。

要领：要平拳下冲，立达拳面，上体微前倾。

图 7-1-38

图 7-1-39

图 7-1-40

6. 仆步抡劈拳

（1）提膝抡臂。重心升起；右臂由腰侧向体后伸直，左臂随身体重心升高向上摆起。身体左转，左腿屈膝提起，左拳由前向后下划立圆，右拳由后向下向前上划立圆。

（2）仆步劈拳。左脚向后退步成右仆步，脚尖里扣；右拳由上向下抡劈，拳眼向上，左拳后上举，拳眼向上；目视右拳（图 7-1-40）。

要领：右手臂要划立圆抡劈。

7. 提膝挑掌

（1）弓步抡臂。重心前移成右弓步；同时右拳变掌向上抡摆，左拳变掌稍下落，右掌心向左，左掌心向右。

（2）提膝挑掌。左、右臂伸直由前向后依次划立圆一周，右臂停于头上，掌心向左，指尖向上，左臂伸直停于身后成勾手；同时右腿屈膝提起，左腿蹬直起立；目视前方（图7-1-41）。

要领：抡臂后左掌成反勾手勾尖向上。

8. 提膝劈掌弓步冲拳

（1）提膝劈掌。下体不动；右掌从上向下猛劈伸直，停于右小腿内侧，左勾手变掌，屈臂停于右上臂内侧，掌心向左；目视右掌。

（2）弓步冲拳。右脚向右后落步；身体右转成右弓步；同时左掌变拳收至腰侧，拳心向上，右臂内旋向右划弧做搂手。右手抓握变拳收至腰侧，拳心向上，左拳向左前方冲出，拳眼向上；目视左拳（图7-1-42）。

要领：搂手变拳和左拳冲出要连贯有力。

图7-1-41

图7-1-42

结束动作

1. 虚步亮掌

（1）扣脚抱掌。右脚蹬地扣至左膝后侧，重心移至左脚，两拳变掌屈肘交叉于左胸前，掌心向下；目视右手（图7-1-43）。

（2）退步舞花。右脚向右后落步，右腿半蹲，上体稍右转；同时右掌划弧停于左腋下，左掌划弧停于右臂上与左胸前，两掌心左下，右上；目视左掌。

（3）虚步亮掌。重心后移至右腿，右腿下蹲成左虚步；左臂伸直后划弧成勾手，右臂伸直划弧抖腕亮掌，掌心向前；目视左方（图7-1-44）。

要领：抖腕亮掌和成勾手保持连贯。

2. 并步对拳

（1）退步穿掌。左腿向后退一步；同时两掌分别从两腰侧向前穿出，掌心向上；目视前方（图7-1-45）。

（2）退步后摆掌。右腿后退一步；同时两臂分别经身体两侧向后下摆（图7-1-

46）。

（3）并步对拳。左脚向右脚并拢；两臂由后向上经体前屈臂下按，两掌变拳，停于腹前，拳心向下，拳面相对；目视左方（图7-1-47）。

要领：上述几个动作要连贯，并步后上体挺胸、塌腰、头向左转。

图7-1-43

图7-1-44

图7-1-45

图7-1-46

3. 还原

两拳变掌，两臂自然下垂，目视前方（图7-1-48）。

要领：头要摆正，下颌略收，挺胸、收腹、塌腰。

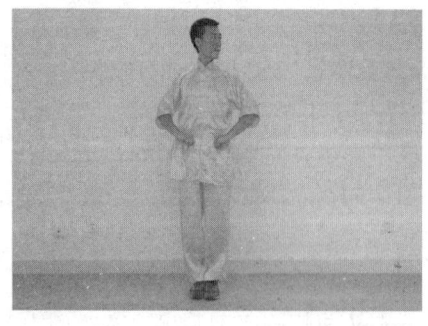

图7-1-47

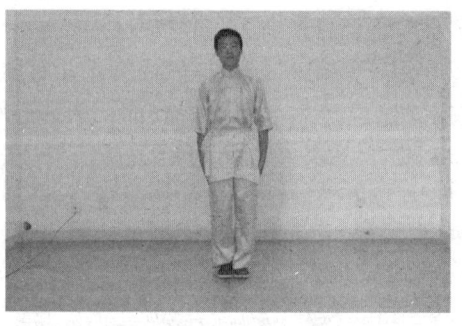

图7-1-48

【思考题】

1. 简述初级长拳第三路的运动特点。
2. 通过对初级长拳第三路的学习，结合自己的感受，谈一谈在大学校园里如何更好地开展武术这项运动。

【参考文献】

[1] 邓树勋. 体育与健康 [M]. 广州：中山大学出版社，2003.
[2] 孙麒麟. 体育与健康教程 [M]. 大连：大连理工大学出版社，2004.
[3] 李旺华. 武术与养生 [M]. 广州：中山大学出版社，2003.
[4] 关铁云. 实用武术普修教程 [M]. 北京：人民体育出版社，2007.

第二节　初级剑术

【学习目标】

1. 掌握剑术的基本功法和初级剑的基本技术，具备一定的表演技巧和防身自卫能力。
2. 培养学生自觉参加体育运动的兴趣，树立正确的体育态度，形成终身体育锻炼的习惯与意识。

一、剑术简介

剑属于武术短器械的一种，是由古兵器演化而来。早在新石器时代，作为生产工具，已有了体积很小的石刃骨剑。铜兵器盛行的西周时期出现了形制还不完备的青铜短剑。春秋战国时期出现了铁制剑，剑身也逐渐加长。到了近代，剑术的舞练形式逐步发展成了具有独特体系的"套路运动"。剑术套路极其丰富，有三才剑、七星剑、八仙剑、十三剑、峨眉剑、昆仑剑、青萍剑、达摩剑、通背剑、太极剑等套路。就其剑术体式而言，可分为工架剑、行剑、绵剑、醉剑；就其穗而言，可分为长穗剑、短穗剑。

剑的构造包括剑身和剑柄两部分。剑身由剑尖、剑锋、剑刃、剑脊构成，剑柄由护手（剑格）、握柄、剑首、剑穗（剑袍）构成。现代武术运动中的剑，其长度以练习者直臂垂肘反手持剑的姿势为准，剑尖不得低于本人耳上沿。通常教学上以抵不过耳、高不过顶为基准。

初级剑术，是武术短器械套路。其内容丰富，结构合理，动作简单易学易练，适合初学者练习。其剑法包括刺、劈、点、撩、挑、绷、截、斩、抹、削、云、挂、压等。步型步法有弓步、虚步、丁步、歇步、仆步、插步、坐盘、跃步、跟步、跳步、转闪及提膝、平衡并配合剑指身法。全套主要动作共32个，既能单练，也能对练。

二、剑的基本动作及方法

（一）剑的基本握法

（1）持剑。手心贴剑格，拇指在剑格一侧扣握，其余四指在剑格另一侧扣握，使剑背贴于前臂后侧。

（2）握剑。五指握住剑柄，虎口向剑格并与剑刃一侧相对。运动时，五指松握剑柄，手心要松空，使剑在手中灵活运转。

（3）剑指。中指与食指并拢伸直，其余三指屈于手心，拇指压在无名指第一指节上。

（4）持剑礼。并步站立，左手持剑，屈臂抬起，使剑身贴前臂外侧横斜于胸前；右手成掌，以掌外沿附于左手食指根节，高与胸齐；两手与胸前距离为 20~30 厘米。

（二）基本剑法

（1）刺剑：立剑或平剑，向前直出为刺，力达剑尖，手臂与剑成一直线；剑刃朝上下为立剑，剑刃朝左右为平剑。

（2）劈剑：立剑，由上向下劈，力达剑身。

（3）挂剑：立剑，剑尖由前向上、向后或向下、向后为挂，力达剑身前部。

（4）撩剑：立剑，由下向前上方为撩，力达剑身前部。

（5）点剑：立剑，提腕，使剑尖猛向前下点，力达剑尖。

（6）云剑：平剑，在头顶或头前上方平圆绕环为云。上云剑在头顶由前向左后绕环，要仰头；左、右云剑在头前上方向左后或右后绕环，头向左肩侧倒。

（7）抹剑：立剑，前平举上体右转开立步，右臂内旋，掌心向下，剑由前向右弧。形抽回，力达下刃，左剑指稍前伸，附于右腕处。

（8）架剑：立剑，横向上为架，剑高过头，力达剑身，手心朝里或朝外。

（9）绷剑：立剑，沉腕使剑尖猛向上为绷，力达剑尖。

（10）截剑：剑身斜向下或斜向上为截，力达剑身前部。

（11）斩剑：平剑，向左（右）横出，高度在头与肩膀之间为斩，力达剑身。

（12）剪腕花：以腕为轴，立剑在臂两侧向前下，贴身立圆环绕，力达剑尖。

（13）撩腕花：以腕为轴，立剑在臂两侧向前上，贴身立圆环绕，力达剑尖。

三、初级剑术的动作名称及要领

预备势

【要领】身体正直，并步站立；左手持剑，手背朝前，剑身贴于前臂后侧；右手握成剑，手背朝上；两臂在体侧下垂，两肘微上提；目向左平视（图 7-2-1）。

图 7-2-1

【提示】练习直立提肘动作，强调练习时身体自然放松，不要耸肩缩脖；要求精神饱满、注意力集中，此动作对躯干的要求较高，并在以后的动作中注意保持这种身型。

1. 并步右指

【要领】①上身半面向右转，右脚向右一步、屈膝，左脚前脚掌碾地，脚跟外转，左膝挺直成右弓步；在右脚上步的同时，右剑指从身体右侧经胸前屈肘上举至左肩后向右前方平伸指出，拇指一侧朝上；目视剑指。②上身右转，左手持剑由左侧直臂上举，经头部前上方向右侧画弧至身前时，拇指一侧朝下做反臂平举；同时右手剑指屈肘收于右腰侧，手心朝上。③体左转，左脚向右脚并步；左手持剑随之下落，垂于身体左侧，同时右手剑指向右侧平伸指出，拇指一侧朝上；目视剑指（图7-2-2）。

【提示】此动作可以分解成三部分进行教学：①上步剑指平伸。②转体持剑向右侧画弧。③并步剑指平伸。上述三个分解动作熟练后，再连贯起来练习。

2. 并步前指

【要领】①左脚向左上一步、屈膝，右脚前脚掌碾地，使足跟外转，右膝挺直成左弓步，上身随之向左转；在左脚上步的同时，左手持剑屈肘经胸前向上、向前弧形绕环，平举于身体左侧，拇指一侧朝下。②左腿伸直站立，右脚向前并步；左手持剑随之从身前下落，垂于身体左侧，右手剑指屈肘沿右耳侧向前平伸指出，拇指一侧朝上；目视剑指（图7-2-3）。

【提示】此动作也可分解为前后两部分进行教学：①剑持向左侧画弧，左弓步。②并步剑指平伸。③分解动作熟练后，进行完整动作练习。

图7-2-2

图7-2-3

3. 弓步穿剑

【要领】左手持剑由右手剑指上面向前平伸穿出，拇指一侧在下；右手剑指顺左臂下面屈肘收于左肩前，并且屈膝使手指朝上；同时，上体右转，右脚向右后方撤步；左脚脚尖随之里扣成右弓步，上体微右转，右手剑指经身前向右侧平伸指出，拇指一侧朝上；目视剑指（图7-2-4）。

【提示】可先以领做的方式教左手平穿的动作，练习几次后即可结合右脚和右手的动作进行完整的动作练习。

4. 虚步交剑

【要领】右脚前脚掌里扣，上体左转，重心落于右腿，左脚随之移回半步，并以前脚掌虚着地面成左虚步；在左脚移步的同时，两手在胸前屈肘环抱，左手心朝外，右剑指手心朝里，准备接握左手之剑；目视剑尖（图7-2-5）。

【提示】注意说明要先扣右脚，否则不能做合乎要求的虚步；做虚步可姿势稍高一些，对完成虚步较好的学生也可要求姿势低一些，使右大腿与地面平行。

图 7-2-4　　　　　　　　　　　　图 7-2-5

第一段

1. 弓步直刺

【要领】右手接握左手之剑，左手成剑指；左脚向前上半步成左弓步；同时，上身左转，右手持剑向前直刺，拇指一侧向上，左手剑指随之向身后平举，拇指一侧朝上；目视剑尖（图 7-2-6）。

【提示】由左虚步进步到左弓步，首先身体重心前移，左脚随之向前上步，身体重心不要上移，动作要协调；身体重心前移之后，即可进行完整教学。

2. 回身后劈

【要领】左脚不动，膝部伸直；右脚向前上一步，脚尖外展，右膝略弯曲，上体随之右转；同时，右手持剑经上后劈，剑高与肩齐平，拇指一侧朝上，左手剑指随之经下向上弧形绕环，在头左上方屈肘侧举，拇指一侧朝下；目视剑尖（图 7-2-7）。

【提示】先使上身向右转，同时右臂内旋，使右手转至拇指一侧向下，才便于向后劈；此动作结构较简单，可进行完整教学。

图 7-2-6　　　　　　　　　　　　图 7-2-7

3. 弓步平抹

【要领】左脚向左前一步成左弓步；同时，左手剑指由胸前下落，经左向上弧形绕行，在头顶上方屈肘侧举，拇指一侧朝下，右手持剑（手心转向上）随之向前平抹，剑尖稍向右斜；目视前方（图 7-2-8）。

【提示】先教左手向下向左再向上画一道弧线的动作，然后再教完整动作；同时，要说明抹剑时需要沿弧线向回抽的动作，以及其力法较为柔顺的特点，并应反复示范使学生建立正确的动作概念。

4. 弓步左撩

【要领】

第一动　提膝左带：上身左转，右脚屈膝在身前提起，脚尖下垂，脚背绷直；同时，右手持剑臂外旋使剑由前向上、向后画弧形至后方时屈肘，使手腕、前臂贴靠腹部，手心朝里，左手剑指随之由头顶上方下落，附于右手腕部（手心朝下）；目视剑身。

第二动　弓步撩剑：右脚向右前方落成右弓步；同时，右手持剑由后经向下、向前反手撩起，小指一侧在上，左手剑指随右手运动，仍附于右手腕处；目视剑尖（图7-2-9）。

【提示】此动作宜先分成两部分进行教学。先教身体向左转，右臂外旋由前向上再向后摆动，使剑向上向后画弧，这是撩剑的准备部分；紧接着使剑向前撩出，待学生明白剑运行的线路后，再教左手和右腿的部分；此外，应注意剑运行的路线不要离身体太远。

图7-2-8

图7-2-9

5. 提膝平斩

【要领】左脚上前向上一步，右手以手腕为轴向左上翻转，使剑向左平绕至头部前上方，右脚随之由后身向身前屈膝提起；同时，右手继续翻转，使剑向右平绕后再用力向前平斩，手心朝上左手剑指由下向左、向上弧形绕环，屈肘横举于头部右上方；目视前方（图7-2-10）。

【提示】此动作应先教右臂屈肘，手腕向左上，然后向右翻转，使剑向左平绕至头部前上方，随后向右平绕，紧接着用力向前平斩，依次教学；加上左脚动作配合左手完成整个动作。

6. 回身下刺

【要领】右脚向前落步，脚尖外展，膝略弯曲，上身右转；同时，右手持剑手腕反屈，拇指一侧朝上，左手剑指先向身前的右手靠拢，然后在刺剑的同时向左上方伸直，拇指一侧朝上；目视剑尖（图7-2-11）。

【提示】此动作需要先右手反屈，剑尖下垂，再由教师领做完成教学。

图 7-2-10　　　　　　　　　图 7-2-11

7. 挂剑直刺

【要领】

第一动　提膝挂剑：左脚向前一步，屈膝略蹲，右臂内旋先使拇指一侧朝下成反手，翘腕，摆臂使剑尖向左、向上抄挂，手心朝里；同时，左腿伸直站立，右腿随之在身前屈膝提起，左手剑指屈肘附于右手手腕处。

第二动　转身直刺：上动不停，以左前脚掌蹍地，上身右转，右手持剑使剑尖下落，左手剑指仍附于右手腕处，目视剑尖；以左前脚掌为轴蹍地，身体向右后方转体，右脚向身后跨一步成弓步；同时，右手持剑向前直刺，剑尖与肩同高，拇指一侧朝上，左手剑指随之向后平伸，拇指一侧朝上；目视剑尖（图7-2-12）。

【提示】此动作比较复杂，先教会左腿抬右腿的下身动作，接着再教右臂向前向上摆，右手腕外展，使剑向左向上抄挂，然后转身使剑下落，最后转身落右脚弓步刺剑完成整个动作。

8. 虚步架剑

【要领】

第一动　收脚绞剑：右手持剑将剑尖由左向右绞一小圈后屈臂内旋，使右手拇指一侧朝下，停至头右侧上方，左手剑指屈肘经左肩前附于右手腕处；同时，右脚尖外展，身体随之右转，左脚向前收拢半步，两膝略屈成交叉步；目向左平视。

第二动　虚步架剑：右腿屈膝不动，左脚向前进一步，膝盖稍屈成左虚步；同时，左手剑指向前平伸指出，手心朝下；目视剑指（图7-2-13）。

【提示】此动作需要注意剑尖向右画时剑尖不变，虚步需要稍微高一点。

图 7-2-12　　　　　　　　　图 7-2-13

第二段

1. 虚步平劈

【要领】脚跟外展，上身右转，重心移到左腿，右脚跟随之离地，成为前脚掌虚着地面的右虚步；在转身的同时，右手持剑向下平劈，拇指一侧朝上，左手剑指向上屈肘，手心朝左上方；目视剑尖（图7-2-14）。

【提示】先说明左脚动作，再教学重心左移即可。

2. 弓步下劈

【要领】右脚踏实，身体重心前移，左手剑指伸向右腋下，右手持剑臂内旋，使手心朝下，左脚随即向左前方上步成左弓步；在左脚上步的同时，右手持剑屈腕向左平绕，画一小圈后向前下方劈剑，剑尖高与膝平，左手剑指随之由右腋下向左、向上绕环，在头顶上方屈肘侧举，上身略前俯；目视剑尖（图7-2-15）。

【提示】此动作先做好劈剑的准备动作：重心前移时右臂内旋，使右手心朝下；需注意剑尖始终向前，不能做成剑在头的前上方平绕，然后再向前上方劈剑；左手先伸至右腋下，劈剑时向左上方侧举，使动作协调。

图7-2-14　　　　　　　　　　　图7-2-15

3. 带剑前点

【要领】

第一动　丁步带剑：右脚向左脚靠拢，以前脚掌虚着地面，两腿均屈膝略蹲；右手持剑向上屈腕，使剑向右耳际带回，肘微屈，左手剑指随之由前下落，附于右手腕处；目向右前方平视。

第二动　丁步点剑：上动不停，右脚向右前方约一步，落地后即屈膝半蹲，全脚着地，左脚随之跟进，向右脚并步屈膝，以脚尖点地成丁步；同时，右手持剑向前点击，拇指一侧朝上，左手剑指即屈肘向头顶上方侧举，手心朝上；目视剑尖（图7-2-16）。

【提示】此动作由带剑和前跃丁步点剑两部分组成，宜分解教学，并且即使学生学会整个动作之后，两部分动作之间虽不停顿，但仍需要有些小的顿挫；带剑点剑，手腕先外展带，后内受点，手腕和手指要放松，变化灵活，前跃时步幅不宜过高过远，步法要轻灵。

4. 提膝下截

【要领】

第一动　撤步带剑：右腿伸直，左腿退步后屈膝，上身后仰；右臂外旋，手心朝上，使剑向右、向后上方弧形绕环，左手剑指不动。

第二动　提膝下截：上动不停，右臂内旋使手心朝上，继续使剑向右、向前上方画弧下截；同时，上身向前探半，左脚屈膝提起；目视脚尖（图7-2-17）。

【提示】此动作可分成上下两部分教学。①左脚先退步，随即提膝。②剑先向右、向后上方画弧，随即向左、向前下方画弧下截。③将上下肢动作结合起来。

图7-2-16　　　　　　　　　　　　　图7-2-17

5. 提膝直刺

【要领】

第一动　落步抱剑：右腿略屈膝，左脚向前落步，脚尖外撇，右臂外旋使手心朝上；并在左脚落地的同时向上屈肘，将剑柄收抱在胸前，手心朝里，剑尖高与肩平；左手剑指随之下落，屈肘按在剑柄上；目视剑尖。

第二动　提膝直刺：右腿向身前屈膝提起，左腿伸直站立；同时，右手持剑向前平直刺出，拇指一侧朝上，同时左手剑指向后平伸指出，手心朝下；目视剑尖（图7-2-18）。

【提示】此动作可先教落左脚抱剑，再教提右腿刺剑，因为动作结构较简单，方向无变化，学生稍熟悉动作后即可在教师带领下完成动作。

6. 回身平绷

【要领】右脚向前落步，脚尖外展，左脚前脚掌踩地使脚跟外转，屈膝略蹲成交叉步；同时，右手持剑臂外旋使手心朝上，屈肘由胸前收回，剑身与右前臂成水平直线，左手剑指随之直臂上举，经左耳侧屈肘前落，附于右手心上面，目视剑尖；上身稍向右转，左腿挺膝伸直，右腿略屈膝；同时，右手持剑，使剑在自己的前端用力向右平绷，手心仍朝上，左手剑指屈肘向额部左上方侧举；目视剑尖（图7-2-19）。

【提示】先说明落右脚身体向右转，同时收剑，然后教师领做完整动作，做绷剑时，需右腕猛力外展。

7. 歇步下劈

【要领】右脚蹬地起跳，左脚向左跃步横跨一步，右脚即向左腿后侧插步，继而两腿屈膝全蹲成歇步；跃步的同时，右手持剑向上举起，并在形成歇步时向左下劈，拇指一侧朝上，脚尖与踝关节同高，左手剑指随着下劈动作，下按于右手腕上面；目视剑身。

【提示】此动作的关键是跳步成歇步，可先教横跨左腿，右腿向左腿后侧插步，反复做几次之后再以跳步完成，然后教劈剑动作，最后完整练习；劈剑要低，约与踝关节同高。

8. 提膝关节

【要领】

第一动　右手持剑，先使手心朝下成平剑，然后以两脚的前脚掌蹍地，上身经右向后转动，两腿边转边站立起来，右手持剑平绕一周；当剑身绕至上身右侧时，上身稍向左后仰，同时剑身继续向外、向上弧形绕环，剑尖接近右耳侧，此时左手剑指离开右手腕向上屈肘侧举；目视前方。

第二动　提膝下点：上动不停，右腿伸直站立，左腿屈膝提起，上身向右侧下探俯；同时，右手持剑向前下点击，拇指一侧朝上；目视剑尖（图7-2-20）。

【提示】此动作分三部分进行教学。①先教两脚前脚掌在地上辗转，使身体向右转身360度；同时，剑身随身体转动向右扫360度。②身体立起，剑继续向右向上画弧。③教提膝点剑，待动作学会再慢速练习，熟练后再以较快的速度连贯起来做完整动作。

图7-2-18　　　　　　图7-2-19　　　　　　图7-2-20

第三段

1. 并步直刺

【要领】与右脚前脚掌为轴蹍地，使上身向左后转；在转身的同时，右臂内旋并向拇指一侧屈腕，使剑尖指向转身后的身前，左手剑指随之由上经右肩前、腹前绕环，向正前方指出，手心朝下，目视剑指，左脚向前落步，右脚随之跟进并步，两腿均屈膝半蹲；同时，右手持剑向前平伸直刺，左手剑指顺势附于右手腕处；目视剑尖（图7-2-21）。

【提示】此动作只需要先说明以右脚前脚掌为轴向左后转体180度，学生即可在教师的领做下进行完整动作。

2. 弓步上挑

【要领】右脚上步屈膝，同时左脚脚跟稍内转，左腿挺膝伸直成右弓步；右手持剑直臂上挑，剑尖向上，手心朝左，左手剑指仍指向前平伸指出，手心朝下；目视剑指（图7-2-22）。

【提示】此动作结构较为简单，可由教师领做进行完整动作练习。

图 7-2-21　　　　　　　　　　　　图 7-2-22

3. 歇步下劈

【要领】右腿伸直，左脚向前上步，脚尖外撇，随之两腿交叉屈膝全蹲成歇步；同时，右手持剑向前下劈，拇指一侧朝上，剑尖与踝关节同高，左手剑指屈肘附于右手腕里侧；目视剑身（图 7-2-23）。

【提示】此动作结构较为简单，可由教师领做进行完整动作练习。

4. 右截腕

【要领】两脚以前脚掌蹍地，并且两腿稍伸直立起，使上身右转，右腿屈膝半蹲，左腿稍屈膝，左脚前脚掌虚着地面成左虚步；右臂内旋使拇指一侧朝上，用剑的前端下刃向前上方画弧翻转，随着上身起立成虚步，右手持剑再向右上方托起，左手剑指仍附于右手腕，两肘均微屈；目视剑的前端（图 7-2-24）。

【提示】右前臂内旋使剑尖画弧时，剑尖方向始终向前；教学时可先说明上肢动作，然后即可由教师领做进行完整动作练习；注意虚步需要稍高一点。

图 7-2-23　　　　　　　　　　　　图 7-2-24

5. 左截腕

【要领】左脚向前上半步，并以前脚掌蹍地使上身向左后转，右脚随之向前上一步，前脚掌着地，两腿均屈膝成右虚步；在右脚进行的同时，右臂外旋，使剑身的前端向左前上方画弧翻转，手心朝上，剑身与地面平行，左手剑指随之离开右手腕，屈肘向上侧举；目视剑的前端（图 7-2-25）。

【提示】先教右虚步，需要注意剑尖方向保持朝前。

6. 跃步上挑

【要领】

第一动　上步格带：左脚经身前向前上一步，右脚随之在身后离地，小腿后弯；同时，右臂外旋，手心朝里，使剑由右向上、向左屈肘画弧，剑至上身左侧时，右手靠近左胯旁，拇指一侧朝上并向上屈腕，左手剑指在右手向左下落时附于右手腕上；目视剑尖。

第二动　跃步上挑：左脚蹬地，右脚向右侧跃步，落地后屈膝略蹲，左脚随之离地，屈膝从身后伸向右侧方成望月平衡式；在右脚跃步的同时，右手持剑由左胯旁向下、向右画弧，当剑到达右侧方时，臂外旋并向拇指的一侧屈腕，使剑向上挑击，左手剑指即向左上方屈肘横举，拇指一侧朝下；目视右侧方（图7-2-26）。

【提示】教学时，分上下肢两部分：上左脚抬右脚，在此基础上教左脚蹬起，右脚落成望月平衡，在下肢动作能连贯完成后再教上肢动作，然后再将上下肢动作结合起来练习；注意动作协调，上左脚抬右脚和剑向上、向左画弧同时完成，左脚蹬地起跳时剑向下、向右画弧，右脚落地成望月平衡和右手腕使剑向上挑击同时完成。此外，跳步时宜轻巧向上，不宜过远，以利于维持望月平衡；右脚膝关节可微屈，用于降低身体重心。

图7-2-25　　　　　　　　　　图7-2-26

7. 仆步下压

【要领】右手持剑使剑尖从头经过，继而向身后、向右弧形平绕，当剑绕到右侧时，即屈肘将剑柄收抱于胸前下方，手心朝上；同时，右膝伸直，上身立起，左腿屈膝提于身前，左手剑指仍横于左额前上方；左脚随之向左侧落步，屈膝全蹲，右腿在右侧平铺伸直，脚尖里扣成右仆步；同时，左手剑指经身前下落，按在右手腕上，右手持剑用剑身平面向下带压，剑尖斜向右上方；目向右平视（图7-2-27）。

【提示】先教左腿屈膝上提，右手抱剑，此时重点在右手持剑使剑尖经头上向身后再向右成弧形平绕；然后教仆步下压剑；待两部分动作均较熟悉后再连贯起来进行练习。

8. 提膝直刺

【要领】两腿直立站立，左腿屈膝提于身前，右腿挺直站立；同时，右手持剑向身前平伸直刺，拇指一侧朝下；目视剑尖（图7-2-28）。

【提示】（略）。

159

图 7-2-27

图 7-2-28

第四段

1. 弓步平劈

【要领】右臂外旋，先使手心朝向背后，剑的下刃转翻向上，继而上身左转，左脚向前落一大步成左弓步；同时，左手剑指随着持剑臂的运行而向右、向下、向左、向上圆形绕行，仍屈肘举于头部左侧上方，右手持剑向身前平劈，拇指一侧朝上，臂要伸直，剑尖略高于肩；目视剑尖。

【提示】重点在于由左向后转身。

2. 回身后撩

【要领】右脚向前一步，膝微屈，左脚随之离地，小腿向上弯曲，上身前俯，腰向右拧转；右手持剑随右脚上步而向后反撩，剑尖斜向下方，拇指一侧朝下；左手剑指前伸成侧上举，拇指一侧朝下；目视剑尖（图7-2-29）。

【提示】先说明上右脚，左脚抬成望月平衡，再教反撩剑，完成时需虎口朝下。

3. 歇步上绷

【要领】右脚蹬地，左脚向前跃步，上身随之向右后转；左脚落地，脚尖稍外撇，右腿摆向身后，在上身转动的同时，右臂外旋，使拇指一侧朝上，左手剑指在身后平伸，手心朝下，目视剑尖；右脚在身后落步，两腿均屈膝全蹲成歇步，同时右手持剑直臂下压，手腕向拇指一侧上屈，使剑尖上绷，左手剑指随之屈肘在头部左上方侧举，拇指一侧朝下；目视剑尖。

【提示】先说明身体经右向后转180度，然后进行上下肢教学；先教右脚蹬地左脚跃步后插，蹲成歇步，接着教右臂外旋、沉腕做绷剑。教学过程中需注意跃步不宜过高，尽量轻巧，落地即成歇步。

4. 弓步斜削

【要领】

第一动 弓步收剑：左脚脚尖里扣，上身右转，右脚随之向前上步、屈膝，左腿在身后挺膝伸直成右弓步，在转身的同时，右手持剑臂外旋使手心朝上，屈肘向左肋前收回，左手剑指从身前下落，按在剑柄上；目视前方。

第二动 上动不停，右手持剑由后向前方斜面弧形上削，手心斜向上方，手腕稍向掌心一侧弯曲；同时，左手剑指伸向后方，拇指一侧朝上；目视剑尖（图7-2-30）。

【提示】重点在于左脚尖里扣，上身右转；削剑时注意手腕微向上翻，使剑斜向上削。

图7-2-29

图7-2-30

5. 进步左撩

【要领】

第一动　转身后摆：右脚伸直，上身向左转，左腿稍屈膝；同时，右手持剑使手心朝里经脸前，边转身边向左画弧，剑至体前时，左手剑指附于右手腕里侧；目视剑尖。

第二动　进步撩剑：以右脚跟为轴蹍地，脚尖外撇，上身向右后转，左脚随之向前上步，以前脚掌虚着地面；同时，右手持剑反手向下、向前、向上继续画弧撩起，剑至前方时，肘部略屈，拇指一侧朝上，剑尖高与肩齐平，左手剑指随右手动作，仍附于右手腕上；目视剑尖。

【提示】先强调身体向左转，剑由上向左画弧，然后说明剑和左腿上步一同向前上撩；撩剑时剑所走的立圆需靠近身体，左手随右臂一起协调运动。

6. 进步右撩

【要领】右手持剑直臂向上、向右后方画弧，左手剑指随势收于右肩前，手心朝左，目视剑尖；左脚踏实后以脚跟为轴蹍地，剑尖外撇，右脚随之向左脚前上一步，前脚掌虚着地面；同时，右手持剑由右肩前向下、向前、向后上方绕环，屈肘侧举于头部左上方；目视剑尖（图7-2-31）。

【提示】先说明剑的方向二再配合脚步。

7. 坐盘反撩

【要领】右脚踏实后向前一小步，随即左脚从右脚后向右侧插一步，两腿屈膝下坐成坐盘式；在左脚插步的同时，左手持剑向上、向左、向下再向右上方反手绕环上撩，剑尖高过头顶，左手剑指随之经体前向下、向唇上方画弧，屈肘横举于左耳侧，拇指一侧朝下，上身向左前倾斜；目视剑尖（图7-2-32）。

【提示】分上下肢进行教学，先教左脚经右脚后侧向右插步并成坐盘，然后反撩，最后教左手部分。

图 7-2-31

图 7-2-32

8. 转身云剑

【要领】

第一动　转身平举：右脚蹬地，两腿伸直站立，并以两脚的前脚掌蹍地，使上身向左后转，转身之后，右腿踏实，左膝微屈，前脚掌虚着地面，身体重心落于左腿；同时，右手持剑随身体转动一周后屈肘使剑平举，拇指一侧朝下，此时左手剑指附于右手、腕处；目视剑尖。

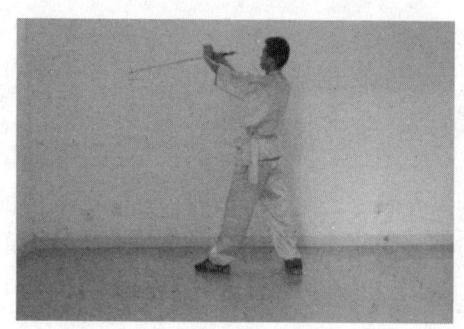

图 7-2-33

第二动　仰身云剑：上动不停，上身后仰，右手持剑向左、向后、向右、向前圆形云绕一周，剑至身前时，右手手心朝上，松把，使剑尖下垂；左手剑指放开，拇指一侧朝上，准备接握右手之剑，此时重心前移，左脚踏实，右腿伸直，上身前倾；目视左手（图7-2-33）。

【提示】关键在让学生明白剑的走向，以及左右手接剑的步骤。

结束节

1. 虚步持剑

【要领】右手将剑柄交予左手后即握成剑指，左手接剑后反握住剑柄向身体左侧下垂；同时，右脚向右前方上步，脚尖右扣，屈膝略蹲，上身随之左转，左脚随之移步向前，以前脚掌虚着地面成左虚步，右手剑指随之由身后向上屈肘侧举于右上方，手心朝上；目向左平视（图7-2-34）。

【提示】此动作需要注意左手接剑后向前、向下摆至身体左侧，学生了解之后即可在教师的带领下练习完整动作。

2. 并步收势

【要领】右腿伸直，右脚向左脚靠拢，并步站立；同时，右手剑指下落于身体后侧，手心朝下，恢复成预备式；目视前方（图7-2-35）。

【提示】练习时，保持身心自然放松。

图 7-2-34

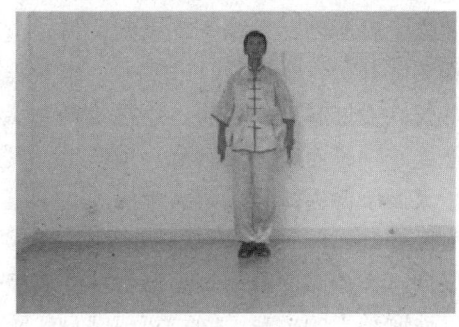

图 7-2-35

【思考题】

1. 简述剑术中"腕花"的基本动作要领。
2. 简述初级剑术第一段各动作名称。
3. 简述初级剑术第一段中"挂剑直刺"的动作要领。

【参考文献】

［1］关铁云．实用武术普修教程［M］．北京：人民体育出版社，2007．
［2］勾庆华．武术表演教程［M］．北京：人民体育出版社，2007．
［3］杨柏龙．剑术．刀术入门与提高［M］．北京：北京人民体育出版社，2000．
［4］陈芳．剑术［M］．长春：吉林出版集团有限责任公司，2010．

第三节 太极拳

【学习目标】

1. 了解太极拳的基本知识，掌握太极拳的基本功法和 24 式太极拳，具备一定的健身养生能力；了解太极拳独特的文化内涵，发扬尚武崇德精神，弘扬中华民族传统文化和爱国主义精神。

2. 全面发展学生的身体素质和心理素质，培养学生自觉参加体育运动的兴趣，并树立正确的体育观。

一、太极拳概述

太极拳是综合了历代各家拳法，结合了古代的导引术和吐纳术，吸取了古典哲学和传统的中医理论而形成的一种内外兼练、柔和、缓慢、轻灵的拳术。太极拳，早期曾被称为"长拳""棉拳""十三势""软手"。至清朝乾隆年间（1736 - 1796 年），山西武术家王宗岳著《太极拳论》，才确定了太极拳的名称。

关于太极拳的起源和创始人众说纷纭，大致可以归纳为两类观点：一类认为，太极拳是清朝陈王庭所创，发源于陈家沟；另一类认为，在此之前早有太极拳，大约在南朝韩拱月、程灵洗开始，经唐朝时许宣平，宋时程璐，元时张三丰，明清为王宗岳、蒋发，清中叶时陈长兴发展起来。目前，还很难断定太极拳究竟是何人何时创造的，但是可以肯定，太极拳绝非一蹴而就，必然有一个萌生、发展的过程，是经过数代人的努力形成的。这也说明了太极拳源远流长、博大精深。

太极拳动作舒展大方，柔和缓慢，刚柔相济，通过练习可以养成胸怀宽广、大度谦让、坚韧不拔、厚德载物等品格精神。太极拳以其独特的技术要求和特有的运动形式，最大限度地调整人的生命潜能，实现健身、防身、养生的多种功能。目前，太极拳主要有陈式、杨式、孙式、吴式和武式等五种流派。

一、太极拳练习要领

（一）心静体松

"心静体松"是对太极拳练习的基本要求。"心静"就是思想上排除一切杂念，不受外界干扰，在意念引导下专心练习；"体松"就是身体放松，在保持姿势正确的基础上，有意识地让全身关节、肌肉以及内脏等达到最大限度的放松状态，但不是全身松懈疲沓。

（二）柔和缓慢

动作如行云流水，用力不僵不拘，轻柔匀缓；身体保持舒松自然，不偏不倚。

（三）虚实分明

注意处处分清虚实，虚实变换适当，做到"运动如抽丝，迈步似猫行"；肢体各部在运动中没有丝毫不稳定的现象，保持重心稳定。

（四）连贯圆活

"连贯圆活"是衡量一个人功夫深浅的主要依据。"连贯"，一方面是指肢体的连贯，要以腰为轴，上下相随，即所谓的"节节贯穿"；另一方面是指动作与动作之间的衔接，在动作转换过程中要连绵不断、衔接和顺，即"势势相连"。而"圆活"是在连贯基础上的进一步要求，即动作要呈弧形螺旋形，转换圆活不滞。

（五）呼吸自然

太极拳练习的呼吸方法有自然呼吸、腹式顺呼吸、腹式逆呼吸和拳势呼吸。这几种呼吸方法，不论采用哪一种，都应自然、缓慢、匀细，徐徐吞吐，要与动作自然配合。

初学者宜采用自然呼吸，不可勉强憋气。

三、太极拳练习方法

太极拳一般包括基本功、基本动作和基础套路三个部分的内容。套路是太极拳的主要内容，套路练习必须从最简单的基本功和单式动作开始，按照由简到繁、循序渐进的方法进行。

（一）掌握太极拳的基本知识

首先要了解所练太极拳的基本要求、风格特点、运动规律、技术方法等内容，清楚所练拳式的手法、步法、身法、劲法等方面的要求与规律。思想上有了正确的认识，练习过程中就容易做到符合要求。

（二）重视基本功练习

基本功练习包括一般身体素质练习和专项辅助练习。专项辅助练习包括基本手法、腿法、步法、桩功以及单式动作等。基础训练是套路技术的基础，而套路是基础训练的体现和运用，两者相辅相成并相互作用。每天安排部分时间练习基本功，有助于太极拳技术的全面提高。

（三）先方后圆，先高后低

初学者刚开始可以放宽要求，将肢体动作的手型、步型和路线、方向、位置基本做到就行，动作熟练后再力求连贯圆活。拳架有高、中、低之分，采取何种拳架练习因人而异，根据不同的身体条件和功力水平区别对待。初学的、体弱的和基本功差的一般宜采取高或中架练习，随着功力的增强再慢慢向低架练习发展。

（四）先简后繁，先分后整

不管是记动作还是体会动作，初学者很难一下子全身各部位都注意到。随着手脚动作的熟练、正确后，逐渐将身腰转动、眼神、呼吸、劲路运转和节奏韵味等方面配合练习，一招一式分步掌握，最后才进行整体练习和体会。

（五）明确姿势，先外后内

"姿势"是指每个架势的动作要求。太极拳有着明显的内外之别，"外"是姿势动作等外形的具体表现，"内"则是意识意念变化、内气内劲运转的内在体会，两者缺一不可。对初学者来说，主要侧重于套路的熟练、方位的正确，同时适当注意姿势的规范。经过一段时间的练习后，随着练习质量的提高，逐渐产生内气，内劲慢慢饱满壮大。

四、24式太极拳图解

24式太极拳是1956年国家体育委员会（简称"国家体委"）组织部分专家，在传统杨式太极拳的基础上，按由简入繁、循序渐进、易学易记的原则，去其繁难和重复动作，选取了24式，编成《简化太极拳》。其内容精练，动作规范，能充分体现太极拳的运动特点。

（一）动作名称

①起势；②野马分鬃；③白鹤亮翅；④搂膝拗步；⑤手挥琵琶；⑥倒卷肱；⑦左揽雀尾；⑧右揽雀尾；⑨单鞭；⑩云手；⑪单鞭；⑫高探马；⑬右蹬腿；⑭双峰贯耳；⑮转身左蹬脚；⑯左下势独立；⑰右下势独立；⑱左右穿梭；⑲海底针；⑳闪通臂；㉑转身搬拦捶；㉒如封似闭；㉓十字手；㉔收势。

（二）动作图解

1. 起势

(1) 身体直立，两脚并拢，目视前方，呼吸自然（图7-3-1）。

(2) 提左腿开步，与肩同宽（图7-3-2）。

(3) 两臂向前慢慢平举，与肩同高，与肩同宽，掌心向下（图7-3-3）。

(4) 上体保持正直，两腿屈膝下蹲；同时，两掌轻轻下按，两肘下垂与两膝相对；眼平视前方（图7-3-4）。

   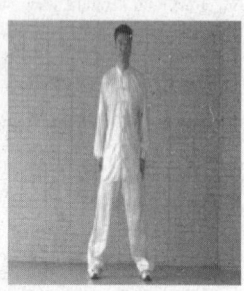

图7-3-1　　　　图7-3-2　　　　图7-3-3　　　　图7-3-4

图7-3-1至图7-3-4　起势

2. 左右野马分鬃

（1）上体微向右转，重心移至右腿；同时，右臂收在胸前平屈，手心向下，左手经体前向右下画弧至右手下，手心向上，两手心相对成抱球状；左脚收到右脚内侧，脚尖点地；眼看右手（图7-3-5）。

（2）上体微向左转，左脚向左前方迈出，右脚跟后蹬，右腿自然伸直，成左弓步；同时，上体向左转，左右手随转体慢慢分别向左上、右下分开，左手高与眼平（手心斜向上），肘微屈；右手落在右胯旁，肘也微屈，手心向下，指尖向前；眼看左手（图7-3-6）。

（3）上体慢慢后坐，身体重心移至右腿，左脚尖翘起，微向外撇，随后脚掌慢慢踏实，左腿慢慢前弓，身体左转，身体中心再移至左腿；同时，左手翻转向下，左臂收在胸前平屈，右手向左上画弧至左手下，两手心相对成抱球状；右脚随即收到左脚内侧，脚尖点地；眼看左手（图7-3-7）。

（4）右腿向右前方迈出，左腿自然伸直，成右弓步；同时，上体右转，左右手随转体分别慢慢向左下、右上分开，右手高与眼平（手心斜向上），肘微屈；左手落在左胯旁，肘也微屈，手心向下，指尖向前；眼看右手（图7-3-8）。

（5）同（1），如图7-3-9所示。

（6）同（2），如图7-3-10所示。

图7-3-5　　　　　　图7-3-6　　　　　　图7-3-7

 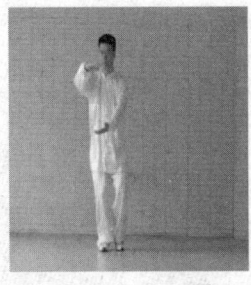 

图 7-3-8　　　　　　图 7-3-9　　　　　　图 7-3-10

图 7-3-5 至图 7-3-10　左右野马分鬃

3. 白鹤亮翅

（1）上体微向左转，左手翻掌向下，左臂平屈胸前，右手向左上画弧，手心转向上，与左手成抱球状；眼看左手（图 7-3-11）。

（2）右脚跟进半步，上体后坐，身体重心移至右腿，上体先向右转，面向右前方，眼看右手（图 7-3-12）。然后，左脚稍向前移，脚尖点地，成左虚步，同时上体再微向左转，面向前方；两手随转体慢慢向右上、左下分开，右手上提停于右额前，手心向左后方，左手落于左胯前，手心向下，指尖向前；眼平看前方（图 7-3-13）。

图 7-3-11　　　　　　图 7-3-12　　　　　　图 7-3-13

图 7-3-11 至图 7-3-13　白鹤亮翅

4. 左右搂膝拗步

（1）右手从体前下落，由下向后上方画弧举至右肩外侧，肘微屈，手与耳同高，手心斜向上；左手由左下向上，向右下方画弧至右胸前，手心斜向下，同时上体先微向左再向右转；左脚收至右脚内侧，脚尖点地；眼视右手（图 7-3-14、图 7-3-15）。

（2）上体左转，左脚向前迈出成左弓步；同时右手屈回由耳侧向前推出，高与鼻尖平，左手向下由左膝前搂过落于左胯旁，指尖向前；眼视右手手指（图 7-3-16）。

（3）右腿慢慢屈膝，上体后坐，重心移至右腿，左脚尖翘起微向外撇，随后脚掌慢慢踏实，左腿前弓，身体左转，重心移至左腿，右脚收到左脚内侧，脚尖点地；同时左手向外翻掌由左后向上画弧至左肩外侧，肘微屈，手与耳同高，手心斜向上；右手随转体向上、向左下画弧落于左腹前，手心斜向下；眼视左手（图 7-3-17）。

（4）同（2），唯左右相反（图 7-3-18）。

（5）同（3），唯左右相反（图 7-3-19）。

(6) 同（2），如图 7-3-20 所示。

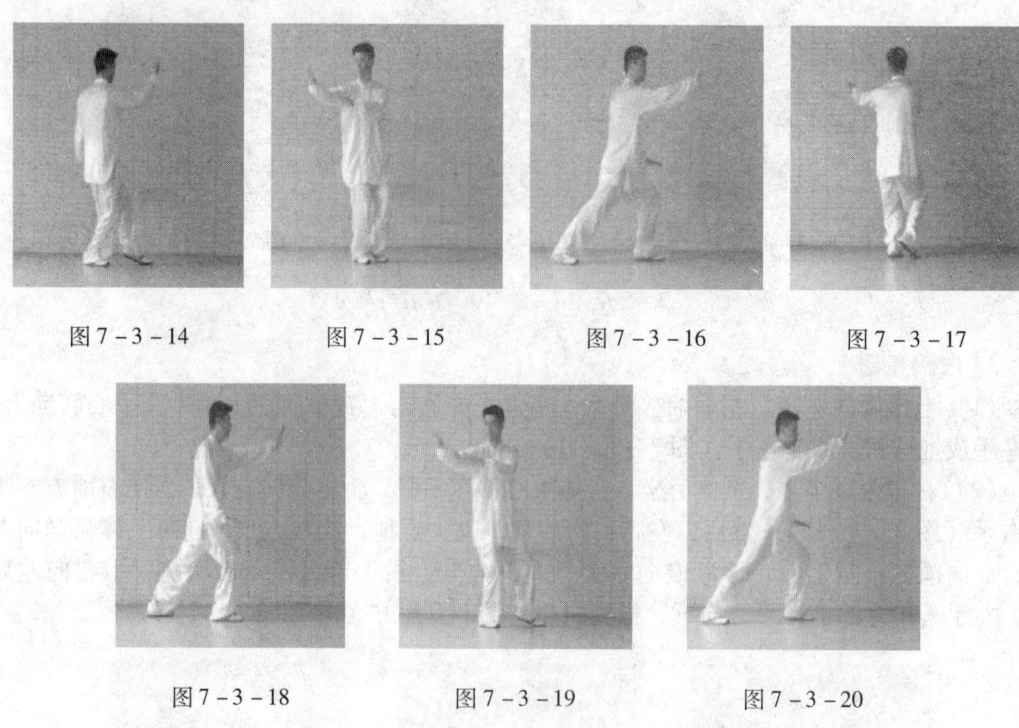

图 7-3-14　　　图 7-3-15　　　图 7-3-16　　　图 7-3-17

图 7-3-18　　　图 7-3-19　　　图 7-3-20

图 7-3-14 至图 7-3-20　左右搂膝拗步

5. 手挥琵琶

右脚跟进半步，上体后坐，身体重心转至右腿上，上体半面向右转，左脚略提起稍向前移，变成左虚步，脚跟着地，脚尖翘起，膝部微屈；同时左手由左下向上挑举，高与鼻尖平，掌心向右，臂微屈，右手收回放在左肘里侧，掌心向左；眼看左手食指（图 7-3-21 至图 7-3-23）。

图 7-3-21　　　图 7-3-22　　　图 7-3-23

图 7-3-21 至图 7-3-23　手挥琵琶

6. 左右倒卷肱

（1）上体右转，右手翻掌手心向上经腹前由下向后上方画弧平举，臂微屈，左手随即翻掌向上；眼的视线随着向右转体先右视，再转向前方视左手（图7-3-24）。

（2）右臂屈肘折向前，右手由耳侧向前推出，手心向前，左臂屈肘后撤，手心向上，撤至左肋外侧；同时左腿轻轻提起向后偏左退一步，脚掌先着地，然后全脚慢慢踏实，身体重心移到左腿上，成右虚步，右脚随转体以脚掌为轴扭正；眼视右手（图7-3-25、图10-3-26）。

（3）上体微向左转，同时左手随转体向后上方画弧平举，手心向上，右手随即翻掌，掌心向上；眼随转体先左视，再转向前方视右手（图7-3-27）。

（4）同（2），唯左右相反（图7-3-28、图7-3-29）。

（5）同（3），唯左右相反（图7-3-30）。

（6）同（2），如图7-3-31、图7-3-32所示。

（7）同（3），如图7-3-33所示。

（8）同（2），唯左右相反（图7-3-34、图7-3-35）。

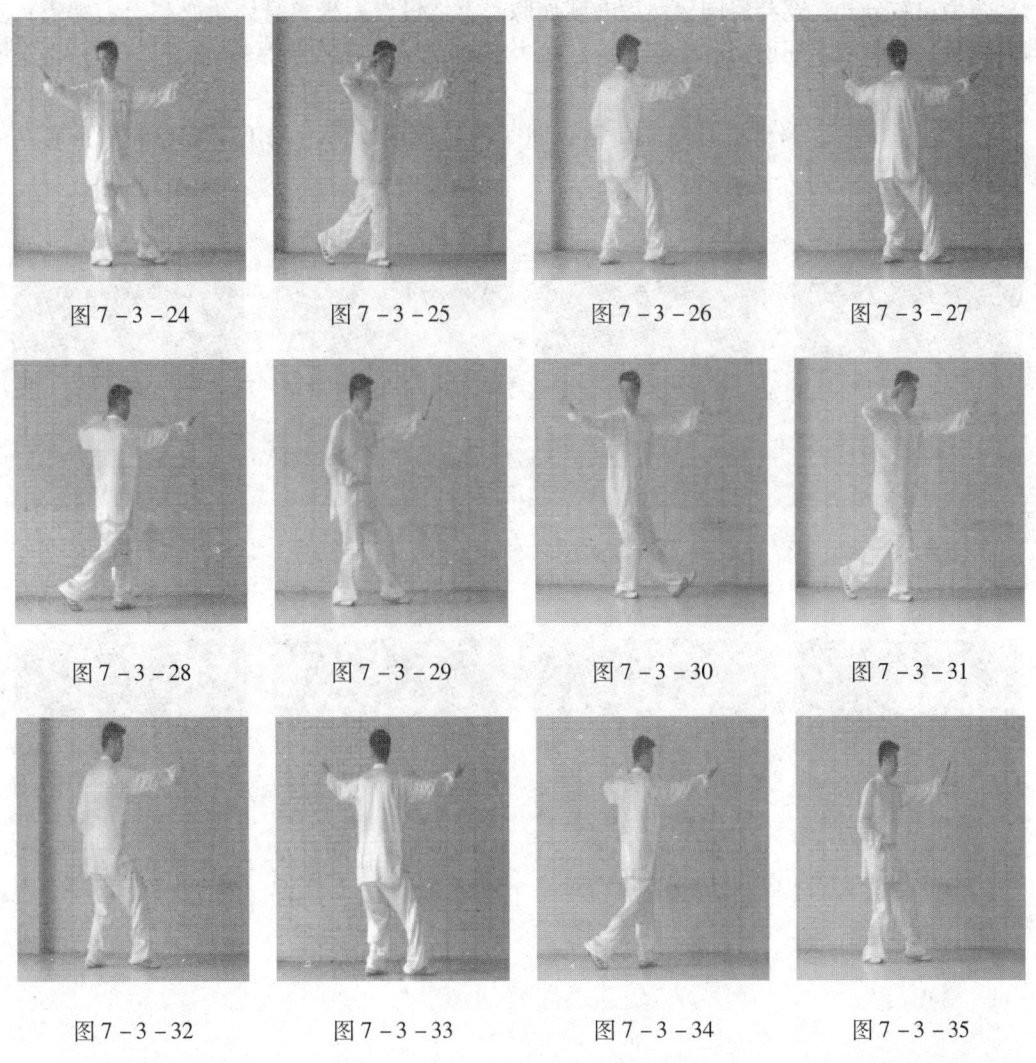

图7-3-24	图7-3-25	图7-3-26	图7-3-27
图7-3-28	图7-3-29	图7-3-30	图7-3-31
图7-3-32	图7-3-33	图7-3-34	图7-3-35

图7-3-24至图7-3-35　左右倒卷肱

7. 左揽雀尾

（1）转体撒手，收脚抱球。转体左脚向左前方迈出，上体继续向左转，右腿自然蹬直，左腿屈膝成左弓步；同时左臂向左前方绷出，右手向右下落放于右胯旁，手心向下（图7-3-36、图7-3-37）。

（2）身体微向左转，左手随即前伸翻掌向下。右手翻掌向上，经腹前向上、向前伸至左前臂下方；然后两手下捋，即上体向右转；两手经腹前向右后上方画弧，直至右手心向上，高与肩平，左臂平屈于胸前，手心向后；同时身体重心移至右腿；眼视右手（图7-3-38至图7-3-40）。

（3）上体微向左转，右臂屈肘折回，右手附于左手腕里侧，上体继续向左转，双手同时向前慢慢挤出，左手心向后，右手心向前，左前臂要保持半圆；同时身体重心逐渐前移变成左弓步；眼视左手腕部（图7-3-41、图7-3-42）。

（4）左手翻掌，手心向下，右手经左腕上方向前、向右伸出，高与左手齐，手心向下，两手左右分开，宽与肩同；然后右腿屈膝，上体慢慢后坐，身体重心移至右腿上，左脚尖翘起；同时两手屈肘回收至腹前，手心均向前下方；眼向前平视（图7-3-43至图7-3-45）。

（5）上式不停，身体重心慢慢前移，同时两手向前、向上按出，掌心向前；成左弓步；眼平视前方（图7-3-46）。

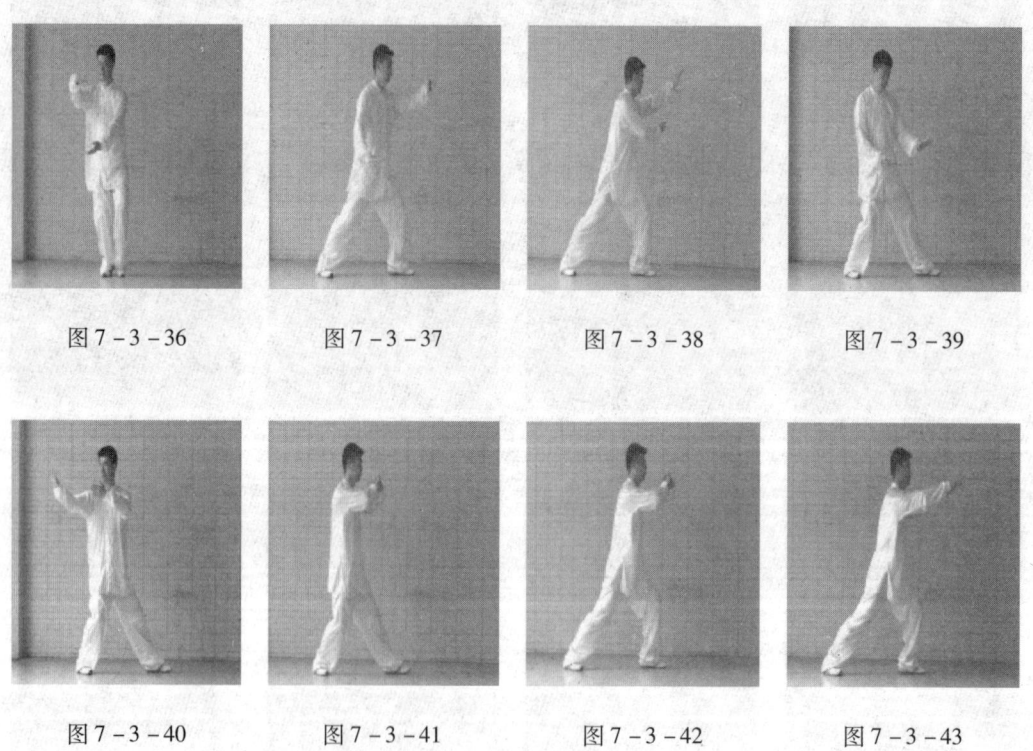

图7-3-36　　图7-3-37　　图7-3-38　　图7-3-39

图7-3-40　　图7-3-41　　图7-3-42　　图7-3-43

图 7-3-44　　　　图 7-3-45　　　　图 7-3-46

图 7-3-36 至图 7-3-46　左揽雀尾

8. 右揽雀尾

（1）上体后坐并向右转，身体重心移至右腿，左脚尖里扣；右手向右平行画弧至右侧，然后由右下经腹前向左上画弧至左肋前，手心向上；左臂平屈胸前，左手掌向下与右手成抱球状；同时身体重心再移到左腿上，右脚收到左脚内侧，脚尖点地；眼视左手（图 7-3-47、图 7-3-48）。

（2）同"左揽雀尾"（1），唯左右相反（图 7-3-49）。

（3）同"左揽雀尾"（2），唯左右相反（图 7-3-50 至图 7-3-52）。

（4）同"左揽雀尾"（3），唯左右相反（图 7-3-53、图 7-3-54）。

（5）同"左揽雀尾"（4）（5），唯左右相反（图 7-3-55 至图 7-3-58）。

图 7-3-47　　　图 7-3-48　　　图 7-3-49　　　图 7-3-50

图 7-3-51　　　图 7-3-52　　　图 7-3-53　　　图 7-3-54

图 7－3－55　　　　图 7－3－56　　　　图 7－3－57　　　　图 7－3－58

图 7－3－47 至图 7－3－58　右揽雀尾

9. 单鞭

转体运臂，右脚内扣，上体右转，勾手收脚，转体上步，弓步推掌成单鞭（图 7－3－59 至图 7－3－61）。

图 7－3－59　　　　　　图 7－3－60　　　　　　图 7－3－61

图 7－3－59 至图 7－3－61　单鞭

10. 云手

（1）重心移至右腿上，身体渐向右转，左脚尖里扣；左手经腹前向右上画弧至右肩前，手心斜向后，同时右手松勾变掌，手心向右前；眼视左手（图 7－3－62）。

（2）上体慢慢左转，重心随之逐渐左移；左手由脸前向左侧运转，手心渐渐转向左方；右手由右下经腹前向左上画弧至左肩前，手心斜向后；同时右脚靠近左脚，成小开立步；眼视右手（图 7－3－63）。

（3）上体再向右转，同时左手经腹前向右上画弧至右肩前，手心斜向后；右手向右侧运转，手心翻转向右；随之左腿向左横跨一步；眼视左手（图 7－3－64）。

（4）同（2），如图 7－3－65 所示。

（5）同（3），如图 7－3－66 所示。

（6）同（2），如图 7－3－67 所示。

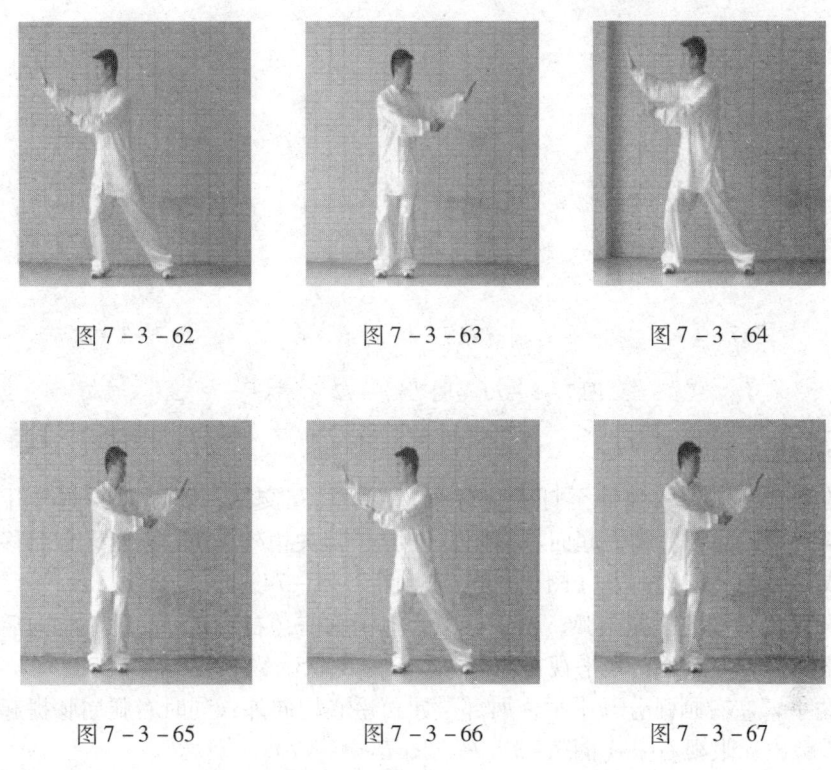

图 7 - 3 - 62　　　　　图 7 - 3 - 63　　　　　图 7 - 3 - 64

图 7 - 3 - 65　　　　　图 7 - 3 - 66　　　　　图 7 - 3 - 67

图 7 - 3 - 62 至图 7 - 3 - 67　云手

11. 单鞭

转体运臂勾手，转体上步，弓步推掌成单鞭（图 7 - 3 - 68、图 7 - 3 - 69）。

图 7 - 3 - 68　　　　　图 7 - 3 - 69

图 7 - 3 - 68 至图 7 - 3 - 69　单鞭

12. 高探马

右脚跟进半步，右勾手变成掌，两手心翻转向上，两肘微屈；同时身体微向右转，左脚跟渐渐离地；眼视左前方，上体微向左转，面向左前方，右掌经右耳旁向前推出，手心向前，手指与眼同高；左手收至左侧腰前，手心向上；同时左脚微向前移，脚尖点地，成左虚步；眼视右手（图 7 - 3 - 70 至图 7 - 3 - 72）。

图 7-3-70　　　　　　　图 7-3-71　　　　　　　图 7-3-72

图 7-3-70 至图 7-3-72　高探马

13. 右蹬脚

（1）左手手心向上，前伸至打手腕背面，两手相互交叉，随即向两侧分开并向下画弧，手心斜向下，同时左脚提起向左前侧方进步（脚尖稍外撇）；身体重心前移，右腿自然蹬直，成左弓步；眼视前方（图 7-3-73、图 7-3-74）。

（2）两手由外圈向里圈画弧，两手交叉合抱于胸前，右手在外，手心均向后；同时右脚向左脚靠拢，脚尖点地；眼平视右前方（图 7-3-75）。

（3）两手臂左右画弧分开平举，肘部微屈，手心均向外；同时右腿屈膝提起，右脚向右前方慢慢蹬出；眼视右手（图 7-3-76、图 7-3-77）。

图 7-3-73　　　　　　　图 7-3-74　　　　　　　图 7-3-75

图 7-3-76　　　　　　　图 7-3-77

图 7-3-73 至图 7-3-77　右蹬脚

14. 双峰贯耳

（1）右腿收回，屈膝平举；左手由后向上、向前下落至体丽，两手心均翻转向上，两手同时向下画弧，分落于右膝盖两侧；眼视前方（图7-3-78）。

（2）右脚向右前方落下，重心渐渐前移，成右弓步，面向右前方；同时两手下落，慢慢变拳，分别从两侧向上、向前画弧贯拳至面部前方，成钳形状，两拳相对（图7-3-79、图7-3-80）。

图7-3-78　　　　　　图7-3-79　　　　　　图7-3-80

图7-3-78至图7-3-80　双峰贯耳

15. 转身左蹬脚

（1）左腿屈膝后坐，身体重心移至左腿，上体左转，右脚尖里扣；同时两拳变掌，由上向左右画弧分开平举，手心向前；眼视左手（图7-3-81）。

（2）身体重心再移至右腿，左脚收到右脚内侧，脚尖点地；同时两手由外圈向里圈画弧合抱于胸前，左手在外，手心均向后；眼平视左方（图7-3-82）。

（3）两手臂左右画弧分开平举，肘部微屈，手心均向外；同时左腿屈膝提起，左脚向左前方慢慢蹬出；眼视左手（图7-3-83、图7-3-84）。

图7-3-81　　　　图7-3-82　　　　图7-3-83　　　　图7-3-84

图7-3-81至图7-3-84　转身左蹬脚

16. 左下势独立

（1）左腿收回平屈，上体右转；右掌变成勾手，左掌向上、向右画弧下落，立于右肩前，掌心斜向后；眼视右手（图7-3-85）。

（2）右腿慢慢屈膝下蹲，左腿由内向左侧偏后伸出，成左仆步；左掌下落，掌心向外，向左下顺左腿内侧向前穿出；眼视左手（图7-3-86、图7-3-87）。

（3）身体重心前移，左脚跟为轴，脚尖尽量向外撇，左腿前弓，右腿后蹬，右脚尖里扣，上体微向左转并向前起身；同时左臂继续向前伸出立掌，掌心向右，右勾手下落，勾尖向后；眼视左手（图7-3-88）。

（4）右腿慢慢提起平屈，成左独立式；同时右勾手变掌，并由后下方顺右腿外侧向前弧形上挑，屈臂立于右腿上方，肘与膝相对，手心向左；左手落于左胯旁，手心向下，指尖向前；眼视右手（图7-3-89、图7-3-90）。

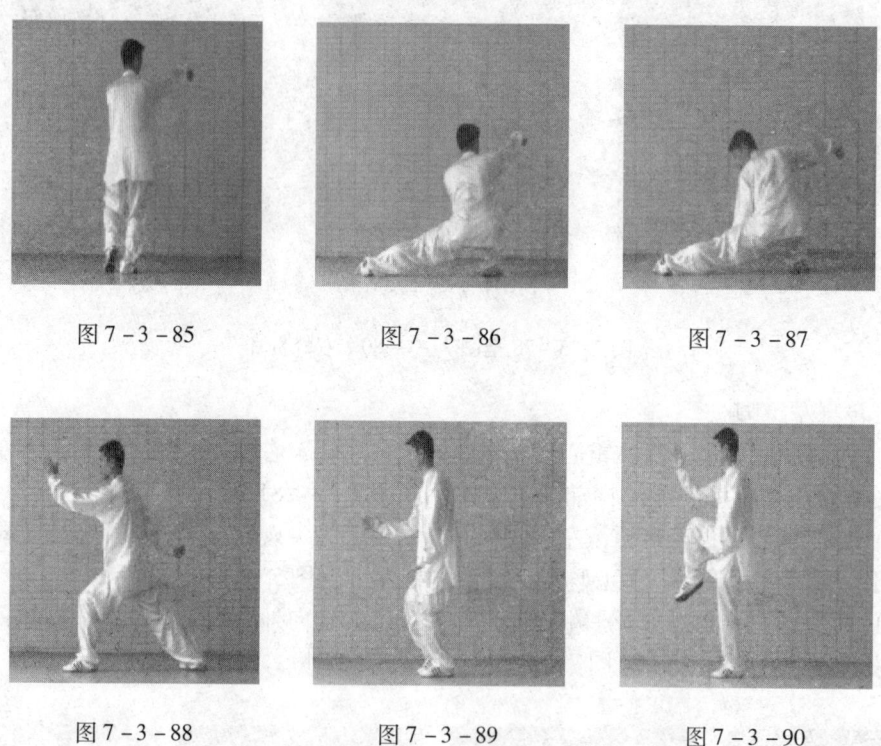

图7-3-85　　　　　　　图7-3-86　　　　　　　图7-3-87

图7-3-88　　　　　　　图7-3-89　　　　　　　图7-3-90

图7-3-85至图7-3-90　左下势独立

17. 右下势独立

（1）右脚下落于左脚前，脚尖着地，然后左脚以前掌为轴脚跟转动，身体随之左转；同时左手向后平举变成勾手，右掌随着转体向左侧画弧，立于左肩前，掌心斜向后；眼视左手（图7-3-91）。

（2）同"左下势独立"（2），唯左右相反（图7-3-92、图7-3-93）。

（3）同"左下势独立"（3），唯左右相反（图7-3-94）。

（4）同"左下势独立"（4），唯左右相反（图7-3-95、图7-3-96）。

18. 左右穿梭

（1）右穿梭，落脚抱球，转体上步，弓步架推（图7-3-97至图7-3-99）。

（2）左穿梭，后坐撇脚，收脚抱球，转体上步，弓步架推（图7-3-100至图7-3-102）。

第七章　民族传统体育运动

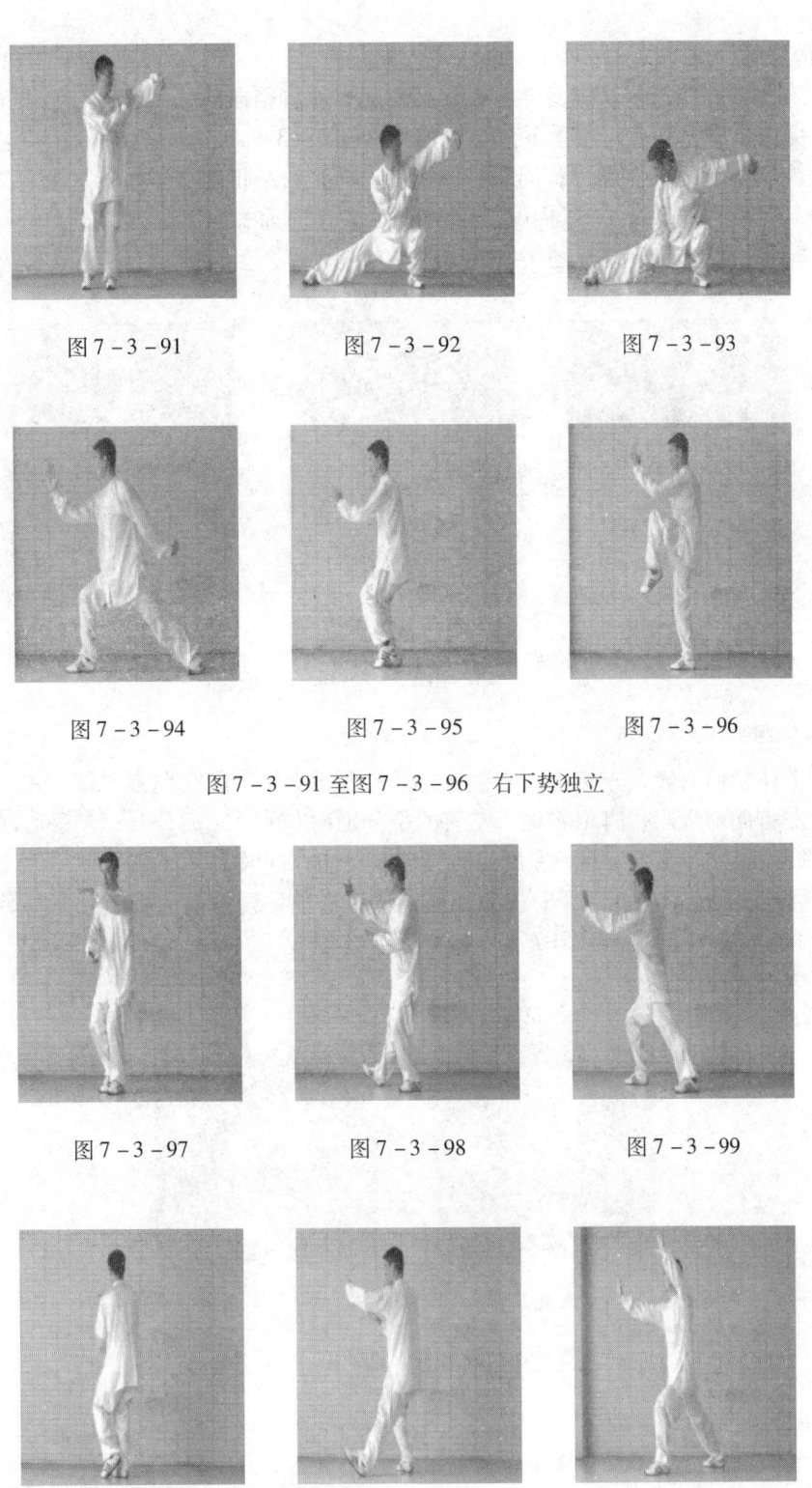

图 7-3-91　　图 7-3-92　　图 7-3-93

图 7-3-94　　图 7-3-95　　图 7-3-96

图 7-3-91 至图 7-3-96　右下势独立

图 7-3-97　　图 7-3-98　　图 7-3-99

图 7-3-100　　图 7-3-101　　图 7-3-102

图 7-3-97 至图 7-3-102　左右穿梭

177

19. 海底针

（1）右脚向前跟进半步，身体重心移至右腿，左脚稍向前移半步；右手下落经体前向后、向上提抽至肩上耳旁，左手下落至体前侧（图7-3-103、图7-3-104）。

（2）左脚尖点地成左虚步；同时身体稍向右转；右手再随身体左转，由右耳旁斜向前下方插出，掌心向左，指尖斜向下；与此同时，左手向前、向下画弧落于左胯旁，手心向下，指尖向前；眼视前下方（图7-3-105）。

图7-3-103　　　　　图7-3-104　　　　　图7-3-105

图7-3-103至图7-3-105　海底针

20. 闪通臂

（1）上体稍向右转，左脚微回收半步；同时两手上提，眼视前方（图7-3-106）。

（2）左脚向前迈出，脚跟着地；左右两手分别向左前、右后分开；左手心向前，右手心向外；眼视前方。重心前移，左腿屈膝弓成左弓步；同时右手屈臂上举，停于右额前上方，掌心翻转斜向上，拇指朝下；左手由胸前随重心前移慢慢向前推出，高与鼻尖平，手心向前；眼视左手（图7-3-107）。

图7-3-106　　　　　图7-3-107

图7-3-106至图7-3-107　闪通臂

21. 转身搬拦捶

（1）上体后坐，身体重心移至右腿上，左脚尖里扣；身体向右后转，然后身体重心再移至左腿上；与此同时，右手随着转体向右、向下变拳，经腹前画弧至左肋旁，拳心向下；左掌上举于头前，掌心斜向上；眼视前方（图7-3-108、图7-3-109）。

（2）向右转体，右拳经胸前向前翻转撇出，拳心向上；左手落于左胯旁，掌心向下，指尖向前；同时右脚收回后不要停顿或脚尖点地，即向前迈出，脚尖外撇；眼视右拳（图7-3-110）。

（3）身体重心移至右腿上，左脚向前迈出一步；左手上起经左侧向前上画弧拦出，掌心向前下方；同时右拳向右画弧收到右腰旁，掌心向上；眼视左手（图7-3-111）。

（4）左腿前弓成左弓步，同时右拳向前打出，拳眼向上，高与胸平，左手附于右前臂里侧；眼视右拳（图7-3-112）。

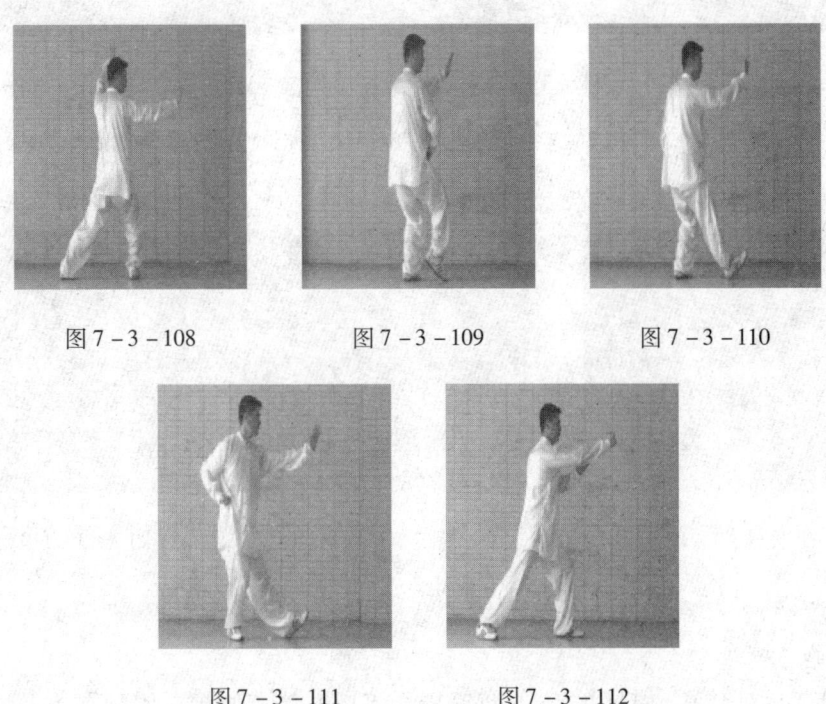

图7-3-108　　　　　图7-3-109　　　　　图7-3-110

图7-3-111　　　　　图7-3-112

图7-3-108至图7-3-112　转身搬拦捶

22. 如封似闭

（1）左手由右腕下向前伸出，右拳变掌，两手手心逐渐翻转向上并慢慢分开回收；同时身体后坐，左脚尖翘起，身体重心移至右腿；眼视前方（图7-3-113、图7-3-114）。

（2）两手在胸前翻掌，向下经腹前再向上、向前推出，腕部与肩平，手心向前；同时左腿前弓成左弓步；眼视前方（图7-3-115、图7-3-116）。

23. 十字手

（1）屈膝后坐，身体重心移向右腿，左脚尖里扣，向右转体；右手随着转体动作向右平摆画弧，与左手成两臂侧平举，掌心向前，肘部微屈；同时右脚尖随着转体稍向外撇，成右侧弓步；眼视右手（图7-3-117）。

（2）身体重心慢慢移至左腿，右脚尖里扣，随即向左收回，两脚距离与肩同宽，两腿逐渐蹬直，成开立步；同时两手向下经腹前向上画弧交叉合抱于胸前，两臂撑圆，腕高与肩平，右手在外，成十字手，手心均向后；眼视前方（图7-3-118、图7-3-119）。

图 7-3-113　　　　图 7-3-114　　　　图 7-3-115　　　　图 7-3-116

图 7-3-113 至图 7-3-116　如封似闭

图 7-3-117　　　　　　图 7-3-118　　　　　　图 7-3-119

图 7-3-117 至图 7-3-119　十字手

24. 收势

（1）两手向外翻掌，手心向下，两臂慢慢下落，停于腹前；眼视前方（图 7-3-120）。

（2）两腿缓缓蹬直，同时两掌慢慢下落至大腿侧，然后收左脚成并步直立；眼视前方（图 7-3-121、图 7-3-122）。

图 7-3-120　　　　　　图 7-3-121　　　　　　图 7-3-122

图 7-3-120 至图 7-3-122　收势

【思考题】

1. 简述太极拳的技术特点。
2. 太极拳的练习要领是什么？
3. 太极拳有哪些练习方法？

【参考文献】

［1］武冬.24 式太极拳入门与提高［M］.太原：山西科学技术出版社，2001.
［2］李德印.太极拳入门与提高［M］.北京：人民体育出版社，2004.
［3］曹策礼，大学生体育理论与实践［M］.长春：东北师范大学出版社，2011.

第四节　跆拳道

【学习目标】

1. 了解跆拳道的基本知识，掌握跆拳道的基本腿法和基本战术，具备一定的防身自卫能力。
2. 树立正确的体育态度，形成终身体育锻炼的习惯和意识。

一、跆拳道概述

（一）跆拳道概念

跆拳道（英文：Taekwondo），是一种主要使用手及脚技术和身体能力进行自身修炼和搏击格斗的传统体育项目，是现代奥运会正式比赛的项目之一。跆（TAE），意为以脚踢、摔摔；拳（KWON），以拳头打击；道（DO），则是代表道行、礼仪修炼的艺术。

（二）跆拳道起源与发展

跆拳道起源于朝鲜半岛，朝鲜民族古时以农业及打猎为生，在抵御野兽、对抗入侵与祭祀活动的舞艺中，逐渐演变成有意识的攻防技巧及格斗自卫武艺的雏形。在朝鲜三国时代的高句丽、新罗及百济，三国互相抗衡，侵袭对方，更加速了武艺的盛行。无论在武官考核，民间手搏击打或祭典舞艺中，都充分表现出武艺的形态。如新罗的跆跟、花郎道是军中的必修科目，而在百济国则推崇并鼓励人民学习马术、射箭及跆跟等武艺。

在跆拳道没有正式命名之前，韩国徒手的搏击流派有很多。名称有：跆跟、手搏、唐手、托肩、花郎道等。在 1955 年为了更好地推广这种新型的朝鲜民族武术，韩国的武术家、体育家、教育家、高级军官相关学者进行了激烈讨论。大家十分赞同崔泓熙提出来的："跆拳道是融合了东方的意识和科学技术，使人的能力尽可能地得到发挥，它是一种既能够强身健体又可以防身自卫的体育运动"的观点。于是在"跆拳"两字后面加一个能融入东方武道文化和哲学思想的"道"字，于是"跆拳道"这个名称便应运而生。

1959 年，韩国成立了"大韩唐手道协会"，并于 1962 年加入大韩体育会，1965 年改为大韩跆拳道协会，1963年第43届大韩全国体育大会确定跆拳道为正式比赛项目。

1961年9月，朝鲜成立了唐手道协会（后改为跆拳道协会），1962年加入朝鲜业余体育协会，同时跆拳道列入全国体育比赛项目。

1966年第一个国际组织：国际跆拳道联盟（简称ITF）成立，崔泓熙被选为主席。

1972年，国际跆拳道联盟总部迁到加拿大的多伦多。

1973年5月，当时的韩国总统朴正熙在韩国首都汉城成立世界跆拳道联盟（简称WTF），并任命金云龙为主席。同时第一届跆拳道世界锦标赛也在首尔举行，这一届比赛有来自19个国家和地区的选手参加。

1975年，世界跆拳道联盟（WTF）被接纳为国际体育联盟正式会员。

1980年，国际奥委会正式承认了世界跆拳道联盟。

1995年8月正式成立了中国跆拳道协会，魏纪中当选为第一任协会主席。

1995年11月，中国跆拳道协会被世界跆拳道联盟WTF接纳为正式会员。

跆拳道于1988年汉城奥运会时列为为示范比赛项目；于1992年的巴塞罗那奥运会开始被列为试验比赛项目；到2000年的悉尼奥运会成为奥运正式比赛项目。

2000年，悉尼奥运会上我国选手陈中获得了金牌；2004年，雅典奥运会陈中、罗微各获得一枚金牌；2008年北京奥运会吴静钰荣、朱国分别荣获金牌、铜牌；2012年伦敦奥运会吴静钰、侯玉琢、刘哮波，他们分别摘得1金1银1铜的优异成绩。中国运动健儿们在奥运会跆拳道比赛中取得的优异成绩，充分显示出中国运动员在跆拳道比赛中的才能，同时也大力的推动了这项运动在中国的发展。

二、跆拳道基本技术

（一）准备姿势

跆拳道的准备姿势也称实战姿势或预备姿势，准备姿势是一个跆拳道练习者的初始架势，这样的架势应便于进攻和防守反击以及步法的移动。

【动作过程】

两脚开立步站立（左势为左脚在前，右势为右脚在前，可根据个人习惯选择，一般是右拳力大，右脚在后），两脚尖朝斜方向大约35°左右，两脚间距约为本人的两个脚掌，胯和两膝稍内收。两手握拳，左拳在前，右拳在后，拳眼均斜朝上．左手臂屈弯曲，肘关节夹角约在80°–100°之间，左拳与鼻同高，右手臂弯曲，肘关节夹角小于80°，前、上臂靠近右侧肋部，身体侧立，下颌微收，闭嘴合齿，面部和左肩、左拳正对对手，面向对手，目视前方（图7–4–1、图7–4–2）。

【技术要点】

身体要放松，膝盖弯曲，做标准的实战姿势时两腿不要在一条直线上，应站在直线的两侧以保持身体的平衡，使身体时刻处于蓄势待发的状态。

【站位】

（1）开式站位：双方练习者一方为左式站立，另一方为右式站立，则称为开放式站立。

（2）闭式站位：双方练习者都为左式站立或者右式站立，则称为闭式站位。

图 7-4-1　　　　　　　　图 7-4-2

（二）基本步法

跆拳道步法是指在跆拳道实战中脚步移动的方向、大小、快慢的方法，它是跆拳道技术的基本技术之一。在实战中若想要取得胜利就必须要依靠步法的动、变、活、快来配合好各种腿法技术，所以步法的作用就是抓住实战对抗中双方移动的本质和规律，发展变化，明确移动步法的原则，动一步则牵全身，有感即动，万变不离其宗，做到"宗"中有变。这样才能更好地体现积极主动，形成快速、善变、全攻全守的战术特点。

跆拳道实战中常用的步法有以下几种（以下示范均以左实战姿势为例）。

1. 前滑步

【动作过程】实战姿势开始，右前脚掌蹬地后，左脚向前上半步，落地时左前脚掌先着地，后脚再向前跟半步（图 7-4-3、图 7-4-4、图 7-4-5）。

图 7-4-3　　　　　　　　图 7-4-4　　　　　　　　图 7-4-5

【技术要点】移动时注意重心平稳，移动到位后两脚距离保持不变。

2. 后滑步

【动作过程】实战姿势开始，左前脚掌蹬地后，右脚先向后退半步，落地时右前脚掌先着地，随之左脚向后跟半步，落地保持实战姿势不变（图 7-4-6、图 7-4-7、图 7-4-8）。

图7-4-6　　　　　　　图7-4-7　　　　　　　图7-4-8

【技术要点】移动时注意快速、平稳，移动到位后两脚距离保持不变。

3. 上步

【动作过程】实战姿势开始，以左脚掌为轴，脚尖外展，右脚蹬地向前上步，成右实战姿势站立（图7-4-9、图7-4-10）。

图7-4-9　　　　　　　　　　图7-4-10

【技术要点】动作要协调、平稳、迅速。

4. 撤步

【动作过程】实战姿势开始，以右脚掌为轴内转，左脚向后撤步，随之成右实战姿势站立（图7-4-11、图7-4-12）。

【技术要点】动作要协调、平稳、迅速。

5. 前跃步

【动作过程】实战姿势开始，两脚同时蹬地向前跃进一步，随之保持实战姿势站立（图7-4-13、图7-4-14）。

图 7 - 4 - 11

图 7 - 4 - 12

图 7 - 4 - 13

图 7 - 4 - 14

【技术要点】向前跃进时，双脚要尽量贴紧地面，重心不要起伏太大。

6. 后跃步

【动作过程】实战姿势开始，两脚同时蹬地向后回撤一步，随之保持实战姿势站立（图 7 - 4 - 15、图 7 - 4 - 16）。

图 7 - 4 - 15

图 7 - 4 - 16

【技术要点】向前跃进时，双脚要尽量贴紧地面，重心不要起伏太大。

7. 侧移步

【动作过程】实战姿势开始，右（左）脚蹬地，左（右）脚向左（右）侧移一步，右（左）脚随之跟上，使身体整体位置向左（右）移动（左侧移步 图7-4-17、图7-4-18；右侧移步 图7-4-19、图7-4-20）。

图7-4-17

图7-4-18

图7-4-19

图7-4-20

【技术要点】移动时身体要灵活，速度要快。

8. 跳换步

【动作过程】实战姿势开始，左右两脚同时蹬离地面，以腰部的力量带动两腿迅速换位，落地后仍然成实战姿势站立（图7-4-21、图7-4-22）。

【技术要点】动作要协调、灵活、平稳、迅速。

（三）基本进攻技术

跆拳道基本进攻技术依据所使用的部位的不同，可分为拳法、掌法、肘法、膝法和腿法。其中竞技跆拳道只允许使用正拳攻击和腿法攻击。

图 7-4-21　　　　　　　图 7-4-22

1. 拳法进攻技术

为促进发挥拳法的最大威力，在学习拳法技术之前，我们一起来了解一下拳法的发力顺序以及着力点。在拳法发力的过程中要注意借助"蹬地、转腰、送肩、旋臂"的力量，这样才能将身体的力量集中在食指和中指之间的着力点上。

冲拳也称为正拳击打，是竞技跆拳道中唯一允许使用拳法技术，但是只能击打对方的躯干部位，冲拳分为左冲拳和右冲拳（图 7-4-23）。

（1）左冲拳

【动作过程】实战姿势准备，右脚蹬地，左脚以前脚掌为轴，脚跟外旋，重心移至左脚，转腰，左拳从胸前向前旋臂直线冲出，冲拳的同时右臂做下格动作，接触目标的瞬间拳心向下，目视前方，动作完成后按原路线返回，随之成实战姿势站立（图 7-4-24）。

【技术要点】

①冲拳时，发力要果断，整个动作要协调流畅；

②出拳时的拧腰送肩动作要小，发力的关键在于要在手臂完全伸直前的一瞬间制动；

③动作完成后迅将拳收还原回成实战姿势站立。

（2）右冲拳。

【动作过程】实战姿势站立，右脚蹬地，以前脚掌为轴向内扣转，重心移至左脚，右脚随之转动扣膝；将右拳从胸前向前旋臂直线冲出，冲拳的同时左臂做下格动作；接触目标的瞬间拳心应向下，目视前方，动作完成后按原路线返回，随之成实战姿势站立（图 7-4-25）。

【技术要点】

①冲拳时，发力要果断，整个动作要协调流畅；

②出拳时的拧腰送肩动作要小，发力的关键在于要在手臂完全伸直前的一瞬间制动；

③动作完成后迅速将拳收回还原成实战姿势站立。

2. 腿法进攻技术

（1）前踢。

【动作过程】

① 实战姿势站立，右脚蹬地，身体重心移至左脚；

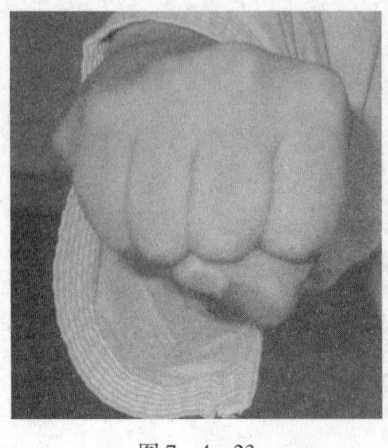
图7-4-23

图7-4-24

图7-4-25

② 右脚向正前方屈膝上提，右小腿夹紧；

③ 以膝关节 为轴向前送髋、顶膝、小腿快速向前踢出，力达脚背或脚前掌；

④ 动作完成后成右实战姿势站立（图7-4-26、图7-4-27、图7-4-28、图7-4-29）。

图7-4-26

图7-4-27

图7-4-28

图7-4-29

【技术要点】

① 提膝时大小腿要夹紧，前踢速度快，髋关节前送；

② 为保持重心，躯干可稍向后倾，尽量将髋部向前送出。

（2）横踢。

【动作过程】

① 实战姿势站立，右脚蹬地，身体重心移至左脚；

② 右脚向正前方屈膝上提，右小腿夹紧；

③ 以左脚前脚掌为轴，脚跟内旋，身体向左侧旋转，转体时，右脚小腿与地面接近水平，大腿与上体成一条斜线，上体微侧倾；

④ 右腿以膝关节为轴迅速伸膝弹腿向左侧方踢出，脚面绷直，以脚背为力点踢击对方的头部或者躯干；

⑤ 动作完成后小腿放松沿出腿方向还原成右实战姿势站立（图7-4-30、图7-4-31、图7-4-32、图7-4-33）。

图7-4-30

图7-4-31

图7-4-32

图7-4-33

【技术要点】

① 提膝时大小腿要夹紧；

② 为保持重心，躯干可稍向左后倾，以配合快速转髋；

③ 支撑脚要以脚前掌为轴，随横踢动作脚跟逐渐旋转（约180°），横踢发力时髋关节应展开；

④ 横踢时摆腿应踢过身体中线30厘米左右再收回；

⑤ 小腿弹踢的瞬间，要有一个制动的过程使脚面产生鞭打的效果。

（3）侧踢。

【动作过程】

① 实战姿势站立，身体重心前移，右腿屈膝上提；

② 左脚尖勾起，以前脚掌为轴外旋约180°；

③ 迅速伸膝发力，右脚直线向有前方踢出，力达脚外侧或整个脚掌；

④ 踢击动作完成后，右腿迅速放松按出腿路线返回，成实战姿势站立（图7-4-34、图7-4-35、图7-4-36、图7-4-37、图7-4-38）。

图7-4-34

图7-4-35

图7-4-36

图7-4-37

图7-4-38

【技术要点】

① 提膝时大小腿要夹紧；

② 踢击时练习者头、肩、腰、髋、膝、腿、踝应成一条直线；

③ 动作完成后，沿原路线还原。

（4）勾踢。

勾踢也称为侧摆踢，是跆拳道中侧向进攻技术，主要用于攻击对方头部的侧面，实战中，运用得当也会给对手带来重创。

【动作过程】

① 实战姿势站立，右脚蹬地，身体重心前移至左脚，以左脚掌支撑，右腿屈膝提起；

② 左脚以前脚掌为轴外旋约180°，右腿以膝关节为轴向前上方伸直，然后以脚掌为力点向右侧摆击，身体随之右转；

③ 踢击完成后，还原实战姿势站立（图7-4-39、图7-4-40、图7-4-41、图7-4-42）。

图7-4-39

图7-4-40

图7-4-41

图7-4-42

【技术要点】

① 蹬地后提膝、伸直、向右屈膝鞭打动作应快速、连贯；

② 勾踢时要充分的发挥以腰带腿的力量，小腿后勾速度要快；

③ 击打目标应在体前偏右侧，着力点为前脚掌。

（5）劈踢。

劈踢也叫下劈腿法是跆拳道技术中杀伤力较大的腿法之一，它常被作为跆拳道的招牌腿法动作，比赛中得分率较高，主要用于攻击对方的头部、面部、肩部。比赛中，运用得当会给对方造成重创。

【动作过程】

① 实战姿势站立，右脚蹬地，身体重心移至左脚；

② 以左脚支撑，右腿屈膝抬起；

③ 右脚快速上举过头顶，左髋关节上送，右膝伸直贴近上体；

④ 右腿迅速向前下方劈落，力点达脚跟或前脚掌；

⑤ 动作完成后小腿放松还原成右实战姿势站立（图7-4-43、图7-4-44、图7-4-45、图7-4-46）。

图7-4-43

图7-4-44

图7-4-45

图7-4-46

【技术要点】

① 起腿时尽量往高,往头后举,要向上送髋,重心往高起;

② 劈踢时着力点为脚跟或者前脚掌;

③ 下落时脚要放松往前落,落地时要有控制。

(6) 推踢。

【动作过程】

① 实战姿势站立,右脚蹬地,身体重心移至左脚;

② 右脚大小腿夹紧屈膝提起;

③ 左脚以前脚掌为轴外旋约90°,上体略后仰;

④ 右腿以膝关节为轴迅速向前蹬出,力达脚掌,推力向正前方。

⑤ 动作完成后右腿放松回收,成右实战姿势站立(图7-4-47、图7-4-48、图7-4-49、图7-4-50)。

图7-4-47

图7-4-48

图7-4-49

图7-4-50

【技术要点】

① 提膝后要收紧膝盖,重心前移,合理利用身体的力量向前推踢;

② 推踢时，要充分送髋，腿向前伸展；
③ 推踢时，腿法运行的路线是水平向前。

（7）后踢。

【动作过程】

① 实战姿势站立，右脚蹬地，身体重心移至左脚，右脚以前脚掌为轴，脚跟向内旋转；

② 左脚以前脚掌为轴，脚跟向外旋转180°，使脚跟正对对手方向，成背向对方姿势；

③ 右脚蹬地提起，左腿支撑，右腿大小腿折叠，髋关节收紧，脚尖勾起；

④ 右肩微下沉，随即，迅速向后展髋、伸膝沿直线向后蹬踢，上体侧倾，力达脚跟；

⑤ 踢击完成后，上体右转，右脚向前落步成右实战姿势站立（图7-4-51、图7-4-52、图7-4-53、图7-4-54、图7-4-55）。

图7-4-51

图7-4-52

图7-4-53

图7-4-54

图7-4-55

【技术要点】

① 起腿后，上体和大小腿折叠收紧，成蓄势待发状；

② 踢腿时，上体与踢出腿应在同一平面内，要固定肩部不要随之转动，保持身体平衡；

③ 转身、提腿、出脚动作要连续，一次性完成不停顿；

④ 后踢动作延伸要长，用力延伸。

（8）后旋踢。

【动作过程】

① 实战姿势站立，右脚蹬地身体重心移至左脚同时以左脚为轴内旋约90°，左膝关节内扣，右脚前掌蹬地外旋，背向对手；

② 动作不停，右脚蹬地起腿，以腰部带动身体向右后转动，同时右腿随转体向右上方屈膝提起；

③ 随即用右脚掌自左向右弧线踢击，接近目标时右腿伸直，力达脚掌；

④ 踢击完成后，还原实战姿势站立（图7-4-56、图7-4-57、图7-4-58、图7-4-59）。

图7-4-56

图7-4-57

图7-4-58

图7-4-59

【技术要点】

① 蹬地、转身、摆腿发力动作应连贯；

② 蹬地后以腰带动身体原地旋转 360°；

③ 摆动腿在正前方击打的路线应是水平弧线，力达前脚掌。

（四）基本防守技术

防守是一种可以节制和削弱对方进攻，保护自己并能使自己处于反击位置的方法。在实战中如果可以准确巧妙地运用防守技术，不但可以保护自己，而且可以为进攻创造更好的条件。防守技术基本上有两类，即接触式防守和非接触式防守。

1. 接触式防守

（1）格挡防守。

① 上格挡。

利用手臂或者手刀自下而上的格挡动作称为上格挡。

【动作过程】实战姿势站立，左手（右手）握拳，手臂沿身体正中线向上迅速上格，格挡手臂位置应在头部的前上方一个拳头的距离，与此同时另外一手迅速收抱于腰间。

【技术要点】格挡时前臂内旋以尺骨外侧阻挡对方的攻击腿法；抬臂要迅速向前上格挡，以免对方腿法太重，手臂不能有效格挡使面部受到攻击；快速上格同时要准备实施反击。

② 侧格挡。

利用手臂或者手刀，向左或者向右格挡动作称为侧格挡。

【动作过程】实战姿势站立，以前臂向左或者向右格挡对方的攻击。

【技术要点】动作要迅速，用前臂尺骨或者桡骨的外侧进行格挡对方的攻击腿。

③ 下格挡。

利用手臂或者手刀自上而下的进行格挡称为下格挡。

【动作过程】实战姿势站立，身体重心稍向前移，用手臂向下或者向斜外侧进行格挡对方的进攻。

【技术要点】

格挡手臂要迅速、有力；同时要准备好实施反击。

④ 阻挡防守。

把手臂放在自己的得分部位，以此来降低对方的打击力度，令对方难以得分。除非对方进攻速度较快，自己已来不及使用闪躲、贴近等方法时，才会用这种格挡进行防守。一般情况下不提倡防守者把手臂贴放在自身的得分部位上，因为这样做的后果可能会由于对方击打力量很大造成自己手臂甚至身体内部的受伤，而且不利于自己迅速作出反击动作。

【动作过程】实战姿势站立，用手臂贴放在自己身体的得分部位上。

【技术要点】阻挡防守时手臂和身体应该有一定的距离。

（2）截击防守。

截击防守也叫攻击防守，是利用进攻技术阻止或破坏对手攻击，从而达到防守的目的。利用攻击阻止进攻方的攻击，是为以攻止攻、以攻为守，是竞技跆拳道比赛中运用较多的防守方法，也是比较上乘的防守技术。例如：进攻方使用下劈腿法攻击，防守方在准确判断出了对方的动作意图前提下，运用勾踢以攻代防。

2. 非接触式防守

非接触式防守是积极利用灵活、快速、准确的步法和身法改变空间位置（距离和角度的位置）破坏对手的有效攻击范围，使对手的攻击无法成功。再利用对手出招时产生的破绽与时间差予以狠击。非接触式防守的主要技术方法有：前移防守；后移防守；侧移防守；躲闪防守；跳跃防守等。

（1）前移防守。前移防守即迫前防护。主要是抢在对手动作完成前主动缩短距离，使对手动作无法奏效。此动作关键是找出破坏对手完成攻击动作时必需的距离。

（2）后移防守。后移防守是通过延长双方的距离来破坏对手攻击使对手的攻击落空的防御技术。

（3）侧移防守。侧移防守是利用改变自身的空间位置来移动到对手的攻击范围之外的战略技术。

（4）躲闪防守。躲闪防守是利用躯体的形变与位移来完成的自我保护技术，它主要是针对对方攻击我方高位时采用的一种防守方法。

（5）跳跃防守。跳跃防守主要是应对对手对我方的低位攻击。

三、跆拳道基本战术

比赛的战术种类是指运动员在临场复杂多变的比赛中，根据比赛的规律和各方面的情况随机应变，有判断、有目的、有预见，决定自己对付对手的策略思维活动。

符合自己特点的战术容易掌握和运用，并可以达到有效使用的目的，而要切实提高战术的质量。战术要先进，充分了解战术本身的优点和缺点和对方的适应情况，挖掘发展潜力大的战术，来不断地创新战术。

1. 技术战术

利用技术全面、熟练、有效果的特点，变化运用各种技术，发挥自己的得意技术，掌握比赛的主动权，抑制对手，达到以取胜对手的目的。

2. 利用假动作或假象战术

用逼真的假动作或假象欺骗对手，引其上当，分散其注意力，使其露出破绽，利用这个机会猛烈攻击而得分。

3. 心理战术

比赛开始前，利用情绪、动作和表情等感慨对手，比赛中用气势压倒对手，或利用规则允许和基本允许的各种手段，干扰对方情绪，给对方造成心理负担，使对手技能战术发挥失常，挫伤对方的锐气，发挥自己的优势，在气势上战胜对方。

4. 破坏战术

使用黑招重招使对手先受伤，失去正常比赛能力，或用技术破坏对手技术，控制其动作发挥，使对方进攻无效并且消耗体力，丧失信心，导致比赛的失败。

5. 先得分战术

比赛时利用对方立足未稳或未适应比赛的机会，主动先得分，然后，立刻转入防守，以静制动，利用防守反击战术与对方对抗，既节省体力，又能保住得分。

6. 防守反击战术

利用防守好的特点，在防守的基础上利用反击技术打击对方。

7. 抢分战术

比赛中得分落后的情况下，利用各种手段有效的组织进攻力争得分。这种情况下，要主动出击，不能与对方静耗或纠缠，要打破对方的保分意图，以动制静。

8. 体力战术

对于耐力好的运动员来说，要充分发挥体力比对方要好的优势，让对手和自己一直处于运动之中，与对方比拼体力，耗掉对方的体力而战胜对手。

9. 规则战术

在竞赛中，有对攻击部位和攻击方法的限制，但也有规则限制模糊的地方，可以利用规则允许或基本允许使用的各种的制胜办法来攻击对手，也可以利用规则的漏洞。

10. 击倒战术

利用自己的得意技术或对方失误的机会，重击对手头部，使对方被击倒不能继续比赛，自己获得比赛的胜利。

11. 体格战术

同样级别内，不同运动员有身材高矮和粗壮之分，你可以利用身材高或矮、粗或壮的优势，发挥自己的特长，抑制对手而取胜。

12. 语言战术

教练员和运动员达成默契的配合，用语言引诱对手上当受骗；但要注意语言的隐蔽性和合理性，即能够使对方上当，又不要触犯规则。

13. 步法战术

利用自己步法灵活和动作敏捷的优势，围绕对手游斗，引对手上当或扰乱其情绪；待对方反击时又迅速撤退或靠近对手，扰乱对手的情绪和攻防意图，破坏对手进攻而战胜他。

14. 优势战术

在比赛平分的情况下，利用规则上允许的技术，主动进攻次数或使用高难技术而取胜，规则中规定，在比赛平分的情况下，裁判员根据双方主动进攻的次数和使用高难技术的多少来判定对方，进攻次数或使用高难技术多的一方为胜方。

15. 特长发挥战术

即利用自己的特长、优势技术不断得分的战术。

16. 空间战术

充分利用赛场的空间，攻击对手不同的得分部位或同一部位，或故意露出某一部位引诱对手进攻，实行反击。

17. 接近比分战术

在比赛中得分落后的情况下，利用各种有效技战术争取把比赛接近，或反超对方。

18. 迫使对方失分战术

比赛时规则限制，给对方制造陷阱，迫使对方犯规而失分。比如引诱对方到场地边缘（警戒线或限制线），然后利用猛攻迫使其出界，使对方被警告被扣分。

四、跆拳道基本练习方法

(一) 慢速重复练习

慢速重复练习适用于初学者学习新的动作。学习新动作时要对动作的规格有明确的要求，包括身体的姿势，重心的高低，手臂的位置，步法的移动、腿的动作路线、击打部位、结束姿势等等。为了避免练习者感到枯燥，可在练习时找教练、同伴进行指导或者面对镜子边练边检查，不断地重复正确的动作。

有些复杂的动作可进行分解练习，速度由慢到快。通过不断地重复练习强化和巩固正确的技术动作，提高动作质量。

(二) 结合步法练习

通过原地慢速练习，在基本掌握了动作技术之后，根据实战的需要结合相应的步法进行练习，使技术运用与实战紧密联系。练习内容可以是单个动作，也可以是组合动作。

(三) 假设性练习

假设性练习即"假想敌"联系，是练习者掌握了一些基本的技战术后，在自己单独练习时，应假设是在跟对手对抗，对手采用各种战术和技术进攻自己或防守自己的各种进攻技术，自己则从实战出发，选择几组进攻和防守反击的方法进行应对。

(四) 固定靶练习

是利用脚靶、沙包等器材作为击打目标的练习。练习的目的不同，方法亦不同。如要求提高动作速度和击打力度，练习者要快速完成一定时间内某一动作；若只要求提高练习者的动作频率和耐力，则应规定时间和组、次数的要求。另外按照比赛中常用的组合技术布置几组固定组合靶的练习，如3~5名同伴手持不同高度、不同放置角度的脚靶站立在一条直线上或不同方向上，由练习者依次踢靶。

(五) "喂招"练习

跆拳道训练非常重视并经常采用脚靶、护具的喂招练习。要求配合者手待脚靶，配合练习者进行技术练习，如将脚靶放置与胸部齐乎，让练习者横踢；将脚靶放置与头部齐平，让练习者练习高校踢击头动作。护具喂招则是配合者身穿护具，用身体的移动配合练习者的进攻和防守，如配合者上步欲要用横踢进攻，练习者则向后踢反击。这种练习不但能够有效地提高练习者进攻和防守反击的动作质量，还可以提高练习者击打的准确性、步法的灵活性和良好的距离感等。练习中，还可要求配合者变换喂招的方式，如快速出靶或连续出靶.这样既可以提高练习者的反应速度，又可以使练习者逐步熟练动作之间的连接。从而与实战较快地结合起来。下面即为配合者使用脚靶连续喂招的方法之一：左手横踢—右手劈腿—左手高横踢—右手后踢—两手交叉双飞—右手向前伸反击横踢—左手后旋踢。

(六) 攻防练习

攻防练习是一种有条件限制的进攻、防守和反击的练习方法。练习时两人一组，一方主动进攻，另一方防守反击，这是积累实战经验的一种有效的练习方法。

(七) 条件实战练习

对实战提出要求，是限制一些因素进行实战的一种方法。这种练习方法经常在跆拳道训练中被采用。如：要求双方队员在一个回合中只能用横踢进攻和用横踢反攻；一方只能用前横踢和劈腿进攻，而另一方只能用后踢和劈腿反击，不准主动进攻等等。这种方法的优点是针对性强，能有效地训练和提高练习者的某一方面的能力，经常用在实战的初级阶段和战术训练中。

（八）实战练习

实战是检验和提高技战术的重要方法，是总结、积累实战经验的有效措施。运动员掌握并熟练了跆拳道拉战术后，要按照规则进行不断的实战，逐步提高技战术的应用能力。要在对抗中，（在与比赛要求一致的情况下）将技战术使用出来，这样才能在实际比赛中达到利用技战术和其他方面的因素战胜对手，获取比赛的胜利。

五、跆拳道品式简介

品势是由"品"和"势"结合而成。品指的是"模样"，势指的是"气势"。从上述名称不难看出品势不只是外型技术动作，更要表示其动作的气势。品势不仅要动作外型漂亮，更要结合内在气势，这才是正确的。

品势种类可按其内容分为公认品势和创作品势。公认品势是品级审查时指定为考试内容的指定品势，由国技院指定的，在跆拳道修炼过程中必须练习的品势。例如，大家练习的太极章至八章、高丽、全刚、太白等就是公认品势。创作品势是把跆拳道技术按照己的想法改编的品势。

太极一章

准备姿势：站于 A 方向位置（以下文中字母，见太极一章演武线图 7-4-60），两脚与肩同宽，自然站立，两手握拳屈臂于腹前，拳心向内，眼睛平视前方。

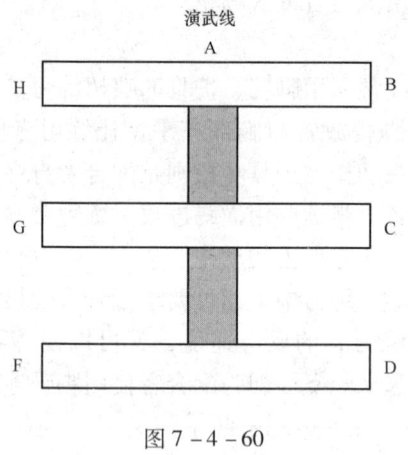

图 7-4-60

（1）左转身体，左脚向 B 方向（简称 B，以下同）成左前探步（前行步），左臂下截（防左下段），右拳回收腰侧。

（2）右脚向 B 迈进一步成右前探步，右拳前冲拳（攻击中段），左拳收回腰侧。

（3）身体右转 180 度，右脚向 H 迈进一步成右前探步，右臂下截（防右下段）。

（4）左脚向 H 迈进一步成左前探步，左拳前冲拳（攻击中段）。

（5）身体左传 90 度，左脚向 E 迈进成左弓步，左拳屈肘下截（防左下段），右拳后收腰侧。

（6）两脚不动，右拳前冲拳（攻中段），左拳后收腰侧。

（7）左脚不动，右脚向 G 移步成右前探步，身体右转，左臂外格（防左中段），拳心向上，右拳后收腰侧。

（8）左脚向 G 迈进一步成左前探步，右拳前冲拳（攻中段），左拳后收腰侧。

（9）身体向 C 转 180 度，左脚向 C 迈进一步成左前探步，右臂屈肘向里格挡左拳前冲拳（防中段）。

（10）右脚向 C 迈进成左弓步，左拳前冲拳（攻中段），右拳回收腰侧。

（11）以左脚为轴，身体右转，左脚向 E 移步成右弓步，右臂屈肘上抬至左肩，然后向下截拳（防右下段），左拳回收腰侧。

（12）两脚不动，左拳前冲拳（攻中段），右拳回收腰侧。

（13）身体左转，左脚向 D 移步成左前探步，左臂屈肘上架（防左上段），置于额前，拳心朝外。

（14）上提重心，左脚跟稍提，右脚前踢，两臂下截，置于体侧；右腿下落成右前探步，右拳前冲拳（攻中段）左拳回收腰侧。

（15）以左脚为轴，身体右后转，右脚向 F 移步成右前探步，右臂屈肘上架（防右上段），置于额前，拳心朝外。

（16）上提重心，右脚跟稍提，左脚前踢，两臂下截，置于体侧。左腿下落成左前探步，左拳前冲拳（防中段），右拳回收腰侧。

（17）以右脚为轴，身体右转，左脚向 A 移步成左弓步，左臂屈肘上抬至右肩，然后向下截拳（防左下段），右拳回收腰侧。

（18）右脚向 A 迈进一步成右弓步，右拳前冲拳（攻中段）并发声，左拳回收腰侧。

收势：以右脚为轴，身体左后转，左脚向后撤与右脚平行，两手握拳屈臂于腹前成准备姿势。

【思考题】

1. 简述跆拳道起源和发展。
2. 跆拳道基本进攻技术有哪些。
3. 跆拳道基本战术种类有哪些。

【参考文献】

［1］王智慧，胡世君．跆拳道［M］．北京：北京体育出版社，2009．

［2］叶莱，晨阳，依昀．跆拳道：从入段到实战［M］．北京：北京体育出版社，2009．

［3］黄鹤．跆拳道：品式教程［M］．北京：北京体育出版社，2009．

第五节　初级刀术

【学习目标】

1. 进一步了解初级武术套路的基本知识，使学生掌握初级刀术的整套动作，全面提高学生的身体素质。

2. 培养学生热爱传统武术的兴趣，为民族传统体育的传承和发展提供后济人才。

"初级刀术"原名"刀术练习"，是国家体委为了满足大众健身需求而整理审编的器械初级套路。其特点是：招式丰富，结构合理，动作舒展，刀法多变，气势剽悍。

初级刀术共分为四段，整个套路共计包括32个动作（预备式和结束动作除外）。该套路有缠头裹脑刀、砍刀、跳刀、劈刀、撩刀、按刀、刺刀、挂刀、斩刀、扫刀等刀法；主要步法有弓步、马步、仆步、虚步等基本步法。

一、动作方法

预备势

【要领】两脚并步站立，眼睛平视前方。左手抱刀，左手拇指和虎口贴扣刀盘、食指和中指夹住刀柄，无名指和小指贴握刀盘，刀刃朝向前方，刀尖向上，刀背贴靠小臂；右手五指并拢，垂于身体右侧（图7-5-1）。

预备式【分解动作如下】

【要领】1. 右手向右、向上成弧形上举，手心向左，眼睛朝向右手（图7-5-2）。

2. 右臂外旋并屈肘，经左肩下落至左胸前，掌心朝上；左手握刀在右手屈肘下落之时，由身前屈肘从右臂直臂内侧向上穿出，刀尖朝下，目视右手（图7-5-3）。

3. 右手从左胸向下、向右弧形绕行至头上方抖腕亮掌，掌心朝向前上方；同时左手握刀由上至下停落于左腰侧，左脚随之向前伸出脚尖虚点地，成左虚步，目向左平视（图7-5-4、图7-5-5）。

4. 左脚向前上一小步，膝略屈，右腿蹬直不动；右掌由身前向身后弧形下落至身后反臂斜举（图7-5-6）。

5. 右脚前进一步，膝稍屈，左脚随之蹬直，左手握刀与右手同时从身后向体侧平举（图7-5-7）。

6. 左脚向前并步，左手握刀与右手同时从身体两侧向额前上方绕环，停至额头前上方，右手拇指张开贴近刀盘，准备接握左手之刀（图7-5-8）。

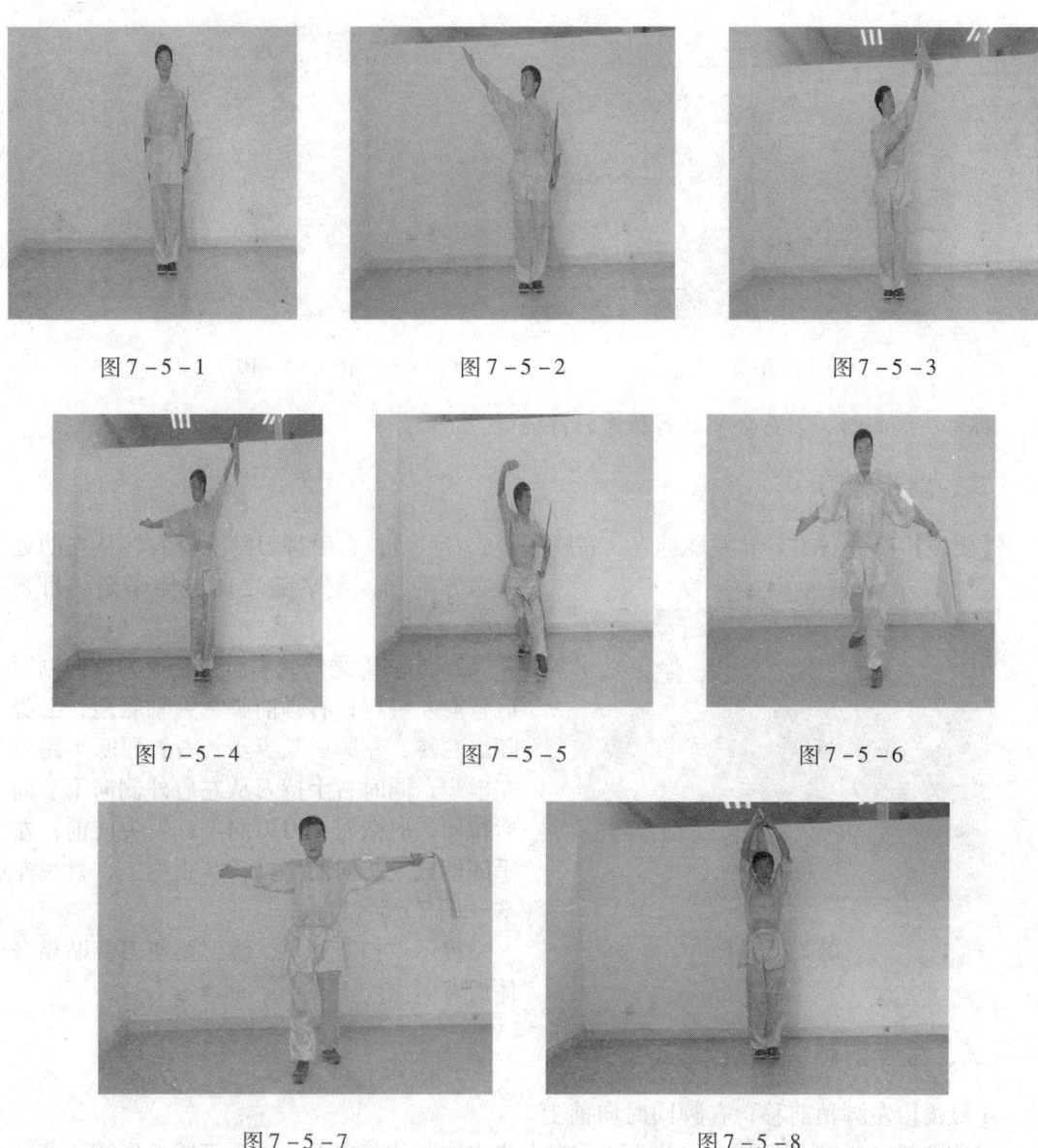

图 7-5-1　　　　　图 7-5-2　　　　　图 7-5-3

图 7-5-4　　　　　图 7-5-5　　　　　图 7-5-6

图 7-5-7　　　　　图 7-5-8

提示：上述分解动作要连贯有力，上步、进步和并步的动作和两臂的摆动要协调统一。

第一段

一、弓步缠头

【要领】左脚向左上步成左弓步，同时身体左转，左手经体前向左侧弧形摆至额头上方成横掌，右手持刀使刀背贴身从左绕向右绕行，随后向左侧平扫收至左肋时臂内旋，使刀背贴于左肋外侧，刀尖朝斜上方，眼睛朝前平视（图 7-5-9 至图 7-5-10）。

203

图 7-5-9

图 7-5-10

提示：缠头时，刀背必须贴着身体后背绕行。

二、虚步藏刀

【要领】1. 上体右转，左腿伸直，右腿屈膝成右弓步；右手持刀随上身右转从左肋处向右方平扫；左掌随之向左侧平落，目视刀身。

2. 顺扫刀之势，右臂外旋使刀背向贴紧后背向左绕行；右脚前脚掌为轴碾地，上身随之左转，左脚后收半步，右腿屈膝半蹲成左虚步；同时右手持刀从左肩外侧向下、向后拉回，肘微屈，刀刃向下，刀尖向前；左手随即成立掌向前平推，掌指朝上，目视左掌（图 7-5-11）。

图 7-5-11

提示：扫刀要平，绕刀要使刀背贴靠身体后背。

三、弓步前刺

【要领】左脚稍前移，右脚同时向前上步，左腿蹬直，右腿屈膝成右弓步。左掌在上步之同时从前向上、向后直臂弧形绕环停至身后平举成钩手，勾尖向下；右手持刀随之向前直刺，刀尖朝前，目视刀尖图（7-5-12）。

提示：向前要成右弓步前刺，力达刀尖。

四、并步上挑

【要领】右脚后退一步向左脚并步成直腿站立；同时右手持刀向上挑起，刀身向背后下落，刀尖朝下，刀背贴靠后背；左勾手随之向身体左侧平摆，与肩同高，目向前平视（图 7-5-13）。

图 7-5-12

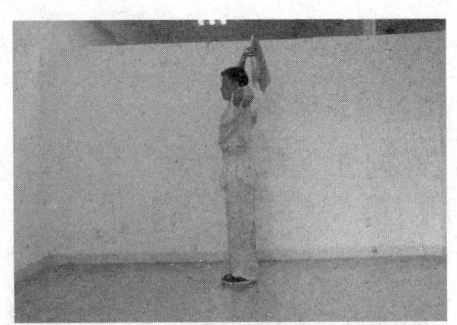
图 7-5-13

提示：身体保持挺胸抬头，右肘稍屈。

五、左抡劈

【要领】1. 右脚向左前方上步，右手持刀同时向左前方劈下，左勾手变掌附于右肘处，目视刀身。

2. 左脚向左前方上步成左弓步，右腿挺膝伸直；右手持刀向前上提起，刀刃朝上，左掌附于右前臂内侧。

3. 右手持刀从上向右前方劈下，刀尖稍向上翘；左手横掌举停至额头左前方，目视刀尖（图7-5-14）。

提示：上下肢动作要协调一致，弓步要稳。

六、右抡劈

【要领】1. 右腿屈膝稍蹲，重心后移至右腿上。右手持刀向右下方抽回，刀刃朝下。

2. 右手持刀臂外旋使刀尖向下、向右绕行，至右侧时，刀背朝上。左掌同时由上向右划弧停至右胸前（图7-5-15）。

图 7-5-14

图 7-5-15

3. 左脚向右前方上步，左掌向左侧下方弧形摆动，右手持刀将刀举起，刀刃朝上。

4. 右脚向右前方上步，左腿挺膝伸直成右弓步。右手持刀同时由上向左前方下劈，刀尖稍向上翘；左掌随之从下向左、向上弧形绕环，停至头部左后方成横掌（图7-

5-16)。

提示：抡劈动作必须连贯、有力，与步法配合一致。

七、弓步撩刀

【要领】1. 右腿屈膝提起，重心移至左腿，右手持刀臂外旋向上撩起，刀刃朝上，刀尖朝前（图7-5-17）。

图7-5-16

图7-5-17

2. 右脚向前落步，右手持刀向上、向后、向下贴身弧形下落，左掌由上向下按住刀背，目视刀尖。

3. 左脚向前上步，右腿挺膝伸直，左腿屈膝半成左弓步；右手持刀随之向前撩起，刀刃斜向上，刀尖斜向下；左掌按于刀背，掌指向上，上身前倾，目视刀尖（图7-5-18）。

提示：撩刀时需与下肢步法协调配合。

八、弓步藏刀

【要领】1. 上体右转，右手持刀随之向下经体前向右侧平扫，左臂平举于左侧（图7-5-19）。

图7-5-18

图7-5-19

图 7-5-20

2. 上身右转，右脚向身后退一步，左腿屈膝，右腿伸直。右手持刀顺扫刀之势臂外旋，使刀背贴紧后背由右向左运行，刀尖朝下。

3. 左脚向左后方撤步，右腿屈膝，左腿伸直成右弓步；右手持刀从背后向左绕肩，之后向右后方拉回，刀刃向下，刀尖向前；左掌随之由胸前向前成立掌平推，掌指朝上（图7-5-20）。

提示：弓步藏刀时右腿要蹲平，右手持刀使刀身贴近右腿刀尖藏于膝旁。

第二段

一、提膝缠头

【要领】1. 右左脚向前上步，左掌屈肘收至右肩前方，右手持刀使刀背顺左臂外侧向右方绕行，刀尖朝下（图7-5-21）。

2. 上身左转，左脚尖外撇；右手持刀贴紧左臂外测绕行至后背，左掌随之向左平摆。

3. 左腿挺膝伸直，右脚从身后屈膝向前提起，脚尖朝下。右手持刀从背后向前、向左肋处平扫，手心朝下，使刀停于左肋下，左掌同时成横掌举至头上方，目向右平视（图7-5-22）。

图 7-5-21

图 7-5-22

提示：左腿挺直，右腿提膝之后要迅速做缠头动作。

二、弓步平斩

【要领】右脚向右侧落步成右弓步，左腿随之挺膝伸直。右手持刀顺势从左至右平扫，刀尖向前；左掌同时由上向下平落，掌指朝后，目视刀尖（图7-5-23）。

提示：右弓步时大腿要与地平，刀身要平稳。

图 7-5-23

三、仆步带刀

【要领】重心左移至左腿，右脚脚尖里扣成右仆步，右手持刀，臂外旋使刀向头部左上方回带，刀刃向上，刀尖稍向下，目视右前方（图 7-5-24）。

提示：翻刀、回带要随重心转换一气呵成。

四、歇步下砍

【要领】1. 上身稍抬起，左腿半蹲，右手持刀从右肩外侧向背后绕行；左掌同时向左侧平伸，拇指一侧朝下。

2. 左脚从身后向右侧插步，随即两腿屈膝成歇步，同时左掌屈肘横掌架于头部左上方；右手持刀在歇步下坐之同时从左向前、右向下方斜砍，刀刃斜向下，刀尖朝前，目视刀身（图 7-5-25）。

提示：下蹲成歇步和裹脑斜砍必须做到连贯有力。

图 7-5-24

图 7-5-25

五、左劈刀

【要领】1. 身体重心起，右手持刀使刀背顺左臂外侧向左后方绕行，左掌屈肘收至右额前，并附于右手腕（图 7-5-26）。

2. 两脚前掌碾地使上身向左后转，左掌随之向左侧平摆，掌指一侧朝上；右手持刀顺左臂绕行至背后。

3. 右脚向左斜前方上步，右腿稍屈膝；右手持刀同时从身后向上、向前、向左侧下方斜劈；顺劈刀之势右臂内旋，屈腕使刀尖摆向身后，刀刃朝下；左掌附于右腕处，目向前平视（图 7-5-27）。

提示：上述动作要迅速连贯。

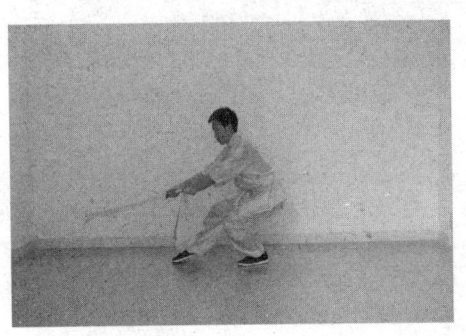

图 7 – 5 – 26

图 7 – 5 – 27

六、右劈刀

【要领】1. 上身稍起立并向右转，右手持刀上举，刀尖朝下，使刀背顺左肩外侧，左掌随之上举。

2. 左脚向右斜前方上步成左虚步，同时右手持刀从身后向上、向前、向右侧下方斜劈，刀尖斜向下；左掌收至右腕处（图 7 – 5 – 28）。

3. 顺劈刀之势右臂外旋并屈腕使刀尖向后摆起，刀刃朝下，左掌随之分开，目视刀尖。

提示：上步和劈刀要迅速连贯。

图 7 – 5 – 28

七、歇步按刀

【要领】1. 右脚从身后向左侧插步，右手持刀屈肘臂外旋，刀尖朝下，使刀背从右肩外侧向后绕行，目视右手。

2. 两腿屈膝下蹲成歇步，右手持刀向身体左侧下按，左手按于右腕，刀刃朝下，刀尖朝向身后，目视刀身（图 7 – 5 – 29）。

提示：按刀要使刀刃斜向下。

八、马步平劈

【要领】1. 身体向右后方转体，右手持刀随身体转动提至上身左侧，刀尖向下，目视刀尖。

2. 两腿屈膝半蹲成马步，右手持刀从左上、向右下劈去，刀尖斜向上；左掌在头顶上方屈肘成横掌，目视刀尖（图 7 – 5 – 30）。

提示：转身和劈刀动作要连贯。

图 7-5-29　　　　　　　　　图 7-5-30

第三段

一、弓步撩刀

【要领】1. 左掌经上弧形摆动至右肩前，目视左掌。

2. 上身向左转动，右脚随之向左侧上一大步，左腿挺膝伸直，右腿屈膝半蹲成右弓；左掌圆形摆至身后成斜上举，掌心向上；右手持刀向下，向左侧撩刀，刀刃斜向上，刀尖斜向下，目视刀尖（图 7-5-31）。

提示：右脚上步和撩刀要同时进行。

二、插步反撩

【要领】1. 上身左转右腿随之蹬直，左腿屈膝成左弓步。同时右手持刀从右下，向上、向左弧形绕环，左掌屈收至右胸前，目随刀转。

2. 上身右转，左脚向右侧插步。右手持刀继续向下、向右反臂撩刀，刀刃斜朝上；同时左掌向左侧成横掌推出，目视刀尖（图 7-5-32）。

提示：以上几步分解动作要连贯有力。

图 7-5-31　　　　　　　　　图 7-5-32

三、转身挂劈

【要领】1. 上身向左后翻转，右手持刀使刀尖翘起，随上身翻转之同时从下向左向上挑挂，刀尖朝右上，左掌举至头左上方。

2. 上身继续向左后转，两腿交叉；右手持刀随上身后转之同时从上向下、向左弧形挂刀；左掌屈肘收至右腕处，目视刀尖。

3. 右脚向右跨步，右手持刀臂内旋，使刀刃朝上举起；左掌向下、向左弧形摆动后平推。

4. 右腿伸直起立，左腿提膝，右手持刀随之从上向右下用力下劈，刀刃朝下，刀尖微上翘；左掌随之屈肘上举至头顶成横掌，目视刀尖（图7-5-33）。

提示：右腿伸直站立，上体重心微向右压。

四、仆步下砍

【要领】1. 左脚落步，右腿伸直。右手持刀屈肘裹脑，使刀刃朝下、左掌附于右腕处。

2. 左腿屈膝下蹲成右仆步。右手持刀从背后向左，向右下方平砍，刀刃朝右，刀尖朝前；左掌屈肘架于头顶左上方成横掌，目视刀身（图7-5-34）。

图7-5-33

图7-5-34

提示：上述分解动作要连贯。

五、架刀前刺

【要领】1. 左腿蹬地起立，身体向右转，右膝略屈。右手持刀臂内旋，使刀向上横架，刀刃向上；左掌附于右手腕处，目向前平视。

2. 左脚向前上步，上身向右后转，右腿提膝；右手持刀上举经头上屈肘落雨胸前，刀刃朝上，刀尖向右（图7-5-35）。

3. 右脚向前落步半蹲成弓步，右手持刀向前直刺，刀刃朝下；同时左掌向左后方平伸，掌指朝后，目视刀尖（图7-5-36）。

提示：上述动作必须迅速连贯进行，转身过程中保持刀尖方向始终不变。

六、左斜劈

【要领】1. 上身向右转，右手持刀使刀背沿左肩外侧向后方绕行；左手由右向左前方平摆，目视左手（图7-5-37）。

2. 左腿屈膝提起，右手持刀由后向左下方下劈；左掌附于右前臂，上身略向前倾。

3. 右臂内旋屈腕，使刀尖向左后上方摆起（图7-5-38）。

提示：上述动作要连贯，提膝后重心要稳。

图7-5-35

图7-5-36

图7-5-37

图7-5-38

七、右斜劈

【要领】1. 左脚向前方落步。

2. 上身向右后方转动，右腿随之提膝离地；右手持刀从左前、向右下方斜劈，左掌向左斜上方上举，目视刀尖（图7-5-39）。

提示：向右下方斜劈要快速有力。

八、虚步藏刀

【要领】1. 右脚向后落步，左腿屈膝。右手持刀臂外旋、使刀尖朝下沿右肩外侧向左后绕行。

2. 重心后移，右腿屈膝略蹲，右手持刀从背后向左肩外侧绕行，同时左掌向下收至右前臂内侧。

3. 右手持刀从左肩外侧向下、向后拉回，刀刃朝下，刀尖超前；左掌随即向前成侧立掌推出，掌指朝上。同时，右腿半蹲，左腿屈膝成左虚步，目视左掌（图7-5-40）。

提示：绕刀时，必须使刀背贴紧后背绕行。

图 7-5-39　　　　　　　图 7-5-40

第四段

一、旋转扫刀

【要领】1. 左脚踩实，右手持刀臂内旋，使刀沿左臂外侧向后背绕行，左掌屈肘附于右手腕。

2. 左脚尖外撇，右脚上步，上身左转；右手持刀沿左肩向右后方绕行，左掌侧平举，目视右方。

3. 左脚从身后向右侧方插步，两腿屈膝全蹲成歇步，右手持刀从右肩外侧向前下方迅速砍落。

4. 上身向左后转，右手持刀随身转动，扫刀一圈。随后两腿直立，右手持刀臂内旋，将刀贴靠于左臂外侧，左掌附于右腕处（图7-5-41）。

图 7-5-41

提示：旋转扫刀必须迅速，刀身要低、要平。

二、翻身劈刀

【要领】1. 重心下移，右腿屈膝成右弓步，同时右手持刀向右侧下劈，左掌附于右前臂，目视刀尖。

2. 右脚向左侧摆起，左脚蹬地跳起，同时上身向左后翻转。左掌从右前臂处向下、向左后、向上弧形摆动，收至头顶成横掌；右手持刀向下、向左后方撩起，刀刃朝上，目视右手。

3. 上体跃起，右脚向前落步，左腿屈膝全蹲，右腿伸直成仆步，右手持刀在转身落步之同时从上向前下劈去；左掌屈肘成横掌收至头部左上方，目视刀尖（图7-5-42）。

提示：翻身跃步要远，劈刀要迅猛有力。

图 7 – 5 – 42　　　　　　　　　　图 7 – 5 – 43

三、缠头箭踢

【要领】1. 左脚蹬伸直使重心上移，左掌屈肘收于右肩前方，右手持刀使刀背沿左臂外侧向后绕行，左掌从右肩向左侧平摆（图 7 – 5 – 43）。

2. 同时左脚向前摆起，右脚蹬地跃起；在空中，右手持刀作缠头动作，从背后向右、向前、向左肋处绕环平扫；左掌随之屈肘上举至头顶上方成横掌（图 7 – 5 – 44）。

提示：缠头时要迅速，箭踢要有力。

四、仆步按刀

【要领】1. 上身右转，右手持刀从左肋处向前、向右、向后下方斜劈，目视刀身。

2. 左脚蹬地跳起，上体向右后方转体，右手持刀从背后向左肩外侧绕行，左掌随之屈肘附于右手腕处。

4. 左脚在左侧落步，右腿屈膝全蹲成左仆步。右手持刀与左掌同时下按，左手附于右手腕，刀尖向左，刀刃向下，目向左平视（图 7 – 5 – 45）。

提示：上述几步要连贯。

图 7 – 5 – 44　　　　　　　　　　图 7 – 5 – 45

五、缠头蹬腿

【要领】1. 右腿蹬直起立，左膝提起，右手持刀向右后拉回，左掌向前方平推，掌指朝上，目视左手。

2. 上身左转，右手持刀从后向前由左膝下方向左裹膝环绕，左掌屈肘附于右前臂，目视前下方。左脚向左斜前方落步成左弓步，右手持刀从左肩外侧向后沿肩背绕行，随后平扫至左前方，使刀背停于左肋处，左掌上举成横掌左掌。

3. 左腿蹬伸，右脚脚尖勾起向前上方蹬出，目视脚尖（图7-5-46）。

提示：上述几步动作要连贯，脚尖要勾起蹬出。

图7-5-46

六、虚步藏刀

【要领】1. 右脚向前落步。

2. 左脚向前跃步，右脚随之提起，上身在跃步之时向右后转。右手持刀转身向右后平扫，左掌随之平摆，掌心朝上。

3. 右脚向后落步，右手持刀臂外旋，使刀从右肩外侧向后绕行。左掌从左侧向下、向右收附于右腕处，右手持刀从背后向左肩外侧绕行。

4. 右腿屈膝半蹲，左腿微屈膝脚尖虚点地成左虚步。右手持刀向下、向后拉回，刀尖朝前；左掌向前平推，掌指向上，目视左掌（图7-5-47）。

提示：虚步要低，上体微前倾。

七、弓步缠头

【要领】1. 左脚向左前方上半步，挺膝伸直，同时右手持刀臂内旋，使刀从左肩外侧向背后绕行。

2. 右腿伸直，左腿屈膝半蹲成左弓步；右手持刀从背后向左肋处扫刀，使刀背贴靠于左肋，刀尖朝后；左掌成横掌收于头部左上方，目向前平视（图7-5-48）。

提示：扫刀要平，绕刀要使刀背贴靠身体后背。

图7-5-47

图7-5-48

八、并步抱刀

1. 左膝挺直，右腿屈膝；右手持刀向右平扫，左掌随之向左平摆，掌心向上，目视刀尖（图7-5-49）。

2. 右臂外旋，使刀背向身后平摆，目视右手。

3. 右腿伸直，左脚向右脚并步，并步直立；右手持刀刀尖朝下，刀刃朝后，刀向额前上方举起，同时左掌向额前方举起，拇指张开，用掌心握住刀柄，准备接回右手之刀，目视前方（图7-5-50）。

提示：上述几步动作完成时要协调连贯。

图7-5-49

图7-5-50

结束动作

【要领】1. 左手将刀与右掌同时从两侧落下，左手抱刀，刀背贴靠臂肘，刀刃朝前；左脚向后退一步（图7-5-51）。

2. 右脚向后退一步，同时右掌绕至头右侧上方；左手握刀不动，左脚后退向右脚并步成直立；右掌随即向下按，左手握刀不动，目向左平视（图7-5-52、图7-5-53）。

3. 身体保持直立，右手附于身体右侧，左手握刀不动，目视前方（图7-5-54）。

提示：上述几步动作完成时要连贯协调。

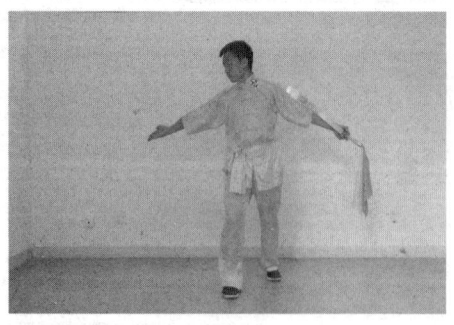

图7-5-51

图7-5-52

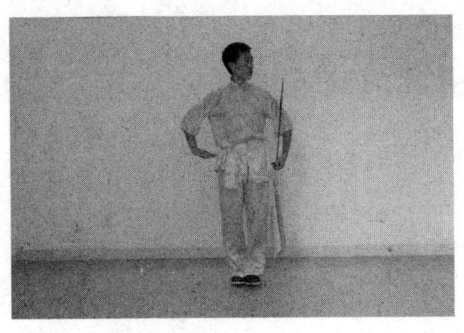
图 7 – 5 – 53

图 7 – 5 – 54

【思考题】

1. 简述初级刀术的运动特点。
2. 通过初级刀术的学习，谈谈对自身身体素体的提高有哪些帮助？

【参考文献】

［1］邓树勋. 体育与健康［M］. 广州：中山大学出版社，2003.

［2］孙麒麟. 体育与健康教程［M］. 大连：大连理工大学出版社，2004.

［3］李旺华. 武术与养生［M］. 广州：中山大学出版社，2003.

［4］关铁云. 实用武术普修教程［M］. 北京：人民体育出版社，2007.

第八章　形体健身运动

第一节　健美操

【学习目标】

1. 了解健美操的基本知识,熟练掌握健美操的基本动作技能。
2. 了解健美操的功能特点,能够通过正确地、科学地进行健美操锻炼,达到强身健体、调节情绪、缓解心理压力的作用。

一、健美操的概念、起源及发展

（一）健美操的概念

健美操起源于传统的有氧健身运动,是一项在音乐伴奏下,以各种类型的操化动作为基本内容,以符合人体的解剖生理结构为特点,以增强体质、塑造体形和娱乐身心为目的,融舞蹈、体操、音乐、美学和健身于一体的体育运动项目。健美操以自身特有的魅力、健身娱乐价值以及独特的艺术感染力风靡全球,深受广大青少年的喜爱。

（二）健美操的起源及发展

现代健美操运动起源于1968年,它最早是由美国太空总署专门为太空人士设计的体能训练内容。医生库帕（Cooper）博士在设计动作时加入了一些音乐伴奏和服装配合,逐渐形成为一套独特而时尚的运动体系,并迅速风靡全国乃至全世界。美国是对世界健美操的发展有着重要影响的国家,在当时涌现出一批影响力极大的健美操代表人物,如著名的影视明星简·方达和杰希·索伦森等。简·方达根据自己的亲身体会和经验总结编写的《简·方达健身术》是健美操作为一项独立的体育运动出现的明显标志。该书自1981年在美国出版以后,被翻译成二十多种文字,在全世界多个国家热销。简·方达通过健美操锻炼来保持自身的健康和体形,再加上她出色的明星效应,使健美操在全国和全世界范围内迅速的流行起来。与此同时,自1985年开始,美国正式举办一年一度的健美操锦标赛,并制定明确的竞赛项目和规则,将健美操发展成为竞技性运动项目。

现代健美操在我国起步较晚,到20世纪70年代末80年代初才逐渐兴盛。当时我国专门创办体育期刊《健与美》,同时还通过中央电视播放以健美操为主要内容的电视节目来推广健美操这项运动。如孙玉昆创编的"女子健身操"、马华的"健美5分钟"、"美国简·方达健身术"等。通过这些宣传方式促进了健美操运动的普及与开展,也使更多的人认识它,并加入到健美操锻炼中来。

1984年,原北京体育学院成立了健美操研究组,接着上海体育学院成立了健美操教研室,并开设了健美操课程。一些大中专院校也根据国家教委对高校体育教学的要求,逐步开设了健美操普修或选修课。此后,健美操运动在全国的各大高校迅速普及起来。同时,国家有关部门为了更好地推动全国大学生健美操运动的发展,1992年2月,在北京成立了中国大学生体育协会健美操、艺术体操协会。1992年9月,中国健美操协会在北京正式成立,这标志着我国健美操运动进入到一个崭新的发展阶段。

二、健美操的分类与特点

(一)健美操的分类

目前,健美操体系繁多,分类方式也各不相同。根据活动的主要目的、任务以及国际惯例,可将健美操分为健身健美操和竞技健美操。

1. 健身健美操

健身健美操也称为"大众健美操",它是以健身、娱乐、预防疾病为主要目的的群众性健身运动。这类操化动作比较简单,讲究协调对称,强调重复次数,具有一定的运动负荷和训练强度,通过适当的练习能保证锻炼的效果和全面性。同时,健身健美操不受场地、时间的限制,练习者可以根据自身的需求控制练习的时间和强度。因此,它适合各个年龄阶段和不同层次的人群练习。

健身健美操可按不同的分划方式区分类别:如按照练习方式可分为徒手健美操、轻器械健美操、固定器械健美操、特殊场地健美操;而按照器械的使用不同可分为哑铃操、彩球操、彩带操、花环操等;按照专门器械的不同可分为垫子操、杠铃操、橡皮筋操等;按照不同的锻炼目的可分为塑形操、减肥健美操、表演健美操等;按照人体的解剖结构特征可分为头颈部健美操、肩部健美操、手臂健美操、胸部健美操、腰腹部健美操、臀部健美操、腿部健美操等,这类健美操在锻炼的过程中有很强的针对性。

2. 竞技健美操

竞技健美操是在健身健美操的基础上发展起来的一种高级形式,其主要目的是"竞赛"。竞技健美操在参赛人数、比赛场地、成套动作的时间、动作的难度系数以及编排上都有很严格的规定。由于竞赛的主要目的就是要取得优异的比赛成绩,因此它在动作的编排和设计上更注重难度和多样化,这对运动员的身体素质、心理素质、技术水平和表现力等均提出很高的要求。

目前,竞技健美操正式比赛项目共设有5个项目:男单、女单、混双、三人和集体六人。我国大型的竞技性健美操比赛有全国健美操锦标赛、全国大学生健美操锦标赛、精英赛和冠军赛等。

(二)健美操的特点

1. 集健身、健美和娱乐为一体的特征

现代健美操是以健身为基础,融健身、健美和娱乐于一体,既注重外在美的锻炼,又注重审美情趣、审美观念等内在美培养的人体运动形式。健美操锻炼一般都是在音乐配合下完成的,其鲜明的音乐节奏不仅能给健美操带来生气和活力感,也有利于提高身体的协调性和动作的节奏感,使动作更富有美学特色。同时,也能为人们营造一种欢快愉悦的环境进行身体锻炼和自我陶冶。

2. 动作具有鲜明的节奏感和韵律感

健美操是一种在音乐的伴奏下进行的身体练习,音乐是健美操不可缺少的内容,健美操的音乐可起到陶冶精神、愉悦身心的重要作用。健美操的音乐多采用世界流行的现代音乐以及节奏欢快、有感染力的民族音乐,如迪斯科、摇滚乐、爵士和霹雳舞曲等,一般具有鲜明的节奏感和韵律感。此外,旋律清晰、节奏欢快、风格热情奔放的音乐,不仅能激发使练习者的兴趣,还能使人在练习的过程中释放情绪和压力,产生一种轻松愉悦的心情。

3. 运动负荷的持续性和针对性

人在进行任何身体锻炼时,想要达到健身健美的效果,都必须承受一定的运动负荷。健美操比较注重协调对称,强调重复次数,要求时间上的持续性,具有一定的运动负荷和训练强度,能保证练习的效果和锻炼的全面性。健美操运动负荷的控制可根据练习者的年龄、性别、接受能力以及改善身体某部位的需要进行适当的调整,具有很强地针对性。

4. 具有广泛的群众基础

健美操以徒手动作为主,还可以借助其他器械进行练习。不受年龄、性别、气候、场地等外在条件的限制;练习的时间可根据练习者自身的情况有计划的安排,只要科学、系统持续地进行练习,练习效果明显;锻炼方式简单,练习形式多样,借助音乐,就可开展健美操运动,可以个人练习也可以集体练习;运动负荷和难度可以自由调控,练习者可以根据自己的实际情况找到适合自己的方式,通过训练可以强身健体,弥补自身的某些不足,并且还能从练习中收获快乐和自信。因此,具有广泛的群众性。

三、健美操基本动作

健美操基本动作是指动作中最基础、最稳定的部分,它是掌握和运用其他动作的基础,是健美操教学的核心内容。基本动作的练习按照人体生理结构科学、合理地划分,训练效果更为突出。健美操所有变化的、新颖的组合动作都是在基本动作的基础上变化和发展起来的。健美操的基本动作主要是由上肢动作、躯干动作、下肢动作以及基本步伐等组成。

(一)手型

(1)掌型:并掌、开掌、花掌等变化形式(图 8-1-1)。

(2)拳型:如图 8-1-2 所示。

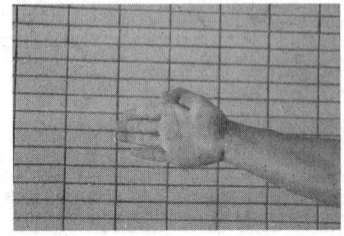
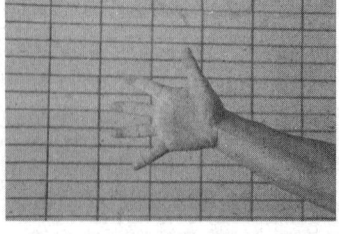
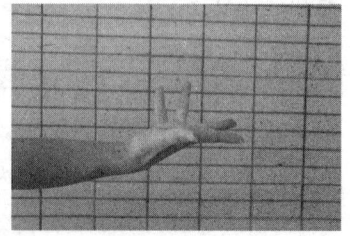

图 8-1-1 掌型

（二）健美操的上肢动作

上肢动作是由手臂的自然摆动、力量练习以及基本体操的徒手动作和舞蹈动作等组成，其目的是丰富健美操动作内容，增加动作的观赏性。在这里主要介绍几种常用的上肢动作。

（1）举：手臂伸直向身体的某个方向伸展或抬起。如前平举（图8-1-3）、侧平举（图8-1-4）、V字平举（图8-1-5）。

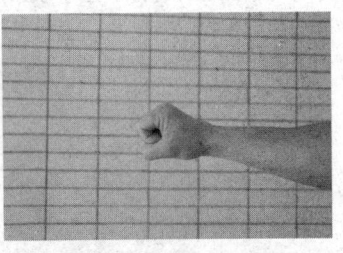

图8-1-2 拳型

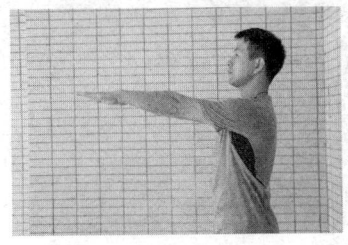

图8-1-3 前平举

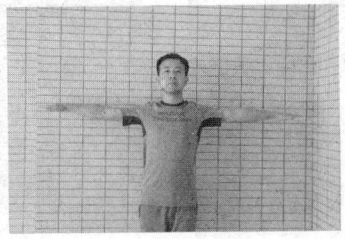

图8-1-4 侧平举

图8-1-5 V字平举

屈伸臂：上臂固定，手臂肌肉发力使前臂与上臂的夹角发生变化的动作（图8-1-6）。

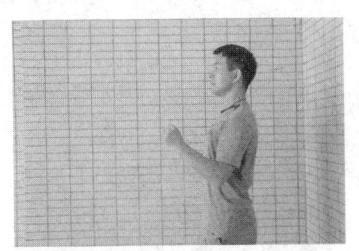
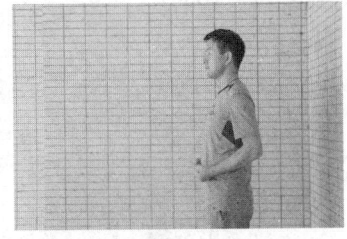

图8-1-6 屈伸臂

（3）屈臂摆动：屈肘在体侧自然的摆动，可依次进行也可同时进行（图8-1-7）。

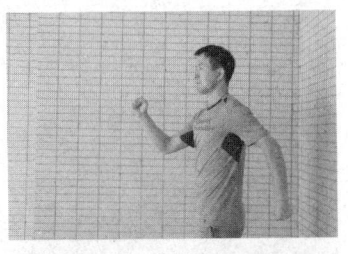
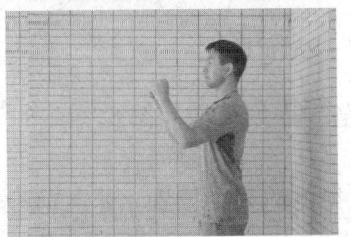
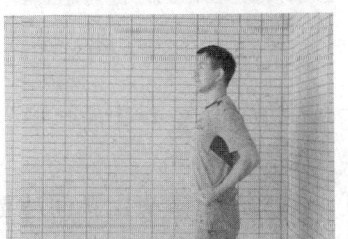

图8-1-7 屈伸摆动

（4）下拉：手臂有上举或侧举拉至身体两侧（图8-1-8）。

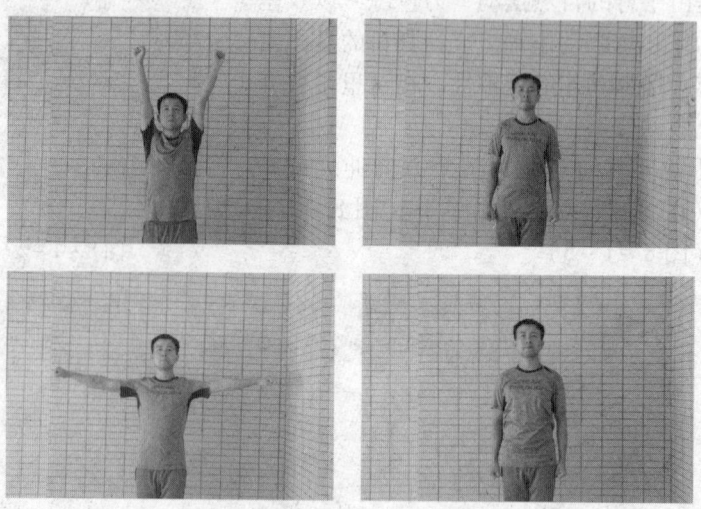

图8-1-8 下拉

（5）上提：直臂或屈臂由下至抬起，至胸前、体侧等位置。如屈臂前提（图8-1-9）、直臂前提（图8-1-10）。

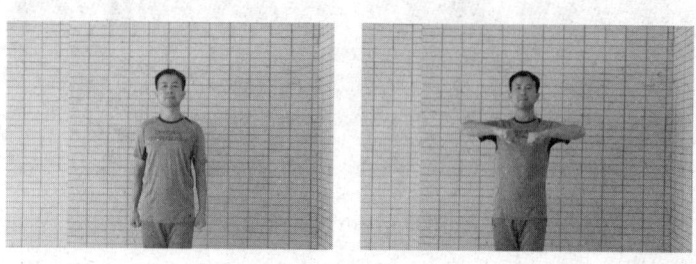

图8-1-9 屈臂前提

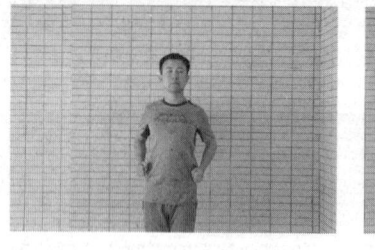

图8-1-10 直臂前提

（6）推：手掌由腰间冲至身体的某个位置。如胸前推（图8-1-11）、肩上推（图8-1-12）。

（7）冲拳：屈臂握拳，拳头由腰间冲至身体的某个位置。如向前冲拳（图8-1-13）、向上冲拳（图8-1-14）。

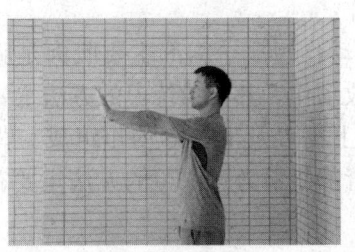 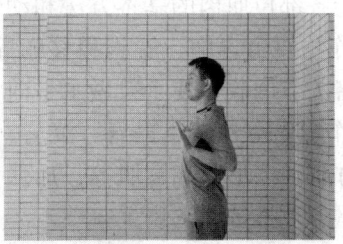

图 8-1-11　胸前推

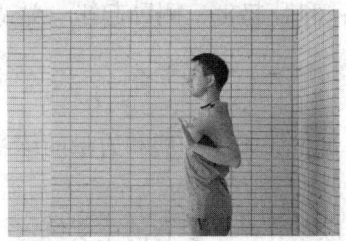 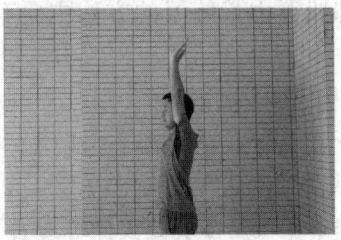

图 8-1-12　肩上推

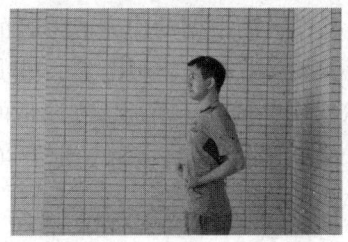 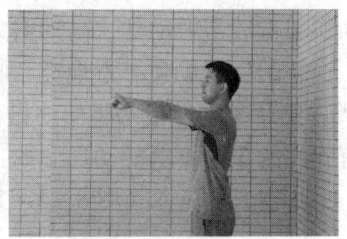

图 8-1-13　向前冲拳

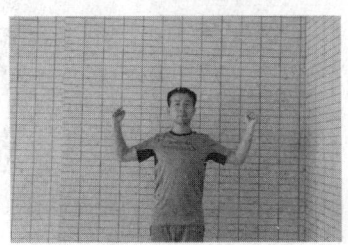 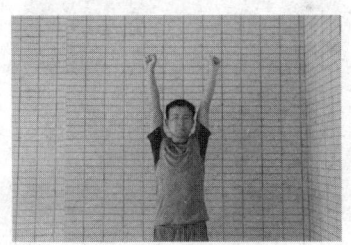

图 8-1-14　向上冲拳

（7）绕和绕环：以肩关节为轴，手臂在 180~360°的运动为绕，大于 360°以上的圆周运动为绕环。

（三）健美操的躯干动作

在健美操运动中躯干中部连接并支撑着身体的上下部分，主要起着承接、保护和固定的作用。躯干部位的练习主要是为了发展和平衡躯干周围肌肉面而设计的，特别是躯干中部只有脊柱和腰腹部周围的肌肉、软组织组成。发展躯干肌肉的动作和方法有很多，可徒手、可使用轻器械或固定器械，然而有一定运动负荷的肌肉练习效果会更明显。这里，主要介绍发展躯干各部位肌肉的基本方法和动作。

1. 胸部动作主要由含胸、展胸和移胸等动作组成。胸部主要肌肉是胸大肌。胸大肌收缩时，可使肩关节内收、使手臂做水平内收动作。其力量练习的方法主要为俯卧撑。

2. 背部动作主要由外展、提肩、沉肩、上提以及下拉等动作组成。背部肌肉主要包括背阔肌、斜方肌、菱形肌和圆肌等，加强背部肌群力量练习的方法主要有：手持轻器械进行手臂外展，肩上推等。

3. 腰腹部动作是由屈、转和绕环等动作组成。腰腹部肌肉主要包括腹直肌、腹内外斜肌、腹横肌和竖脊肌组成。它们的主要作用是为了保持身体的稳定性以及身体的协调性。加强腰腹部肌群力量练习的方法主要有：仰卧起坐、侧卧起坐、站立侧屈、站立体转等。

（四）健美操的下肢动作

健美操的下肢动作主要包括基本步伐、各部位肌肉的伸展和力量的练习。

1. 基本步伐

健美操的基本步伐是体现健美操练习者下肢动作基本姿态的主要练习手段。它主要是由踝关节、膝关节和髋关节的弹动为基本技术。通过基本步伐的练习能够培养练习者的协调性和音乐节奏感。根据人体在运动时对地面产生的冲击力不同，可将基本步伐分为3类：无冲击力动作、低冲击力动作、高冲击力动作；而根据动作完成形式的不同，又可将基本步伐分为：交替类、迈步类、点地类、吸腿类、双腿类、弹踢类、弓步类等。

（1）交替类。交替类动作指两脚始终做依次交替抬高、落地，在落地的过程中膝关节和踝关节微屈有弹性的缓冲下落的动作。如：踏步（图8-1-15）、走步（图8-1-16）、一字步（图8-1-17）、V字步（图8-1-18）等。

图8-1-15　踏步　　　　　　　　　　图8-1-16　走步

 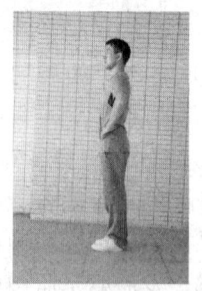  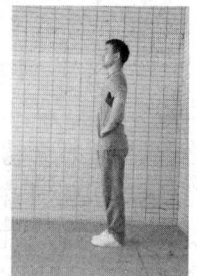

图8-1-17　一字步

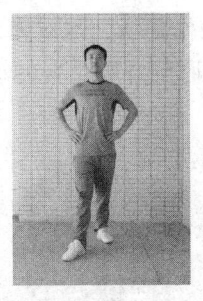

图 8-1-18　V 字步

（2）迈步类。迈腿类动作指一条腿先迈出一步，并将重心移到这条腿上，另一条腿用脚跟、脚尖点地或吸腿、屈腿、踢腿等动作，然后再做向相反方向迈步的动作。如：并步（图 8-1-19）、迈步点地（图 8-1-20）、迈步吸腿（图 8-1-21）、迈步后屈腿（图 8-1-22）、侧交叉步（图 8-1-23）等。

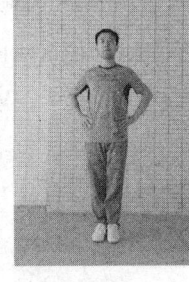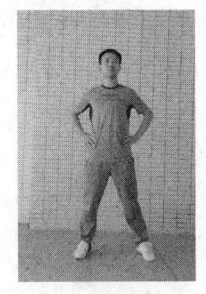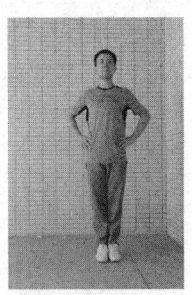

图 8-1-19　并步　　　　　　　　　图 8-1-20　迈步点地

图 8-1-21　迈步吸腿　　　　　　　图 8-1-22　迈步后屈腿

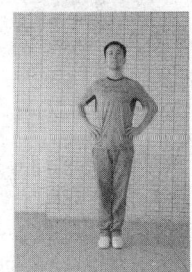

图 8-1-23　侧交叉步

（3）点地类。点地类动作是指两腿有弹性地做屈伸动作，一腿屈膝站立，另一条腿伸出，用脚尖或脚跟点地后还原到并腿位置的动作。如：脚尖点地（图8-1-24）、脚跟点地（图8-1-25）等。

图8-1-24　脚尖点地　　　　　　图8-1-25　脚跟点地

（4）抬腿类。抬腿类动作是指原地站立的支撑脚有控制地屈膝弹动，另一腿以各种形式抬起，保持上体正位的动作。如：吸腿（图8-1-26）、摆腿（图8-1-27）、踢腿（图8-1-28）、后屈腿跳（图8-1-29）、弹踢腿跳（图8-1-30）等。

 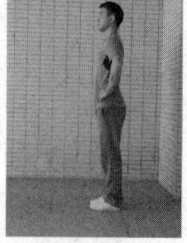  

图8-1-26　吸腿　　　　　　图8-1-27　摆腿

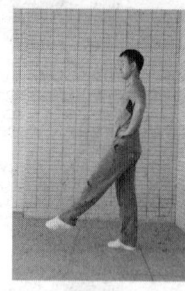 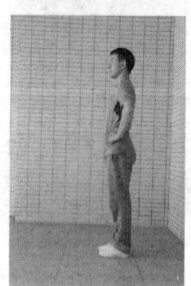  

图8-1-28　踢腿　　　　　　图8-1-29　后屈腿跳

（5）双腿类：双腿类动作是指身体重心始终在两腿之间，双脚同时起跳、落地等各种不同形式高冲击力形式的动作。如：并脚跳（图8-1-31）、分腿跳（图8-1-32）、开合跳（图8-1-33）、弓步（图8-1-34）、半蹲（图8-1-35）、提踵（图8-1-36）。

第八章 形体健身运动

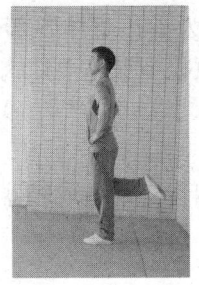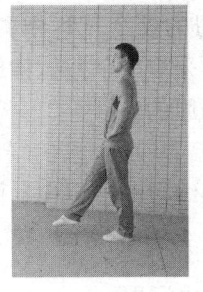

图 8-1-30 弹踢腿跳

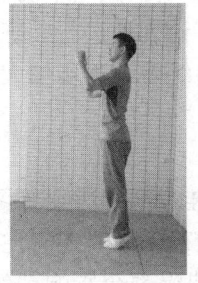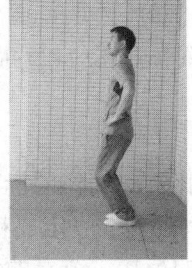

图 8-1-31 并脚跳　　　　　　　图 8-1-32 分腿跳

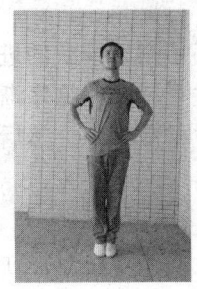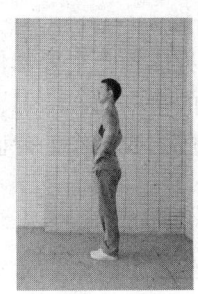

图 8-1-33 开合跳　　　　　　　图 8-1-34 弓步

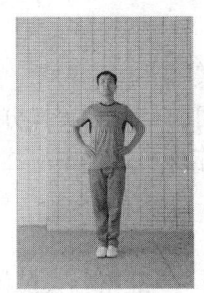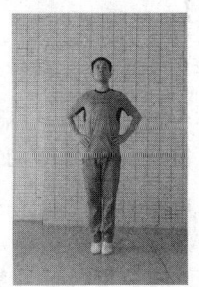

图 8-1-35 半蹲　　　　　　　图 8-1-36 提踵

227

2. 下肢伸展动作

下肢伸展动作是指在健美操练习的整个过程中,为了让身体各部位快速适应运动负荷,而做的活动以及缓解肌肉紧张所采取的一些拉伸放松下肢主要肌肉的动作。如:股四头肌的伸展、股二头肌的伸展、腓肠肌的伸展等。

3. 下肢力量练习

下肢力量练习动作是指在健美操练习的过程中利用自身重量或轻器械等现有资源进行的针对下肢主要集群练习的一些动作。如深蹲、提踵、摆腿等。

四、基本动作练习时应注意的问题

1. 动作的科学性

从健美操运动的结构上讲,基本动作是任何组合的基础,必须狠抓基本动作的练习。在练习内容的安排上要合理,注重练习方法的科学性,并能够有计划地进行。练习时注重循序渐进的原则,动作由简单到套路,由原地练习到移动和方向练习,逐步加大动作的变化和难度。

2. 动作的规范性

动作的规范性一般建立在基础动作学习的扎实和动作的标准程度上。在练习过程中,每一个动作的肢体动作、方向定位以及动作移动的路线一定要精确。同时还有注意动作的速度、节奏以及动作的完整度。每一动作之间的衔接,节奏的快慢都会影响动作的规范。注重肌肉的收缩和放松的控制能力,能让身体在动作的练习过程中做到松弛有度,这样才能达到动作的整体效果。

3. 动作的全面性

基本动作包括身体各个主要部位的动作练习,在实际练习过程中,必须耐心细致的进行每一个身体部位的基本动作练习,注重技术动作的全面发展。此外,注意练习的循序渐进性,不能急于求成,或动作的片面化,一定要一个部位一个动作多方位扩散训练,然后逐步延展。

4. 动作的多样性

在健美操动作编排过程中,注重在基本动作本身以及组合动作衔接上的艺术性。往往一个动作或一个组合动作在节奏和方向上加以巧妙的变化,就会给人带来不一样视觉效果,从而提高练习者的积极性。

【思考题】

1. 健美操是什么是健美操?
2. 按不同的分划方式可将健身健美操分为哪些类型?
3. 在健美操的基本动作练习过程中应注意哪些问题?

【参考文献】

王洪. 健美操教程 [M]. 北京:人民体育出版社,2001.

第二节 体育舞蹈

【学习目标】

1. 了解体育舞蹈的基本知识，掌握体育舞蹈的基本步伐。
2. 了解体育舞蹈独特的魅力，发扬团结合作精神；培养学生自觉参加体育运动的兴趣，树立正确的体育观。

一、什么是体育舞蹈

体育舞蹈，也称体育舞蹈运动，俗称跳舞运动。它既不是传统意义上的体育，又不是传统意义上的舞蹈，而是体育与舞蹈的叠加，是舞蹈的运动化，是优势运动化的舞蹈。它是一种按国际上规定的规范化标准舞动作进行锻炼和比赛的运动项目。因此，国际上也把国际标准交际舞称为体育舞蹈。

体育舞蹈是根据人体解剖与生理特征以及运动规律，在音乐伴奏下，通过人体各环节有节奏、有韵律的变化而塑造出的不同难度的形体动作和优美造型，表现不同的情感和技艺，达到自娱自乐和增强体质或进行竞技的一项体育运动。它是既有文化艺术内涵又具备体育竞赛形式的一种体育运动，是继花样滑冰、花样游泳、艺术体操等项目之后，又一个体育与艺术有机结合的一项运动。它融体育与艺术于一身，以其独特的艺术魅力吸引着广大群众。

体育舞蹈是一种人体运动的形体艺术，是经过提炼、组织和美化了的人体动作。它是以体育舞蹈动作为主要艺术表现手段，着重表现语言文字或其他艺术表现手段所难以表现的人们内在深层的精神世界、细腻的情感、深刻的思想、鲜明的性格，以及人与自然、人与人之间以及人自身自然的形体变化，创造出可被人感知的生动的体育舞蹈形象，以表达舞蹈者的审美情感、审美思想，以反映其生活的审美属性。另外，由于人体动作不停顿地流动变化的特点，它必须在一定的场地和一定的时间内存在，而在体育舞蹈训练和比赛中，一般都要有音乐的伴奏，要穿特定的舞服、舞鞋等。所以，也可以说体育舞蹈是一种空间性、时间性和综合性的动态形体艺术。

二、体育舞蹈的发展史

体育舞蹈，原名称作"社交舞"，英文为"Ballroom Dancing"，为欧洲贵族在宫廷举行的交谊舞会，法国革命后，Ballroom Dancing 流传民间至今。第二次世界大战后，美国人将该舞蹈散播到全球各地，并形成一股跳舞热潮，至今不衰。

经历100多年的发展，"社交舞"从"社交"发展为"竞技"，将单一的舞种发展为摩登舞、拉丁舞两大系列的10个舞种；"老国标"经历了半个世纪的演变，发展成为"新国标"。从1960年开始，拉丁舞也被列为世界交谊舞锦标赛的比赛项目，为世界各国所遵循，英国的"黑池"甚至成了"国标舞"的圣地。

1964年以后，在国际标准交谊舞比赛中，又增加了新的内容，这就是"团体舞"。这是由多人表演拉丁舞或是摩登舞动作的组合，其场面壮观、宏大，动作整齐划一，音乐鲜明、震撼，无不体现体育舞蹈动人心魄之魅力。

目前，世界各国将国际标准舞易名为体育舞蹈，欲将舞蹈运动纳入体育运动项目。拥有74个会员国的国际舞蹈运动总会（International DanCe Sport Federation）于1997年9月4日正式成为国际奥林匹克委员会会员，体育舞蹈2000年成为悉尼奥运会表演项目。

三、体育舞蹈的价值

（一）健身价值

舞蹈运动是一项新兴的体育项目，是体育与舞蹈的结合，具有运动与艺术的双重性。体育舞蹈极富时代气息和体育竞技性质，被列为奥运会表演项目，并于2000年被第5届中国体育科学大会列为比赛项目。美国体育家古里克曾说："跳舞能消除过剩的脂肪，代之以健壮的肌肉组织，使缺乏活力的肌肉重新变得充满活力和具有弹性。"经常参加锻炼能改善人体心血管循环系统和呼吸系统的机能状况，增强人体肌肉力量和关节灵活性，提高人体工作能力。

（二）健心价值

体育舞蹈是人们交流思想、抒发情感、消除隔阂、相互沟通的最好形式之一。在优美的舞姿和轻快的乐曲相伴下，人们的自我封闭意识在这里会得到彻底解脱，舞场中的融洽、和谐、高雅的气氛亦能增强人们的沟通和交往的意识。体育舞蹈运动增进了舞伴、舞友之间的友谊，丰富了人们的社会生活，提高了参加者的人际交往能力，能消除工作和生活中精神紧张和不安情绪，解除思想疲劳，改善神经系统的调节机能；在参加体育舞蹈锻炼时，优美动听的音乐、活泼欢快的气氛、美妙动人的舞姿，以十分微妙的信息传递感染着在场的每一个人，从而使人们忘掉生活中的忧愁、工作中的烦恼和学习中的不快。

（三）美学价值

体育舞蹈具有独特的艺术表演价值，给舞蹈者和观赏者以美的享受，令人身心欢悦，进而提高人们的艺术修养和审美情趣。体育舞蹈者的服饰在视觉上给人以美的享受，体育舞蹈的音乐在心灵上给人以美的熏陶。音乐是体育舞蹈的灵魂，体育舞蹈是音乐具体化和形象化的外在表现。音乐通过自身的旋律增加了体育舞蹈的情感和表达能力，它与体育舞蹈的自身节奏融合在一起，更增强了体育舞蹈的美感和艺术表现力，并诱使人们随着强有力的、欢快的音乐节奏翩翩起舞，陶冶人们的心灵，使其身心得到美的享受。

（四）社会价值

体育舞蹈是一种国际流行的社交舞，它是沟通不同国家、不同民族情感的一种世界形体语言，也是任何语言无法代替的艺术，它具有广泛的社交性。体育舞蹈大体上可分为自娱、表演、竞技三个层次。自娱性的体育舞蹈具有极其广泛的群众基础，它不分东南西北，也不分男女老幼，在跳舞中相互交往，交流感情。体育舞蹈是人们乐于接受的一种友谊活动，一首优美的舞曲，能把不同阶层、不同年龄、不同性别、不同健康状况、不同运动水平的人融合在共同的舞蹈之中。它是一种"有节奏的散步"，是一种"伴着旋律的锻炼"，经常参加，持之以恒，受益终身。

四、体育舞蹈各舞种及基本舞步

体育舞蹈包括摩登舞和拉丁舞两个舞群。摩登舞又分为华尔兹舞（Waltz）、探戈舞（Tango）、狐步舞（Foxtrot）、快步舞（Quick Step）、维也纳华尔兹（Viiennese Waltz）等5个舞种。拉丁舞又分为伦巴（Rumba）、恰恰恰（Cha Cha Cha）、桑巴（Samba）、帕索多不列（Paso Doble）、加依夫（Jive，也称牛仔舞）5个舞种。

（一）摩登舞

1. 华尔兹

华尔兹，又称圆舞曲、慢华尔兹、波士顿华尔兹等，起源于奥地利民间。其舞姿雍容华贵，被人们称作"舞中之后"。其主要特点是升降、摆荡、反身、倾斜融为一体，在优美的音乐伴奏下翩翩起舞，两人成对旋转，温馨而又浪漫。其基本舞步为前进走步、后退走步、右脚并换步、左脚并换步、左转快步。

2. 探戈舞

探戈舞是国际标准交谊舞的一种，起源于非洲，流行于阿根廷，后由欧洲舞蹈家改编为国标探戈。音乐采用2/4拍或4/4拍，速度平稳，多为滑步，很少有起伏。它的最大特点就是，当舞者朝向一个方向移动时，而其身体却朝着另一方向（即反身动作位）。其基本舞步为常步分身连步、侧行左转90度并步、左转前进步、扭转。

3. 狐步舞

狐步舞是一种风格独特的交际舞。它的音乐为4/4拍，每分钟30小节左右，音乐分配强弱适中，舞步轻盈洒脱，跳起来欢快淋漓。其基本舞步为羽步、左转、右转、左转曲折步、急激转身、波形右转、织步。

4. 快步舞

快步舞轻松、欢快、活泼，因此深受人们的喜爱。它的音乐为4/4拍，每分钟50小节，慢步通常占2拍，舞步轻盈跳跃，充满青春活力。其基本舞步为变位行进滑步、外侧开放式左转、四快跑、前进反截步。

5. 维也纳华尔兹

维也纳华尔兹，又称快华尔兹。其主要特点是不停地旋转，舞步数量很少。维也纳华尔兹的音乐称为圆舞曲，为3拍子音乐，每分钟56小节。其基本舞步为左转步、右转步、前进换步、后退换步。

（二）拉丁舞

1. 伦巴

伦巴起源于古巴，音乐为4/4拍，节奏是One, Two, Three, Four。每个数字占1拍，速度为每分钟27小节左右。伦巴舞的特点是，音乐缠绵，舞态柔美，舞步动作婀娜款摆。古巴人习惯头顶东西行走，以胯部向两侧的扭动来调节步伐，保持身体平衡，伦巴的舞步秉承了这一特点。原始的舞蹈风格，融进现代的情调，动作舒展、缠绵妩媚，舞姿抒情，浪漫优美，配上缠绵委婉的音乐，使舞蹈充满浪漫情调。其基本舞步为律动、移动、方形步、纽约步、前进后退锁步、定点转。

2. 恰恰恰

恰恰恰起源于墨西哥，音乐为 4/4 拍，速度每分钟 31 小节左右。节奏是 One，Two，Three，恰恰。每个数字占 1 拍，其中恰恰各占半拍。恰恰恰，音乐有趣，节奏感强，舞态花哨，舞步利落紧凑，跳起来活泼可爱，在全世界广为流行。其基本舞步为原地换重心、时间步、古巴断裂步、前进锁步、定点转、纽约步、恰恰走步。

3. 桑巴

桑巴起源于巴西，音乐为 4/4 拍或 2/4 拍，速度每分钟 51 小节左右。桑巴舞，音乐热烈，舞态富有动感，舞步摇曳多变，深受人们的钟爱。其基本舞步为库萨多斯走步（向前、向后）、叉形步、桑巴走步、桑巴锁步、滚转步、分式摇滚步、卷褶步、沃尔搭、博塔佛歌斯、破碎步、向后博塔佛歌斯。

4. 斗牛

斗牛起源于法国，发展于西班牙，它的音乐为 2/4 拍，速度每分钟 62 小节左右斗牛舞音乐雄壮，舞态豪放，步伐强悍振奋，是人们对它情有独钟的原因。其基本舞步为原地踏步、分离步、跺步。

5. 牛仔

牛仔起源于美国，是由一种叫"吉特巴"的舞蹈发展而来。牛仔舞剔除了"吉特巴"中所有的难度动作，增加了一些技巧。最早对牛仔舞的记载是由伦敦舞蹈教师 Victor Silvester 于 1944 年在欧洲出版的一本介绍牛仔舞的书。波普、摇滚、美国摇摆舞都对牛仔舞有着一定的影响。

牛仔舞是一种节奏快、耗体力的舞。在比赛中牛仔舞之所以被安排在最后跳，是因为选手们必须让观众觉得，在跳了前 4 个舞之后他们仍不觉得累，还能很投入地迎接新的挑战。它流行于美国南部。牛仔舞者手脚关节放松、自由地舞蹈，身体自然晃动，脚步轻松地踏着，且不断地与舞伴换位，转圈旋转。其音乐节拍为 4/4 拍，速度为每分钟 43 小节左右。也正是因为它具有音乐欢快、舞态风趣、步伐活泼轻盈的特点，所以得到了越来越多人的认可。其基本舞步为原地基本步、右转步、时间步、弹腿步。

五、体育舞蹈应具备的身体素质及训练方法

现代国标既讲究速度和力度，又要跳得轻盈、自然，这对选手的身体素质，特别是专项身体素质提出了更高的要求。专项身体素质有别于泛指的身体素质，两者的训练方法也不同。

对国标选手而言，专项身体素质是指与国标成绩的提高直接有关的身体素质，其训练方法是采用与国标动作紧密联系的专门练习手段。国标选手必须具备的专项身体素质主要是柔韧素质和专项力量素质。

（一）柔韧素质

为什么年龄偏大的学员不如年轻的学得快学得好？主要原因不是力气变小，而是柔韧性变差了。

1. 什么是柔韧素质

柔韧素质是指人的各个关节活动幅度以及肌肉、韧带的弹性和伸展能力，即身体各关节的整体灵活性。柔韧素质的优劣主要取决于跨过关节的肌肉、韧带、肌腱的伸展范围和弹性，取决于肌肉活动中的收缩与放松的协调能力。柔韧性好能使动作自然、幅度大、经济省力，移动距离增大，摆荡做得充分，身体线条舒展、优美。

2. 舞蹈对柔韧素质的要求

国标技术对柔韧素质有一定的要求，对摩登舞主要表现在髋关节、膝关节、踝关节和脊柱的柔韧性。例如，华尔兹舞右转、左转系列的第一步，要求主力腿充分有力地后蹬以获得最大的推进速度。此时，力从髋关节处发出，像波浪一样逐次经过各个关节最终传递到趾尖，完成完美的蹬地动作获得强大的反作用力。如果这些关节的灵活性不好，腿的动作就显得僵硬，发力蹬地的效果就大打折扣了。又如，狐步舞的后退波浪步，男士要在先降后升中做足踵拖地大步后退，在强烈反身的同时牢牢地引带女士，既要控制身体不能有突然的起伏，又要充分地倾斜大幅度摆荡，表现出行云流水、飘逸超脱的狐步舞特有的风格，这对选手的腰、腿、足和脊柱各关节的柔韧性及平衡感与控制能力提出了很高的要求。

3. 柔韧素质的训练方法

专项柔韧素质训练的原则是采用与国标动作紧密联系的专门性身体练习手段。缺什么，补什么，讲究实效，避免盲目性。

柔韧素质的训练方法可分为两种，即主动性练习和被动性练习。主动性练习是通过与关节有关联的肌肉的收缩或伸展来增加关节灵活性的方法。例如，踝关节柔韧性主动性练习中，为了练习绷直足背，就做小腿前部肌肉（足踝和足趾屈肌）的伸展动作；为练习勾起足背，就做小腿后部肌肉群（比目鱼肌和腓肠肌）的伸展动作。被动性练习是依靠外力的作用促使关节灵活性增大的方法。被动性练习主要采取加大动作幅度、拉长肌肉和韧带的练习，有常用的压腿、压臂等。又如，为了进一步发展踝关节的柔韧性，还要做压踝、加重力的屈伸踝关节练习和提踝屈膝等练习。武术的基本动作训练，如弓步下压、仆步下压、弓步冲拳等对灵活腰腿更为有效。

国标基本步练习是主要的主动性练习，它对提高柔韧素质起着至关重要的作用，应该在每天习舞中安排一定的时间练习基本步。要注意的是，在习舞前做充分的准备活动和热身活动，各种练习要循序渐进，防止运动受伤。

（二）专项力量素质

人体的任何活动都离不开肌肉的收缩力量，它维持着人体的基础生活能力。丧失肌肉活动力量的人，生活将无法自理。当人体从事体育运动时，则需要特殊的肌肉力量能力，这些特殊的肌肉能力是通过运动训练获得的。它是掌握运动技能、技巧，提高运动成绩的最重要的基础。那么，什么是力量素质呢？力量素质是指人的机体或机体的某一部分肌肉工作（收缩和舒张）时克服内外阻力的能力。外部阻力是指物体的重量、支撑反作用力、摩擦力以及空气或水的阻力等，内部阻力包括肌肉的黏滞力、关节的加固力及各肌肉间的对抗力等。外部阻力往往是发展力量素质的手段，人体在克服这些阻力中提高、发展自身的力量素质。力量素质对人体运动有极大影响，是人体运动的基本素质，也是衡量运动员身体训练水平的重要指标，具有重要的意义。

1. 力量素质是进行一切体育活动的基础

我们所进行的各种体育活动都是由作为主动运动器官的肌肉以不同的负荷强度、收缩速度和持续时间进行工作而带动了被动运动器官骨骼的移动来完成的。如果没有肌肉的收缩和舒张而产生的力量牵拉骨骼进行运动，则人类连起码的行走和直立也不可能，更不要说进行体育活动了。每个人跑、跳、投及攀登爬越等各种体育运动和体力劳动均离不开力量素质。

一个人想要跑得快就需要具有较好的腿部后蹬力，想要跳得高、跳得远就要较好的弹跳力，要想投（掷、推）得远就需要发展上肢爆发力，而攀爬和提、拉重物等也离不开上肢、腰腹部及腿部力量，所以说力量素质是人体最基本的身体素质，是进行一切体育活动和体力劳动的基础。

2. 力量素质影响并促进其他身体素质的发展

任何身体素质都是通过一定的肌肉工作方式来实现的，而肌肉的力量是人体一切活动的基础。力量素质决定速度素质的提高、耐力素质的增长，以及柔韧素质的发挥和灵敏素质的表现。首先，力量素质的增长有助于速度素质的提高。因为肌肉的快速收缩是以其力量为前提的。一名短跑运动员如果没有两条强有力的腿，那是不可能取得优异成绩的。其次，力量素质也有助于耐力素质的增长。从生活常识中可以得知，一个强有力的人总比体弱者能持续活动更长的时间。最后，力量、速度的提高会增加肌肉的弹性，促进灵敏素质和柔韧素质的发展。力量素质的水平直接影响技术动作的掌握和运动成绩的提高，力量素质的增长直接反映了运动员运动技术掌握的快慢及运动成绩提高的程度。

3. 专项力量素质

力量是指肌肉紧张或收缩所表现出来的一种能力。力量素质反映了肌肉力量的各项性能，专项力量素质则指与本项目（国标）的成绩直接有关的肌肉力量的性能。对国标而言，专项力量素质主要表现为力量耐力、最大力量和快速力量三个要素。力量耐力是指选手在跳舞过程中肌肉克服疲劳的能力，最大力量是指短时间内集中动员肌肉纤维所发出的力，快速力量是指肌肉快速运动的能力。前两种概念都容易理解，不再展开。

下面重点讨论快速力量。

（1）快速力量与肌肉的质量。快速力量是肌肉力量与肌肉收缩速度的有机结合。快速力量对于正确完成舞蹈动作起着至关重要的作用。经常看到这种情况，肌肉发达的人反而不如瘦削的人跳得好，问题在于前者肌肉虽粗壮但其质不佳，表现在力气虽大但速度和爆发力差。肌肉的力量由其宽度（粗细）决定，速度由肌肉纤维的长度决定。

单纯的力量训练（如杠铃等负重练习）能使肌肉变粗、肌力增强，但却同时使肌肉纤维缩短，影响了速度素质，对舞蹈动作很不利。因此，单纯的力量练习与国标成绩的提高并无直接关系，肌肉发达或力气大并不等于在跳舞中占有多大优势。选手必须同时加强肌肉的量与质的训练。通过力量练习得到增强的肌肉，必须通过伸展练习和舞步动作练习改变其质量，练成修长的肌肉，才能发挥出效果。

（2）爆发力。爆发力是与快速力量既有密切联系又有区别的一种力量素质。爆发力是指在最短的时间内发挥肌肉力量的能力。爆发力可以采用最大力量与达到最大力量的时间之比来评定。肌肉的收缩速度是爆发力的决定因素，发展最大力量对爆发力也有帮助。既要肌力又要收缩的速度，这是极不容易的。一般来说，肌力最大时，其收缩速度最小；肌肉收缩速度最大时，其肌力最小。这是一对矛盾，只有通过训练才能较好地解决。再拿摆荡技术来说，摆荡的力学基础是速度（包括直线前进速度和转动的角速度、线速度）及动能—势能的转换，不能想象，缺乏快速力量的舞步能产生大幅度的摆荡形成舒展优美的上升和倾斜。同样，在拉丁舞中，没有快速力量，也无法实现上身的摆荡和引导技术。

（3）专项力量素质的训练方法。专项力量素质训练的原则是，练习手段与国标动作尽量保持一致，跳舞时用什么肌肉就练什么肌肉，这样才能达到更好的效果。要结合个人具体情况进行练习，尤其要针对薄弱之处重点练习。不符合国标动作的练习应谨慎对待。专项力量素质训练要强调如下三点：①肌肉力量练习必须与肌肉的伸展练习相结合。肌肉在力量练习后，肌纤维会缩短，若在力量练习后加强伸展练习，就能拉长肌肉纤维，有利于提高速度力量素质，就会在跳舞时增强动作连贯性和加大动作幅度。②力量训练后，要特别注意使肌肉放松，并且注意培养肌肉放松的能力。练习肌肉放松有助于提高神经调节功能，有利于速度素质。③在力量训练的同时，结合具有较大幅度的关节灵活性的练习，能同时提高肌肉质量和关节灵活性，效果最佳。

【思考题】

1. 体育舞蹈是什么？
2. 你认为体育舞蹈的基本功有哪些？
3. 如何学好体育舞蹈？

【参考文献】

[1] 王浩，陈向阳. 体育舞蹈 [M]. 北京：高等教育出版社，2003.
[2] 寿文华. 体育舞蹈 [M]. 北京：北京体育大学出版社，2007.

第三节 啦啦操

【学习目标】

1. 了解啦啦操运动的基本知识，掌握一定的啦啦操基本技术，具备一定的创编能力。
2. 培养学生树立正确的体育态度，形成终身体育锻炼的习惯与意识。

一、啦啦操的概念、起源与发展

（一）啦啦操的概念

啦啦操，英文 Cheerleading，是指在音乐的伴奏下，通过运动员集体参与完成复杂、高难度的基本手位与舞蹈动作以及该项目特有难度、过渡配合等动作内容，充分展示团队高超的运动技巧，体现青春活力、积极向上的团队精神，并努力追求最高团队荣誉感的一项体育运动。

（二）啦啦操的起源与发展

1. 国外啦啦操的发展

啦啦操诞生于19世纪后期的美国橄榄球场边。在20世纪20年代以前，啦啦队队员几乎全为男性。到了1923年，女性出现在了啦啦队之中，啦啦操的动作内容也不断得到充实（例如体操和翻转动作开始在啦啦操中使用）；同时，出现了各种表演道具（例如纸质彩球和扩音喇叭等），使得啦啦操越来越具有娱乐观赏价值，开始向表演性发展。1980

年，第1届美国啦啦操锦标赛成功举办，标志着啦啦操作为一个竞技体育项目登上了世界体育历史舞台。此后，啦啦操得到飞速发展，其知名度和影响力与日俱增，并以其独特的魅力和价值赢得了世界多国人们的喜爱，迅速风靡全世界。到21世纪初，美国的啦啦操组织联合创建了标准的规则与评分系统。2003年，美国全明星啦啦操联盟（后发展成为国际全明星啦啦操联盟）成立，并于2004年举办了首届世界啦啦操大赛。

2. 我国啦啦操的发展

1998年随着中国大学生篮球联赛的诞生，充满着朝气活力和洋溢着青春气息的大学生啦啦操表演给观众留下了深刻的印象，成为篮球场上一道亮丽的风景线，从而揭开了啦啦操中国发展之旅。2001年4月，我国颁布了国啦啦操竞赛评分规则《中国学生啦啦队竞赛评则（第一版）》；9月，首届中国学生啦啦操比赛"统一冰红茶迎九运全国首届高校动感啦啦队挑战赛"在暨南大学成功举办，23个队伍306人参加了比赛，成为中国啦啦操发展史上的里程碑。2004年首次推出了中国啦啦操专业教师、评判员认证系统及啦啦操规定套路，至此，我国啦啦操开始走向正规化发展。2005年6月，中国蹦床技巧协会第一次举办啦啦操竞赛。从此，中国啦啦操在中国大学生体育协会健美操艺术体操分会与中国蹦床技巧协会这两大机构的大力倡导与推广下蓬勃发展起来。2006年，首届中国全明星啦啦操锦标赛在武汉举行，胜出的6支队伍代表中国出征了2007年美国奥兰多世界啦啦操大赛，中国啦啦操在国际上崭露头角就捧回了国际全女生公开组亚军的奖杯，此后每年我国都选派啦啦操队参赛。2007年7月，北京奥运会体育展示现场表演啦啦操选拔赛在全国23个省市以及香港地区展开，这场历时半年的啦啦队选拔赛在全国引起了普遍的关注。2009年"健力宝亚运啦啦队全国选拔赛"在全国30个省会、300余个大中型城市、1000多所高校陆续启动，上万人参加到这场体育盛会中来，啦啦操风刮遍华夏大地，中国啦啦操队伍迅速壮大。2007年，我国第一支职业啦啦队组建，我国啦啦操开始走产业化、职业化的道路。

二、啦啦操的分类

按啦啦操的目的进行分类可分为竞技性啦啦操和表演性啦啦操。

（一）竞技性啦啦操

竞技性啦啦操以参加竞技比赛为目的，是在音乐的衬托下，通过队员完成高超的啦啦操特殊技巧，并结合各种舞蹈动作，集中体现青春活力、健康向上的团队精神，并追求团队最高荣誉感。竞技性啦啦操又分为技巧啦啦操和舞蹈啦啦操两个类别。

1. 技巧啦啦操

技巧啦啦操是一种展现团队协作精神、表现力与美以及巧与险且与观众互动效应很高的新兴竞技运动项目。它是在音乐的伴奏下，以跳跃、翻腾、托举、抛接、金字塔等难度动作为主要内容，配合口号、基本手位及舞蹈动作，充分展示运动员高超的技能技巧的团队竞赛项目。虽然技巧啦啦操在我国起步较晚，但是其巧妙配合、惊险刺激性的叠罗汉造型和技术性要求很高的翻腾、抛接技巧动作，适合中国人灵活小巧的特点，加之体操技巧等难、美类项目为我国传统优秀项目，为技巧啦啦操开展奠定了良好的基础。

目前，全国啦啦操锦标赛设有集体技巧啦啦操和五人、双人技巧啦啦操三个项目。成套动作要求在规定时间内连续完成符合规则要求的各类难度动作，运动员时刻处于操化—腾空抛接—下落，以及各种叠罗汉造型的运动状态中，对运动员的技术水平要求很高。

2. 舞蹈啦啦操

舞蹈啦啦操是在音乐伴奏下，运用多种舞蹈元素的动作组合，结合转体、跳步、平衡与柔韧等难度动作以及舞蹈的过渡连接技巧，通过空间、方向与队形的变化表现不同舞蹈的风格特点，强调速度、力度与运动负荷，展示运动舞蹈技能与团队风采的体育项目。舞蹈啦啦操是以舞蹈动作为主，在啦啦操基本动作中融入了多种道具和舞蹈元素，对参赛队员在动作节奏、个人表现力等方面提出较高的要求。舞蹈啦啦操运动在全世界迅速被认识和得到发展，特别是美国舞蹈啦啦操水平一直处于世界一流水平。

（二）表演性啦啦操

表演性啦啦操作为活动的客体，是以提升士气、激励人心、活跃赛场气氛、鼓舞双方士气、振奋观众情绪，让整个比赛更加精彩和激烈为目的的集体活动。它可分为赛场啦啦操和庆典啦啦操两类。

1. 赛场啦啦操

赛场啦啦操是人们常说的场间啦啦操，源于橄榄球比赛场边的呼喊，并伴随着橄榄球运动的流行而发展。赛场啦啦操主要在比赛中间休息时进行，目的是活跃赛场气氛、鼓舞双方士气、振奋观众情绪，让整个比赛更加精彩和激烈。随着啦啦操影响的扩大，它已不局限于为某项运动表演助兴，而是广泛地为多项运动服务。高水平的啦啦队表演能够提高体育赛事的精彩性，其自身也具有较强的观赏性，是赛场文化的一个组成部分。

2. 庆典啦啦操

庆典啦啦操表演是在各种庆祝活动、社区活动、开幕典礼、游行宣传以及慈善活动中进行的啦啦操演出。如1997年克林顿总统就职典礼上的啦啦操表演和我国第11届全国运动会闭幕式上进行的啦啦操表演，就是庆典啦啦操。

三、啦啦操的基本技术特征

（一）32个基本手位动作及规格

啦啦操手臂动作是有着特殊规定和要求的，运动员必须按照规定的32个手位进行动作。要求所有啦啦操基本手位动作都锁肩并制动于体前。

(1) 上M（Up M）：两臂肩上屈，手指触肩，肘关节朝外（图8-3-1）。

(2) 下M（Hands on hip）：两手叉腰于髋部，握拳，拳心朝后（图8-3-2）。

(3) W（Muscle Man）：两臂肩上屈，肘关节成90度，握拳，拳心相对（图8-3-3）。

(4) 高V（High V）：两臂侧上举握拳，拳心朝外（图8-3-4）。

(5) 倒V（Low V）：两臂侧下举握拳，拳心朝内（图8-3-5）。

(6) T（T）：两臂侧平举，握拳，拳心朝下（图8-3-6）。

(7) 斜线（Diagonal）：一臂侧上举，一臂侧下举，握拳，举成一斜线（图8-3-7）。

(8) 短T（Half T）：两臂胸前平屈握拳，拳心朝下（图8-3-8）。

(9) 前X（Front X）：两臂交叉于体前，拳心朝下（图8-3-9）。

(10) 高X（High X）：两臂交叉于头前上方，拳心朝前（图8-3-10）。

(11) 低X（Low X）：两臂交叉于体前下方，拳心朝斜下（图8-3-11）。

(12) 屈臂X（Bend X）：前臂交叉于胸前，拳心朝内（图8-3-12）。

  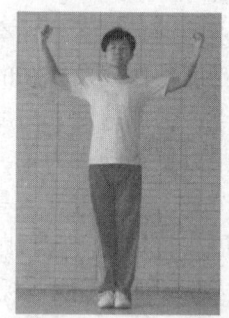

图 8-3-1　上 M　　　图 8-3-2　下 M　　　图 8-3-3　W

图 8-3-4　高 V　　　图 8-3-5　倒 V　　　图 8-3-6　T

图 8-3-7　斜线　　　图 8-3-8　短 T　　　图 8-3-9　前 X

图 8-3-10　高 X　　　图 8-3-11　低 X　　　图 8-3-12　屈臂 X

(13) 上 A (Up A)：两臂上举，拳心相对（图 8-3-13）。
(14) 下 A (Down A)：两臂胸前下举，拳心相对（图 8-3-14）。
(15) 加油 (Applauding)：两手握式击掌于胸前，肘关节朝下，手低于下额（图 8-3-15）。

 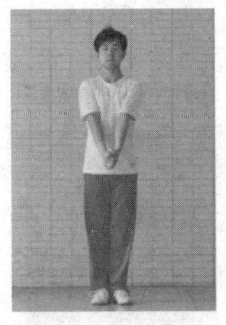 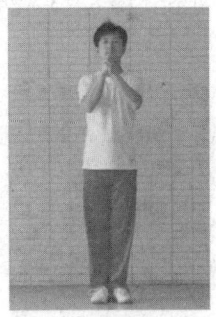

图 8-3-13　上 A　　　　图 8-3-14　下 A　　　　图 8-3-15　加油

(16) 上 H (Touch Down)：两臂上举与肩同宽，拳心相对（图 8-3-16）。
(17) 下 H (Low Touch Down)：两臂前下举，拳心相对（图 8-3-17）。
(18) 小 H (Little H)：一臂上举，另一臂胸前屈，握拳，拳心朝内（图 8-3-18）。

图 8-3-16　上 H　　　　图 8-3-17　下 H　　　　图 8-3-18　小 H

(19) L (L)：一臂握拳，拳心朝内；另外一臂侧举握拳，拳心朝下（图 8-3-19）。
(20) 倒 L (Low L)：一臂侧举，另一臂前下举握拳，拳心朝下（图 8-3-20）。
(21) K (K)：一臂前上举，另一臂前下举，握拳，拳心相对（图 8-3-21）。

图 8-3-19　L　　　　图 8-3-20　倒 L　　　　图 8-3-21　K

(22) 侧 K（Side K）：弓步或开立，手臂同 K（图 8-3-22）。

(23) R（R）：一手头后屈，拳心朝内；另一手向前下冲拳，做 K 的一半，拳心朝下（图 8-3-23）。

(24) 弓箭（Bow and Arrow）：一臂胸前平，前臂低于上臂；另一臂侧平举。两手握拳，拳心朝下（图 8-3-24）。

 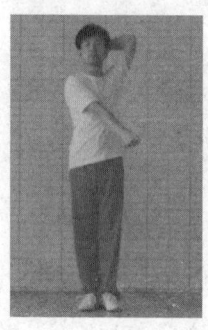 

图 8-3-22 侧 K　　　图 8-3-23 R　　　图 8-3-24 弓箭

(25) 小弓箭（Bow）：一臂侧平举，拳心朝下；另一臂胸前屈，拳心朝内（图 8-3-25）。

(26) 高冲拳（High Punch）：一臂前上举，拳心朝、内；另一手叉腰，拳心朝后（图 8-3-26）。

(27) 侧下冲拳（Low Side Punch）：一手叉腰，拳心朝后；另一臂做下 V 的一半，拳心朝后（图 8-3-27）。

图 8-3-25 小弓箭　　　图 8-3-26 高冲拳　　　图 8-3-27 侧下冲拳

(28) 斜下冲拳（Low Cross Punch）：左手叉腰为例，右臂左前下冲拳，拳心朝下（图 8-3-28）。

(29) 斜上冲拳（Up Cross Punch）：左手叉腰为例，右臂左前上冲拳，拳心朝下（图 8-3-29）。

(30) 短剑：左手叉腰为例，右手胸前屈，拳心朝内（图 8-3-30）。

  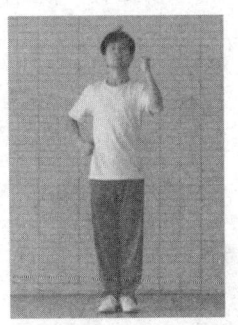

图8-3-28 斜下冲拳　　图8-3-29 斜上冲拳　　图8-3-30 短剑

（31）侧上冲拳：左手叉腰为例，右臂侧上冲拳，拳心朝外（图8-3-31）。

（32）X（X）：双腿开立，两臂头后平屈，拳心贴头，肘关节朝外（图8-3-32）。

 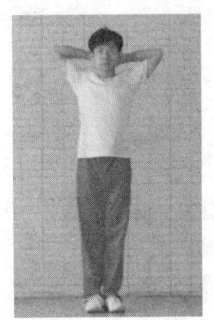

图8-3-31 侧上冲拳　　　　图8-3-32 X

（二）常用下肢动作的基本技术及规格

（1）立正站：直立，两腿并拢，手臂贴于体侧（图8-3-33）。

（2）军姿站：直立，脚跟分开，脚尖外开，两手背于体后（图8-3-34）。

（3）弓步站：前腿弯曲，后腿伸直，重心在两腿之间，两手背于体后（也有后腿弯曲的弓步站）（图8-3-35）。

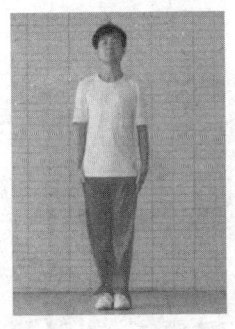 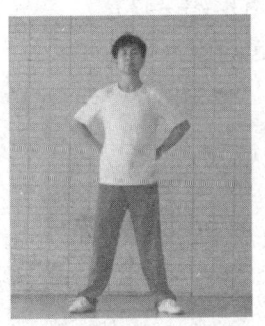 

图8-3-33 立正站　　　　图8-3-34 军姿站　　　　图8-3-35 弓步站

（4）侧弓步站：一腿弯曲支撑，另一腿伸直侧点地，重心在支撑腿上（图8-3-36）。

（5）锁步站：两腿弯曲，一腿交叉于另一腿前（图8-3-37）。

（6）吸腿站：一腿直立，另一腿屈膝抬起，大小腿保持90度（图8-3-38）。

图8-3-36 侧弓步站　　　　图8-3-37 锁步站　　　　图8-3-38 吸腿站

（三）常用的手型及规格

（1）胜利：握拳，食指和中指伸直成V字形（图8-3-39）。

（2）力量：拇指握于四指（图8-3-40）。

（3）喝彩：十指用力张开（图8-3-41）。

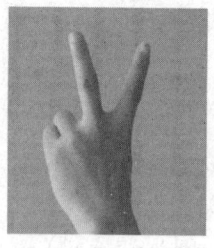 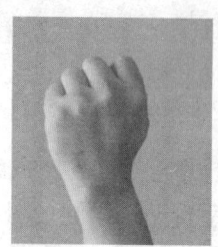 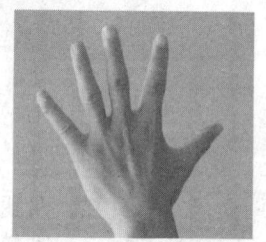

图8-3-39 胜利　　　　图8-3-40 力量　　　　图8-3-41 喝彩

（4）酷：中指和无名指弯曲，其他三指自然张开（图8-3-42）。

（5）团结：双手在虎口相握（图8-3-43）。

（6）真棒：四指相握，拇指竖起（图8-3-44）。

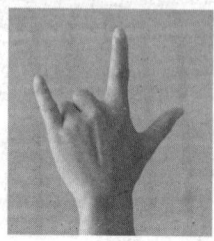 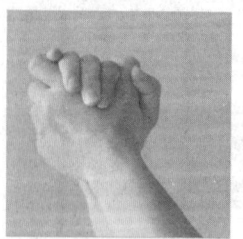 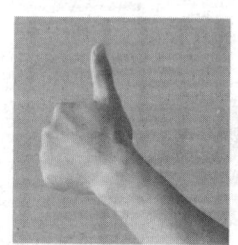

图8-3-42 酷　　　　图8-3-43 团结　　　　图8-3-44 真棒

(7) 勇往直前：握拳，食指伸出（图8-3-45）。

(8) 自信张扬：四指并拢，拇指张开（图8-3-46）。

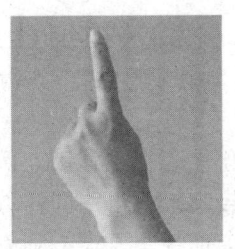 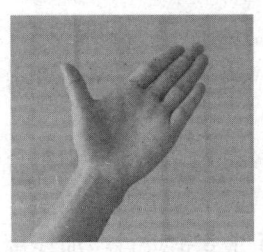

图8-3-45　勇往直前　　　　图8-3-46　自信张扬

四、啦啦操的训练方法

（一）手臂技术的训练方法

1. 游戏熟练法

主要目的是让学生熟练动作，熟记名称。

方法一　快速反应法：教师说出动作名称，全体同学快速反应做出相应的动作，教师再根据出现的问题强调动作规范。要求：发力正确，反应灵敏。

方法二　依次衔接法：学生成圆站立，每名学生代表一个32个基本手位的动作名称。从某一同学开始，边做边说出自己所代表的动作名称，做完再加一个下蹲的动作，完成后随意喊出一个动作名称，代表该动作的同学接力开始做该动作，以此类推。例如，"倒V蹲，倒V蹲，上H"，接下来，上H开始做动作。要求：所有动作及名称的精准配合。

2. 手臂位置控制训练

主要目的是为了让学生掌握精准的手臂位置，明确发力方式。

方法一　单个手位的耗时控制练习：例如，手臂斜线，手臂摆在正确位置2~3分钟，每次做3组。要求：在控制的同时感觉肌肉力量，形成肌肉记忆。

方法二　相邻手位的连接发力练习：例如，加油接高V，两次动作发力连接的准确性、控制力和美感练习。练习时，可以朝着正前方、左前方、右前方三个面来做动作；熟练后，可以配着口号来加强手臂的控制。要求：动作的短促有力，衔接有美感。

方法三　慢拍感受手臂的发力方式：例如，T，确定了动作的准确位置后，用清晰的路线把手臂动作做到位。每次都体会慢动作时的肌肉感觉。要求：不能让慢动作影响身体的控制。

方法四　徒手对镜子练习：例如，选择一组动作，对着镜子分解进行练习，增加运动的精准性。要求：注意发力的感觉。

方法五　手持器械负重练习：例如，上H，双手握小哑铃，用同样的发力感觉来做上H，每次间隔2~3秒，一组做8次，做5组。要求：不能因为手拿器械，动作就变形。

方法六　让肌肉感受不同的控制力量练习：例如，上A和下M，先做一个手臂动作；间隔3~5秒，再做另外一个手臂动作，感受不同的控制。要求：在做动作的时候，不同的手臂要有同样的身体控制状态。

方法七　变换节奏的动作练习：例如，加油、斜线、X、手臂还原，这 4 个动作分别进行 4 拍、2 拍和 1 拍变换动作的节奏。要求：动作的准确性和发力的连续性。

（二）下肢的训练方法

方法一　腿部控制练习：半蹲姿态控制练习。例如，双腿分开比肩宽，屈膝蹲成马步，上体直立，两臂侧举，每组坚持 3 分钟，一次 5 组，间歇 2~3 分钟。要求：重视运动后的拉伸练习。

方法二　平稳移动练习：运用小组合练习，强化重心平稳移动。例如，指定 4 个 8 拍的小组合，先练习第一个 8 拍的单拍动作，然后连接起来；再用同样方法练习下一个 8 拍的动作；最后，将 4 个 8 拍进行递加连接，节奏逐渐加快。要求：避免弹动的发力方式。

方法三　跳步练习：三连跳练习，即三个不同姿态的跳步动作连贯完成。例如，团身跳加 C 形跳加屈膝分腿跳。先做团身跳，保证单独做一个动作的准确性；再分别做另外两个动作；然后练习前两个动作的连接跳，再练习后两个动作的连接跳；最后三个动作进行连接。反复进行练习，间隔 5 秒钟左右。要求：爆发力跳起，落地缓冲。

方法四　绑沙袋步伐练习：两腿绑沙袋做下肢技术练习的动作。例如，两腿绑上沙袋后，做脚下步伐组合练习，用递加法；间歇 3~5 分钟，再进行练习。共 6 组，每组 3 遍。要求：重视运动后的拉伸练习。

方法五　肌肉控制练习：无支撑控腿。例如，控腿每次坚持 2 分钟，然后换另一条腿；间歇 5~8 分钟，共做 5 组。要求：重心稳重。

方法六　变换节奏练习：相同的动作，由慢变快。例如，找一组 4 个 8 拍的动作，先慢慢地喊拍，逐渐加快速度；然后变成击掌，击掌速度越来越快；最后配音乐；每天练习两组动作。要求：保持正确技术。

【思考题】

1. 啦啦操有哪些特点？
2. 啦啦操有哪些功能？
3. 如何欣赏啦啦操？

【参考文献】

［1］国家体育总局体育运动管理中心．2010－2013 年全国啦啦操竞赛规程［S］．

［2］国际全明星啦啦队协会，国际全明星啦啦队竞赛评分规则（2009－2012 年）［S］．

［3］《体操教材》编写组．体操［M］．北京：人民体育出版社，1998.

第四节　瑜　伽

【学习目标】

1. 了解瑜伽运动的基本知识，初步掌握练习瑜伽的正确方法。
2. 基本形成自觉锻炼的习惯和形成终身体育的意识；能够编制可行的个人锻炼计划，

养成良好的行为习惯，形成健康的生活方式，具有健康的体魄。

3. 养成积极乐观的生活态度，运用适宜的方法调节自己的情绪，在运动中体验运动的乐趣和成功的感觉，促进良好的人际关系。

一、瑜伽概述

瑜伽，原为梵文 Yoga 的中文音译，本意是"合一""连接""结合"，即自我和原始动因的结合。瑜伽要求练习者在练习时达到天人合一的境地，使其达到身、心、灵三者的升华。瑜伽是一种传统且时尚的健身运动。过去，瑜伽在人们脑海中是古老、高深莫测的；而现在却成为世界上流行的健身运动，它以其特有的魅力为越来越多的健身人士所喜爱。根据健身的理念创新而成的各种不同形式的瑜伽，更大程度地满足了不同健身人群的需求，吸引了更多的人群从事瑜伽锻炼。

（一）健身瑜伽的起源与发展

瑜伽是一种源远流长的古老的哲学体系，是一套人类控制自我精神和肉体机能的方法。瑜伽是来自印度的古老健身法，它起源于印度北部的喜马拉雅山脉，距今已有 5000 多年的历史。传说在古印度高达 8000 米的圣母山上，有人修成圣人，亦有人成为修行者，他们将修炼秘籍传授给有意追求者，因而沿传至今。瑜伽修持者开始只有少数人，一般在寺院、乡间小舍、喜马拉雅山洞穴和茂密森林中心地带修持，由瑜伽师讲授给那些愿意接受的门徒；以后瑜伽逐步在印度普通人中间流传开来。它是古代印度人的一种调身、调息、调气的健身方法，是古代印度文化的一部分。瑜伽是印度哲学的六大正统体系之一。瑜伽派是古代印度哲学的一个派别，其着重说明调整气息与静坐等修行方法，南北朝时期传入中国，后来成为佛教界颇有影响的一派。瑜伽既诠释了哲学的思想，也是一种身心与精神结合的运动。

目前，瑜伽已在全世界广泛传播。瑜伽有一套从肉体到精神的极其完备的修持方法。当今的瑜伽不只属于哲学和宗教的范畴，它有着更广泛的含义，千年不衰，有强大的生命力。近年来，动作缓慢优雅、讲求身心平衡的瑜伽，成为全世界最流行的健康新风潮——健身瑜伽。所谓健身瑜伽，是指用来增进人们的身体、心智和精神完善的练功方法。健身瑜伽摒弃了传统瑜伽的一些特殊要求，如提升生命之气；健身瑜伽吸取了古老瑜伽精髓的东西，如道德修炼法、体位法、呼吸法、松弛法，让人注重伦理道德的修养，使人获得身心放松，预防和缓解身心疾病。健身瑜伽既融入了我国传统医学——经络学说，也注入了一些时尚健身的内涵，它将传统医学与古老瑜伽术融合在一起，对促进人体健康、塑造体型有积极作用。从少数练习者的运动到时尚的最前沿，瑜伽的魅力吸引着越来越多的追求者。

（二）瑜伽的特点

（1）所有的姿势都要配合呼吸，呼吸是生命的基础，正确的呼吸可以加强全身系统功能、增进健康、增强生命力，瑜伽所有的姿势、冥想都是以呼吸贯穿始终。只有通过呼吸才能充分感受到身体的拉伸、挤压、扭转的过程，才可以清洁肺部及加速消除体内的毒素，同时能让练习者的心绪更平静、祥和。

（2）在所有瑜伽姿势中，吸气与呼气和身体的紧张与松弛始终保持一致。通过呼吸使身体紧张有度，不会过度僵硬。慢慢地让心神沉浸在所做的动作中的时候，会感觉到肌肉和韧带在一点一点地伸展，感觉到肌肉在放松。身体的放松使姿势完成的幅度、角度越来越大，加强身体的柔韧性，提高对肢体的支配能力。运动后，身体会因乳酸堆积而造成肌肉酸痛和僵硬状态，通过瑜伽特有的呼吸和伸展的过程可以使肌肉、结缔组织以及其他组织得到伸展，改善机体血液循环，加速乳酸消除，增强肌肉和结缔组织的灵活性；缓解肌肉紧张，有利于更好地促进身体的恢复。

（3）讲究放松伸展的练习。瑜伽姿势要求动作缓慢且步骤分明，每做一个练习时都是放松而有控制的，伸展再配上正确的呼吸和冥想进行练习；任何姿势都可以做到自己能承受的角度，不超出自身的极限，没有强迫性，从而减少或避免对身体的伤害。

（4）严格的饮食方式。瑜伽饮食法讲究食用简单、自然易消化的食物来助长身体和精神上的健康。瑜伽是一种生活方式，除了呼吸和姿势之外，还需注重饮食。首先，吃得要适中，只要能不饿就行，不能吃得过饱。其次，提倡素食，尽量吃比较清淡、有营养的食物，避免吃酸、辣、刺激性、烧焦、不新鲜、不干净、无味或味道过重的食物。

（5）思考与冥想。积极的思考可以提高练习者的才智，有意识地控制自己的本能直觉；冥想能让练习者感触到心灵深处的虚无境地。

（三）健身瑜伽的锻炼价值

通过练习健身瑜伽，不仅能得到古老瑜伽的益处，而且使人拥有更优美的体态、更畅通的血液循环、更好的柔韧性、更强的免疫力、更好的神经功能、更强的力量和忍耐力；同时，对风度、气质及自信心的培养也大有裨益。健身瑜伽在追求自然的同时，也追求一种美感。就体位法而言，古老瑜伽可能更注重的是肢体的自然舒展；而时尚健身瑜伽则不仅要求肢体得到伸展、心神合一，而且要求动作做得更富有力度、富于美感，在练习的过程中，身体的每一块肌肉都能得到拉伸。例如，一个两手侧伸展的瑜伽姿势，古老瑜伽要求的是轻轻举起两手就可以了，它讲究的是自然；而健身瑜伽则不一样，它要求在举起两臂的时候，应尽可能向两侧伸展，并使两手臂的肌肉紧张起来，同时用心去体会肌肉伸展的这种感觉。这样，人们练习健身瑜伽时，不仅心灵得到锻炼，而且肌肉也得到锻炼，从而达到真正的身心合一。一些健身瑜伽姿势能让女性保持苗条身段，尽快消除腰、腹、臀部过多的脂肪，不仅使女性从外观形体上更加柔美，而且使其内部生理结构也获得最佳改善。许多健身瑜伽姿势能消除妇女的经期疼痛，使人面色红润、消除皱纹、延缓衰老，使女性从身心两方面都获得健康。健身瑜伽可以预防和治愈一些男性生理或心理疾病，如郁闷、紧张、心烦等，不仅使男士从内部生理结构上获得很大的改善，而且能使他们更健壮、更高大、更显男性魅力。一些健身瑜伽姿势同样适合老年人，使他们身体的平衡得到很好的锻炼，保持心灵的警觉，增强身体的协调能力；同时，使其柔韧性更好，似有返老还童的感觉，并能延年益寿。健身瑜伽可以提高青少年集中注意力的能力，锻炼他们的心肺功能，促进其身体的生长和发育。只要坚持不断地练习健身瑜伽，练习者就会更健康，就会拥有更强、更有力的心肺功能，更聪明、更敏捷的大脑，更有魅力的身材及更满意的人际关系。

（四）健身瑜伽练习的注意事项

（1）时间。早晨是练习健身瑜伽的最好时间。早晨空气清新，环境安静；但不宜在日出前练习，因为此时树木释放的二氧化碳较多，对人体健康有害。当然，黄昏或白天其他时间也可以练习健身瑜伽。

（2）阳光。不要在烈日下做健身瑜伽。

（3）场地。不要在冷硬的地面直接练习，要在干净、平坦的地方练习；也可在地面铺上垫子或毛巾，以免损伤身体。若在室内练习，要求通风条件好；周边尽量没有家具或其他遮挡物妨碍自己身体的自由舒展。高温瑜伽另有要求。

（4）服装。衣服应舒适宽大，尽量穿健身瑜伽专用服。这种服装不仅弹力强，能伸展自如，而且吸汗性能好。夏天赤足最好，冬季可穿软底布鞋。

（5）肠胃。练习前3小时不进正餐，半小时前不要大量饮水；练习结束15分钟至半小时后进食。

（6）呼吸。在没有特殊要求的情况下，都用鼻子呼吸。

（7）饮食。尽量多吃原生食物、粗粮，多吃水果、蔬菜类；少食多餐，细嚼慢咽。

（8）沐浴。若有练功后沐浴习惯的人，应在沐浴后15分钟进行练习；在练习健身瑜伽后至少15分钟再沐浴。

（9）音乐。练习时伴随健身瑜伽音乐或轻音乐，可以提高练习者的兴趣，也可使神经更加安宁、心灵更加纯净。

（10）保健。练习时关节或骨骼可能会发出一些响声，不必紧张，说明关节、韧带都拉开了，应当继续练习，身体将变得更灵活。如身体某处发生极端疼痛或痉挛，应立即停止练习，请指导老师按摩或自我按摩，以后须更加小心或不做此练习。每个人的身体柔韧性不同，尽自己的能力就可以了。练习健身瑜伽不是表演，也不是比赛，它只是自我身心的锻炼。

（11）力度。一个人伸展到自己的最大限度或感到舒适为止，这就把练习做得正确了；当在做练习时，集中注意力在这些姿势对自己体内产生的感觉上，不要勉强用力。

（12）放松。健身瑜伽的放松功能让人身心放松，同时也可缓解失眠症。经常练习，可缓解精神沮丧和抑郁。

（13）自信心。练习健身瑜伽，时间越长效果越好，它能更好地锻炼人们的恒心和耐心，并增强人们的自信心。

健身瑜伽虽然可以预防和缓解许多身心疾病，但身体真正有了疾病时，还是首先应该去看医生。有些身体患有疾病的人需征得医生的同意后，再进行练习。

二、瑜伽的基本技术

（一）瑜伽呼吸法

1. 腹式呼吸

仰卧，也可以站立或坐着。一手放于腹部，一手放于胸部。根据腹部的活动可以弄清横膈膜是否在正确活动。横膈膜收缩之后，其圆盖形的中央部位扁平，压迫腹部脏器，腹部扩张，这时肋骨和肋间肌是静止的。另一方面，在腹部自然收缩的时候，横膈膜不能降下，也就是说吸气时，圆盖形的横膈膜变平，胸部向下方扩张，体积增大，腹部慢慢下降，所有气体排出腹腔。用一句话概括，就是胸部不动，腹部动。

2. 胸式呼吸

姿势同"腹式呼吸"。一手放于胸部,一手放于腹部,横膈膜静止,不要使腹部扩张。深深吸气,肋间肌扩张一部分肺,横膈膜处于平时的位置,因此,呼吸完全通过附着在肋骨上的肋间肌的运动进行。一句话概括,就是腹部不动,胸部动。

3. 完全式呼吸

姿势同"腹式呼吸"。首先慢慢吸气到腹部,腹部慢慢地鼓起,接着气体进入到胸的下半部、上胸部;然后从胸部慢慢呼出所有气体,收缩腹部,将腹部所有气体排出。也就是将腹式呼吸和胸式呼吸结合起来进行,这样,呼吸器官全都活动起来,新鲜的空气充满肺部,这就是正确的瑜伽呼吸法。经常练习瑜伽呼吸法,能预防和治疗感冒、哮喘等疾病,它给整个呼吸系统以良好的刺激。

(二)瑜伽初级坐法

1. 简易坐

(1) 动作要领:坐在地上,两腿向前伸直;屈右膝,将右脚心放于左大腿之下;屈左膝,将左脚心放于右大腿之下;伸直脊柱、颈椎,两手放于膝上。

(2) 动作要求:伸直脊柱、颈椎。

(3) 易犯错误:脊柱、颈椎弯曲。

(4) 纠正方法:将注意力集中在脊柱和颈部。

2. 半莲花坐

(1) 动作要领:坐下,两腿向前伸直;弯起右小腿并让右脚脚板底顶紧自己的左大腿内侧,弯起左小腿并把左脚放在自己的右大腿上面,使头、颈和躯干保持在一条直线上。以这个姿势坐着直至自己感到极不舒服,然后交换两腿的位置,继续再做下去。这个姿势能使自己渐渐适应莲花坐。

(2) 注意事项:凡是患有坐骨神经痛和骶骨毛病的人不宜做这个练习。

3. 莲花坐

动作要领:先做坐下的姿势,两腿向前面伸直。用双手抓着自己的左脚,把它放在右大腿上面,脚跟放在肚脐区域下方,左脚脚板底朝天;用双手抓着自己的右脚,把它扳过左小腿上方,放在左大腿之上,脚跟放在肚脐区域下方,右脚脚板底也朝天。脊柱要保持伸直,试努力保持两膝贴在地上,尽量长久地保持这个姿势。交换两腿位置,并重复这个练习。每次打坐之后,按摩两膝、大腿、两踝和两小腿。

(三)健身瑜伽姿势练习

瑜伽姿势练习和大多数体育练习不同,它不涉及快速或用力地运动,也不引起粗重的呼吸;相反,瑜伽姿势做得很缓慢,步骤很分明。修习者在做每一项瑜伽练习时,都是放松而又警惕的,需把注意力集中在这项练习在其体内所产生的感觉上。

1. 山式(图 8-4-1)

动作要领:直立,双腿伸直,双脚并拢;挺胸、收腹、气息往下沉在小腹部,双肩外展,双臂放松,保持自然呼吸。

2. 树姿势(图 8-4-2)

(1) 动作要领:双脚并拢,以山的姿势开始,脚趾充分张开伸长,用前面大腿肌肉来带动在膝关节附近的肌肉；左脚抬起，紧紧地贴在右腿内侧（必要的时候可以用手来帮忙），保持平衡，右腿要保持直立的姿势；两臂伸直，双掌合十高举过头。

（2）动作要求：伸直脊骨，挺起胸和肩膀，深深呼吸，保持这个姿势30～60秒钟；伸直左腿，恢复基本站立式，也可以继续保持重复练习。

（3）易犯错误：支撑腿不容易保持平衡，腰背不够挺直。

（4）纠正方法：坚持5次呼吸的时间，如果灵活性和柔软性比较差的话，可以把左脚放到小腿或脚关节的位置。

图8-4-1　山式　　　　　　　图8-4-2　树姿势

3. 战士第一式（图8-4-3）

（1）动作要领：从基本站立式开始，深深吸气，两脚大大分开，两臂向两侧平举，与地面平行；从这个三角式做下去，左膝挺直，右脚向右转90度，左脚向同方向转15～30度，屈右膝，直至大腿与地面平行，小腿垂直于地板和大腿，然后两手向两旁尽量伸展出去，头向右转，两眼注视右手指尖。

（2）动作要求：臀部、身体和肩膀放松，居中，双臂平伸，与肩同高，手心向下，使劲伸指尖，好像去触墙，保持这个姿势约30秒钟，恢复到三角式反方向做动作。

（3）易犯错误：右大腿与小腿的角度太小，后腿膝盖不挺直，手臂伸展的幅度不够。

（4）纠正方法：保持5次呼吸的时间，尽量伸展后小腿背面的小腿腱和其他肌肉，初学者后腿可以伸近些。

4. 战士第二式（图8-4-4）

（1）动作要领：从基本站立式开始，双掌合十，高举过头并尽量伸展；然后吸气，两腿分开；呼气，将右脚和上身躯体向右转90度，左脚向同方向略略转过来；弯曲右腿膝盖直到大腿与地板平行，而小腿则与地板及大腿成垂直角度；左腿后伸，膝部挺直。

（2）动作要求：头向上方仰起，两眼注视合十的双掌，尽量伸展脊柱，有规律地呼吸，保持姿势20～30秒，向下压肩膀和后背，恢复到基本站立式反方向练习。

（3）易犯错误：后腿容易屈膝，前腿大腿和小腿之间角度小于90度，腰背不挺直。

（4）纠正方法：保持5次的呼吸时间，可以先从后腿的屈膝开始练习，逐渐过渡。

图 8-4-3 战士第一式　　　　　图 8-4-4 战士第二式

5. 战士第三式（图 8-4-5）

（1）动作要领：从战士第二式开始，上身直着向前倾，抬起左脚，寻找平衡，然后上身完全向前，提起左腿直到身体和左腿平行，充分伸展左腿，从臀部到脚趾；保持臀部正直，脸朝向地板，双掌合十高举过头尽力伸展。

（2）动作要求：屈右膝直到大腿与地板平行，小腿垂直于地板和大腿，左腿膝部挺直，保持这个姿势约 20 秒，回到战士第二式重复练习。

（3）易犯错误：腰腹不紧张，后腿不伸直，支撑腿不稳定。

（4）纠正方法：深长而均匀地呼吸两三次，接着放松；如果这个动作难度太大，在最初的时候可以把腿架在一把椅子上。

6. 三角伸展式（图 8-4-6）

（1）动作要领：从两腿分开伸直开始，脚尖微微向外，两臂两侧平伸，与地面平行，成基本三角式；呼气，慢慢向右侧弯腰，两臂继续成一直线，身体较柔软就可以做到右手触到右脚踝或右脚，同时双臂垂直于地面。

（2）动作要求：在弯腰过程中要保持两臂与躯干成 90 度，感觉自己在拉长、长高，充分地伸展身体，保持这个姿势 10 秒钟，舒适地呼吸、吸气，慢慢恢复到基本三角式。

（3）易犯错误：当向侧边弯腰时要避免腰部以上躯干也同时向前弯曲的倾向，向前弯会减弱这个姿势的效果。

（4）纠正方法：使腿伸直，如果做不到，膝盖可以稍弯曲，躯干和手臂拉长吸气，下方的一只手放在胫骨、脚关节或地板上；坚持左臂和右臂在一条直线上，抬头向上看，保持 5 次呼吸时间；恢复原位，再开始另一侧练习。

图 8-4-5 战士第三式　　　　　图 8-4-6 三角伸展式

7. 向太阳致敬式（图 8-4-7 至图 8-4-19）

（1）动作要领：挺身站立，但要放松，两脚靠拢，两掌在胸前合十，正常地呼吸，两脚保持平放在地上（图 8-4-7）；随着把双臂高举头上（举臂时，两手食指相触，掌心向前），缓慢而深长地吸气，上身自腰部起向后方弯下（图 8-4-8）。在这样做的过程中，两腿、两臂都伸直；上身向后弯以帮助增加脊柱的弯度。一面呼气，一面慢慢向前弯身，用双掌或两手手指触及地板（不要弯曲双膝），以不感到太费力为限，尽量使头部靠近双膝（图 8-4-9）；一面保持两掌和右脚在地板上稳定不动，慢慢吸气，同时把左脚向后伸展（图 8-4-10）。在做上述动作的过程中，慢慢把头向后弯，胸部向前方挺出，背部则成凹拱形。一面慢慢呼气，一面把右脚向后移，使两脚靠两腿伸直，身体应该像一块斜放的木板的样子（图 8-4-11）；一边呼气，一边让臀部微微向前方摇动，一直到两臂垂直于地面为止，然后蓄气不呼，弯曲两肘，把胸腔朝着地板方向放低（臀部和腹部比胸部离开地面还高少许）（图 8-4-12）。一边保持胸部略高于地面，一边慢慢呼气，把胸部向前移，直到（首先）自己的腹部，（跟着）自己的两条大腿接触地面；吸气，同时慢慢伸直两臂（或者以不过背部为限，尽量伸直两臂），上身从腰部向上升起；背部应成凹拱形，头部像眼镜蛇式那样向后仰起（图 8-4-13）。呼气，同时把臀部升高到空中（图 8-4-14）。一边吸气（双掌和右脚稳定地放落在地面上），一边弯曲左腿并将左脚伸向前边；向上看，胸膛向前挺，脊柱呈凹拱形。试把这个动作做得连贯不断，一气呵成（图 8-4-15、图 8-4-16）。一边保持两掌放在地板上，一边慢慢呼气，把右脚放在左脚旁边；低下头，伸直双膝（图 8-4-17）。一边吸气，一边慢慢抬高自己的身躯，两臂和背部向后弯，如图 8-4-18 所示。一边呼气，一边恢复到开始的姿势，两掌在胸前合十（图 8-4-19）。

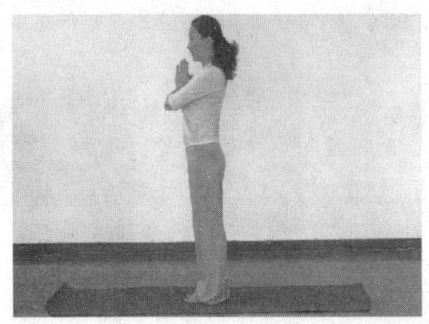

图 8-4-7

图 8-4-8

图 8-4-9

图 8-4-10

图 8-4-11　　　　　　　　图 8-4-12

图 8-4-13　　　　　　　　图 8-4-14

图 8-4-15　　　　　　　　图 8-4-16

图 8-4-17　　　　　　　　图 8-4-18

图 8-4-19

图 8-4-7 至图 8-4-19 向太阳致敬式

（2）动作要求：本体位是由几个不同体位组合而成，注意不同体位之间的衔接要流畅。

（3）易犯错误：动作不流畅，有间断。

（4）纠正方法：把体位分成几个部分来练习，熟练后再串联起来练习。

8. 单腿交换伸展式（图 8-4-20）

（1）动作要领：坐在地上，两腿向前伸出，右腿收到腹股沟部位，紧靠左大腿上段的内侧；两臂向前伸，两手并拢，与眼睛同一高度，慢慢呼气，向前弯身，用两手抓左脚，躯干拉近腿部，两肘向外弯曲。

（2）动作要求：弯身动作应先从下背部开始，然后逐渐及于脊柱上方；熟练后，头部能靠在双膝上，手抓住脚尖；放松颈部肌肉，颈项向下垂，保持这个姿势10秒钟或更长；然后吸气伸直双臂，抬高躯干，右腿沿左腿滑动出去，恢复到起始式。

（3）易犯错误：颈部肌肉太紧张，腰背僵硬，呼吸混乱。

（4）纠正方法：两臂向前伸时，两手与眼睛同一高度；闭目，把注意力集中在两眉之间的中点上；每条腿可以做两次；休息20秒钟，然后重复练习。

9. 半舰式（图 8-4-21）

（1）动作要领：坐着，两腿向前伸直，十指相交置于头后，微微后倾两脚离地，双膝不要弯曲，两腿与地面成 30~40 度角。

图 8-4-20 单腿交换伸展式

图 8-4-21 半舰式

(2) 动作要求：全身重量应靠臀部来平衡，背部任何部位绝不触及地面，脚趾的顶尖与头同一高度，保持姿势 20~60 秒钟，恢复到起始式。

(3) 易犯错误：颈部肌肉太紧张，背部着地，呼吸混乱，易悬息。

(4) 纠正方法：不要悬息也不要深呼吸，深呼吸会使腹部器官松动；休息 20 秒钟，然后重复练习。

10. 犁式（图 8-4-22）

(1) 动作要领：平直仰卧，两腿并拢，两臂平靠体侧，掌心向下；吸气，两腿伸直，脚掌用力下按，收缩腹部肌肉，两腿离地举起伸到躯干上方，直至头后，臀部和下背部离开地面。

(2) 动作要求：当两腿伸至与躯干成垂直角度后，呼气并继续将两腿向后摆伸过头；如果脊柱相当柔软，脚趾可以碰到地面，保持 15 秒钟，缓慢有规律地呼吸。

(3) 易犯错误：膝盖容易弯曲，恢复时头部不要离地，腰腹要保持紧张，控制节奏。

(4) 纠正方法：如果脊柱很僵硬，就保持两腿与躯干垂直，20 秒钟再恢复常态；如果可以继续舒适地后伸两腿，在不感到吃力的情况下，尽力做到自己的最大限度，停住保持 20 秒钟再恢复；多次练习后再加大动作幅度，在展开躯体时，为不让头离地，轻微地拱起颈项，动作结束；休息 20 秒钟后，再做两次。

11. 单腿肩倒立式（图 8-4-23）

(1) 动作要领：背部贴地仰卧地面，两腿慢慢举起，当垂直于地面时，升起髋部将腿向后方送去，两手放在下背部，将两髋和躯干垂直竖起，胸部触及下巴，形成肩倒立姿势；然后保持右膝伸直不屈，右脚放到地面，左脚保持向上伸直，保持 10 秒钟，呼气，慢慢恢复到肩倒立；休息几秒钟，然后换脚练习。

图 8-4-22 犁式　　　　图 8-4-23 单腿肩倒立式

(2) 动作要求：在形成肩倒立时，做几次呼吸，保持几秒钟再开始练习单腿。

(3) 易犯错误：肩倒立时两臂和躯干与地面不垂直，膝盖弯曲。

(4) 纠正方法：两腿上举同时两手快速支撑住腰背部，脚尖尽量向上伸。

12. 前伸展式（图 8-4-24）

(1) 动作要领：坐在地上，两腿向前伸直，上身躯干向后方倾，同时两掌移向两髋的后方，十指指向两脚，弯曲双膝；把两脚平放在地面上，呼气，收缩腹部，轻柔地将臀部升离地面，将两脚移向前边，形成两膝伸直。

(2) 动作要求：两臂应与地面垂直，身体重量落在两臂、两脚之上，可以抬头或垂下，正常呼吸，保持姿势 10～30 秒钟，呼气，慢慢恢复到起始姿势。

(3) 易犯错误：胸部不够舒展，腰臀上伸幅度不够，手臂容易弯曲。

(4) 纠正方法：两臂距离与肩同宽，腹部肌肉收缩有力，脚尖绷直，胸部舒展；刚开始可以相互辅助练习，适当地托住髋骨。

图 8-4-24 前伸展式

13. 猫式

(1) 动作要领：按基本跪姿跪好，两手放于胸前地面，抬起臀部。吸气，抬头，收缩背部肌肉，背部凹下（图 8-4-25）；呼气，低头，拱起背部（图 8-4-26），尽量深长地吸气和呼气，将拱背和凹背各做 8～10 次；恢复到基本跪立姿势，放松。

(2) 动作要求：尽量将背部拱起和凹下，尽量深长地吸气和呼气。

(3) 易犯错误：背部拱起和凹下不明显，手臂弯曲。

(4) 纠正方法：相互辅助练习，适当地托住腹部。

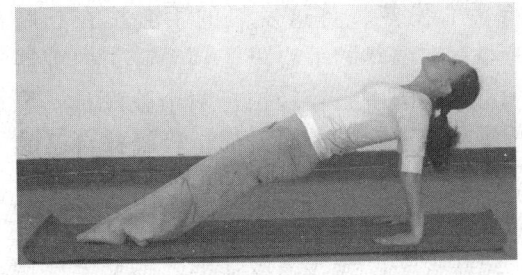

图 8-4-25

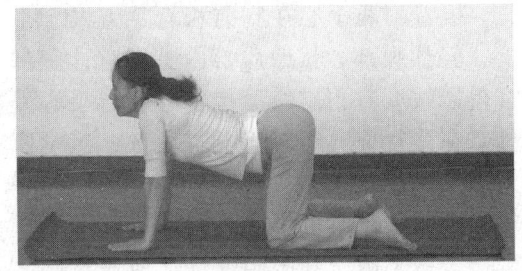

图 8-4-26

图 8-4-25 至图 8-4-26 猫式

14. 健身瑜伽放松功（图 8-4-27）

健身瑜伽放松功能在最短时间内消除疲劳，消除忧虑，消除郁闷和紧张情绪，减轻工作和生活带来的各种压力；平缓呼吸，安宁整个神经系统，使人心态平和、安详，达到消除疲劳、放松身心的功效。

动作要领：健身瑜伽放松功从仰卧开始，两手放于体侧，手心朝上，两脚按自己舒适的方式稍分开，有条件的话，用一块黑色布缎或其他软布类（毛巾也可）轻轻遮盖住双眼，以便能得到更好更彻底的放松，排除一切杂念，将注意

图 8-4-27 健身瑜伽放松功

力全部集中在自己身体的各个部位。

首先，从右脚开始：放松右脚趾、脚心、脚背、脚后跟、脚踝、右小腿后侧、右小腿胫骨、右膝盖窝、膝盖、右大腿后侧、右大腿前侧、右腹股沟、右髋部、右臀部、右侧腰部、右侧腋窝、右肩膀、右上臂、肘部、前臂、右手腕、右手背、右手心、右手所有的手指；接着，转到身体的左侧：放松左脚脚趾、脚心、脚背、脚后跟、脚踝、左后侧、左小腿胫骨、左膝盖窝、膝盖、左大腿后侧、左大腿前侧、左腹股沟、左髋部、左臀部、左侧腰部、左侧腋窝、左肩膀、左上臂、肘部、前臂、左手腕、左手背、左手心、左手所有的手指；接着，转到上身躯干：放松胸部、整个胸腔、心脏、横膈膜、腹部、内脏器官、骨盆、性器官、肛门、腰骶椎、整个脊柱、整个背部；接着，转到颈部和头部：颈部前侧、颈椎、后脑勺、头顶、头皮、前额、两个脸颊、两耳、两眉、眉心、眼皮、眼球、眼睑、鼻子、嘴唇、牙齿、舌头、下巴、整个头部。

之后，感觉身体每一个关节、每一个部位全都放松了，身体很轻很轻，轻得像一片羽毛飘浮在空中。想象自己躺在海边，躺在沙滩上；蓝蓝的海水，蓝蓝的天空，海面平静极了……一群海鸥在蓝天飞翔，起风了，渐渐有了浪花，浪花触及自己的双脚，触到自己的全身，惊醒了。静观自己的呼吸，呼吸自然而平稳地进行，吸气的时候感觉自己正在吸气，呼气的时候感觉到自己正在呼气。轻轻活动自己的脚趾，轻轻转动脚踝，轻轻活动手指，轻轻转动手腕。将头轻轻转到右侧，慢慢转回到中间；再轻轻转到左侧，慢慢转回到正中。

接着，两手心在胸前相合，互相磨搓，待手心发热，将这发热的手心按在肚脐上，轻揉腹部，按摩腹部内脏器官；腹部内脏器官在温热的手心里受到温暖，内脏器官得以按摩。再继续磨搓手心，待手心发热，让发热的手心轻轻拍打两个脸颊；就像母亲在爱抚婴儿，轻轻拍打头部，感觉所有的疲劳都消除了，用大拇指轻轻按自己的太阳穴，感觉精力正在恢复。继续磨搓手心，待手心发热，将发热的手心捂住闭着的双眼，眼睛感觉到温暖，眼球得到放松，眼睛在温暖的手心内慢慢睁开，十指分开，手指缓缓下滑，让眼睛慢慢适应这自然之光；深深吸一口气，慢慢呼出，感觉全身心得到彻底放松，现在屈双膝，慢慢坐起。睁开眼睛，将头部轻轻摆动；再慢慢站起来，两脚并拢，两手放于体侧。深深吸气，两手从旁分开，举至头顶，十指相交，转动手腕，手心朝天，感觉所有的紧张得以消除，全身充满了活力、充满了元气。呼气，两手臂从旁放下；再次吸气，两手上举，十指相交，转动手腕，伸直肘部，延伸脊柱，踮起脚跟，露出笑脸，感觉全身恢复了活力；呼气，放低脚跟，放下两手臂。健身瑜伽放松功结束。

三、瑜伽练习时的指导方案与注意的问题

（一）指导方案

日常生活中，在工作地点、家里、学校等地方做一次短暂的瑜伽练习都是很有益的，这不仅能增进练习者的健康，而且也会改善其对生活的态度，从而提高生活效率。一个人只要学会了哪怕是少数几种姿势就可以立即开始养成自我练习的好习惯。在没有导师指导的情况下，个人需要修习瑜伽，必须自行制订自己的瑜伽修习计划。对于刚开始练习瑜伽的人应该试试以下这个基本的每日例行计划。早上：尽可能早点起床，沐浴

（最好是冷水浴）、刷牙等之后，在进食之前练习。首先，各种姿势做 10~60 分钟；其次，瑜伽语音冥想（时间允许做多久就多久）。中午：各种姿势和瑜伽语音冥想（以时间长短为准）。傍晚：沐浴之后，晚饭之前。首先，各种姿势（短时间）；其次，瑜伽语音冥想。睡前：各种姿势（不要在饭后太快练）和瑜伽语音冥想。以上的一般模式并不是严格固定的，可以自行决定在一天的什么时候来做这些瑜伽练习。但是，有可能的话，应该试试每次练习都做完整组的姿势，而且最好是每天在同一时间练习。无论是何种情况，每个人都必须使其修习计划安排得适当。初学者不想自己制订瑜伽姿势计划，可以从以下两个计划中任选一个来练习。计划之一：①三角伸展式。②单腿交换伸展式。③犁式。④肩倒立式。⑤单腿肩倒立式。⑥颈部练习。⑦前伸展式。⑧树式。计划之二：①颈部练习。②前伸展式。③战士第一式。④战士第二式。⑤战士第三式。⑥半舰式。⑦仰卧放松功。

（二）自主练习瑜伽时应注意的问题

（1）练习前做 5 分钟热身运动：放松关节及身体。

（2）练习顺序应为站立动作、坐立动作、躺卧动作及倒立动作、背后弯动作、扭转动作、前弯动作。每次练习以平躺在地上，全身放松休息（休息式）5 分钟结束。

（3）所有伸展、下弯及扭转动作在做完一侧后，应以同样方式做另一侧，以使身体得以平衡锻炼。

（4）充分理解每个动作，练习应缓慢、流畅；练习时精力应完全集中，并意识到动作所锻炼的身体部位。

（5）开始每个动作、保持姿势及完成动作过程中注意呼吸。

（6）做身体前弯动作时（胸及腹部受到压力时）呼气，做身体后弯动作时（胸及腹部伸展时）吸气；呼吸与开始完成动作应和谐进行，保持姿势时正常呼吸，并将注意力集中在呼吸上。

（7）在体力及精神允许的情况下保持某一姿势的时间越长，受益越大；每一动作的长短，也由练习时间及动作数量而定。

（8）所有上身前弯动作，若头部放松于支撑物上，有助于减除压力。

（9）完成动作应按开始动作的相反顺序进行。

（10）需了解自己身心的不足，不要强迫自己达到姿势的最终要求。

（11）在集体练习时不要有与他人竞争的念头。

（12）若有任何病症，应在开始练习瑜伽之前咨询医生及告知瑜伽老师。

（13）患有高度近视、高血压、青光眼、视网膜脱落、耳出脓及颈椎炎的人，必须避免做倒立动作。

【思考题】

1. 简述瑜伽的健身价值。
2. 练习瑜伽时应注意哪些问题？

【参考文献】

[1] 柏忠言，张蕙兰. 瑜伽：气功与冥想 [M]. 北京：人民体育出版社，2000.

［2］科雯. 瑜伽 52 式健康功效图谱［M］. 北京：中国纺织出版社，2006.

［3］冯永丽，曹红娟，杨兰. 普通高校瑜伽课程教材［M］. 天津：南开大学出版社，2009.

［4］百度百科（http：//baike. baidu. com）.

第九章 休闲运动

第一节 毽 球

【学习目标】

1. 了解毽球运动的起源及发展过程,毽球的各种技术及练习方法。
2. 通过学习与训练,能够进行简单的网毽比赛;同时,了解花样毽球的常见动作,能够欣赏并分析花样毽球比赛。

一、毽球运动概述

毽球又称"毽子",起源于我国汉代。我国有正式毽子比赛的记载是在1928年,20世纪70年代后期,德国有人在中国的武汉第一次看到这种简便易行、老少皆宜的新游戏,随即带回欧洲,并在德国、匈牙利、芬兰等国推广开来;发展到90年代,东南亚一些国家和地区也相继开展了这项运动。1999年11月,国际毽球联合会在越南成立,发起国家和地区为中国、越南、匈牙利、德国、老挝、中国台北、中国香港、荷兰。目前,德国、爱尔兰、匈牙利、荷兰、美国、加拿大、日本、韩国、越南、马来西亚、新加坡等国都在开展毽球运动,中国生产的毽球已出口到欧洲、美洲、亚洲等十几个国家和地区。

二、毽球(网毽)的基本技术以及学练方法

(一)准备姿势

毽球准备姿势的作用,是准备动员身体最大的能力,抓住时机,快速移动,及时发挥各种攻防技术。毽球准备姿势有两种。

(1)左右开立式。两脚左右开立,略宽于肩,脚跟稍提起,两膝关节微屈稍内扣,上体放松稍前倾,两臂自然置于身体前方或体侧,目视来球方向(图9-1-1)。

(2)前后开立式。两脚前后开立,两脚距离同肩宽,撑脚在前,两膝节微屈稍内扣,后脚脚跟提起,身体重心稍前移,两臂自然置于身体前方或体侧,目视来球方向(图9-1-2)。

(二)移动

毽球运动中,步伐移动的目的是把人与球的位置调整到最佳,有利于更好地发挥传、接、攻、防等技术。毽球采用的步伐移动通常有八种:

(1)前上步。做前上步移动时,踢球脚蹬地,支撑脚向前跨出一步,踢球脚跟上后成踢球准备姿势。

图 9-1-1　左右开立式　　　图 9-1-2　前后开立式

（2）后撤步。做后撤步时，支撑脚向后蹬，重心后移，同时踢球脚向后跨出一步，支撑脚跟上后成踢球准备姿势。

（3）滑步。左右开立准备姿势，身体欲向右侧滑动，左脚用力侧蹬，重心侧移，同时右脚向侧迈出，左脚迅速跟上，做好踢球的准备；身体欲向左侧滑动，动作相反，滑步可连续使用。

（4）交叉步。其动作方法是身体向右移动时，上体稍向右转，左脚从右脚前面向右迈出一步，右脚再迅速向右迈出一步落在左脚的右边；同时身体向来球方向转动，做好踢球前的准备姿势。

（5）跨步。跨步时，一脚用力蹬地，另一脚向来球方向跨出一大步，后脚随重心前移自然跟上，做好踢球的准备。

（6）并步。并步时，一脚向来球方向跨出一步，另一脚迅速蹬地跟上，并做好踢球前的准备姿势。

（7）转体上步。左转体时，以右脚为中枢，左脚向后蹬地，重心下降稍后移，以髋带动向左转体 90~180 度，成踢球准备姿势；右转体动作相同，方向相反。

（8）跑步。跑动的第一步同前上步、后撤步、交叉步的第一步，第二步开始逐渐进入正常跑动，最后停止时重心稍下降成踢球的准备姿势。

（三）发球技术（以右脚发球为例）及学练方法

1. 发球技术

发球是毽球比赛的开始，毽球发球通常采用三种方法。

（1）脚内侧发球。两脚前后分立，左脚在前，左手持球；平稳抛球后，右腿膝关节外展，由后向前上摆动，小腿发力，用脚内侧中部击球过网（图 9-1-3 至图 9-1-5）。

（2）正脚背发球。两脚前后分立，左脚在前，右脚脚跟提起，左手持球；平稳抛球于身体右侧前，右腿由后向前摆动，脚面绷平抖动，发力击球过网，击球时右腿膝关节伸直（图 9-1-6 至图 9-1-8）。

（3）脚外侧发球。两脚前后分立，左脚在前，右脚脚跟提起，左手持球；平稳抛球于身体右侧前，右腿由后向前摆动，足踝内转，用脚外侧加力击球过网，击球时右腿膝关节伸直（图 9-1-9 至图 9-1-12）。

第九章　休闲运动

图 9-1-3　　　　　　　　图 9-1-4　　　　　　　　图 9-1-5

图 9-1-3 至图 9-1-5　脚内侧发球连贯动作

图 9-1-6　　　　　　　　图 9-1-7　　　　　　　　图 9-1-8

图 9-1-6 至图 9-1-8　正脚背发球连贯动作

图 9-1-9　　　　图 9-1-10　　　　图 9-1-11　　　　图 9-1-12

图 9-1-9 至图 9-1-12　脚外侧发球连贯动作

261

2. 学练方法

可以先不用球，徒手模仿抛球与踢腿的练习，协调眼、手、脚之间的配合；接着进行有球的练习，但先不用发力，做抛球与踢腿的配合练习，目的在于发球的部位瞄准毽球；发球部位能够瞄准毽球后可以做正常发球练习，重点在于身体的协调用力，提高发球的质量。练习时，可两人一组，面对面发球练习。每个同学选择一种擅长的发球方法重点练习，控制发球的高度和落点；也可以一个人进行多球练习，为了控制落点，可以把对面半场分为1~9区，采用定区计数法或者定时发区计数法来进行练习。

（四）起球技术（踢球技术）及学练方法

1. 起球技术

起球技术，也称踢球技术，通常包括脚内侧起球、脚外侧起球和正脚背起球三种方法。

（1）脚内侧起球。起球前，两脚前后自然开立，两腿微屈，踢球脚在后，两臂放松垂于体侧，目视来球；起球时，身体重心前移到支撑脚上，踢球脚大腿带动小腿由后向前上方摆动；在向上摆腿的过程中，髋关节外张，膝关节弯曲外展，踝关节内翻击球。击球瞬间足弓内侧击球面应端平，用脚内侧足弓中部击球，击球点一般在支撑腿膝关节高度和体前40厘米处。起球的全过程中，动作柔和，协调用力适当，大腿、小腿应顺用力方向完成送球的动作。脚内侧起球除一次性接发球外，多用于第二人次传球或调整处理球；脚内侧起球的特点是击球稳、准，便于控制球（图9-1-13、图9-1-14）。

图9-1-13　　　　　　图9-1-14

图9-1-13至图9-1-14　脚内侧起球的击球位置与动作

（2）脚外侧起球。两脚自然开立，呈击球准备姿势，目视来球。当来球在身体的侧面时，重心移到支撑脚上，击球腿的髋、膝内扣，屈踝，屈膝，踝关节外翻，触球脚端平。击球是利用小腿外翻快速上抬的动作完成，触球部位一般在脚外侧的中部或后部，击球点的高度一般不超过膝关节。当来球较高并快速向体侧后方飞行时，击球腿快速从下向后摆，踝关节自然勾起、外翻，脚趾向外，使脚的外侧基本成平面，上体成前俯姿势。击球时大腿后摆，小腿屈膝，用迅速向上摆动的动作向身体前上方击球（图9-1-15、图9-1-16）。

图 9-1-15　　　　　　　图 9-1-16

图 9-1-15 至图 9-1-16　脚外侧起球的击球位置与动作

（3）正脚背起球。击球前做好准备姿势，目视前方。正面来球时，先移动调整体位，前脚为支撑脚，后脚从后向前摆起，脚背与地面基本水平，利用适度的伸膝和踝关节背屈的协调用力的勾踢动作，把球向上踢起。击球部位应在脚趾或者脚趾根部，击球点应在离地面 10~15 厘米的高度为好。起球的方向、弧度和落点可以通过脚背的变化、踝关节背屈勾踢的幅度来调整；正脚背起球时，可以根据自己的习惯选择屈膝或者直膝的动作；正脚背起球能够处理不同高度、角度和速度的来球，踢接球时活动范围较大，常用于接发球、接低球（图 9-1-17、图 9-1-18）。

图 9-1-17　　　　　　　图 9-1-18

图 9-1-17 至图 9-1-18　正脚背起球的击球位置与动作

2. 学练方法

开始练习时先不用球，模仿各种踢球的动作，目的在于协调身体动作；准备踢球前，用毽球敲打脚上相应的击球部分，使之产生感性认识；如果不能够连续踢球，可做单个踢球的练习，选择一种踢球方法，踢一次用手接住一次，如果踢的效果好可做连续踢球的练习，每种踢球方法都可以如此反复练习；熟练后，可将各种踢法串联起来练习，即一个脚内侧踢球，一个脚外侧踢球，再一个正脚背踢球，反复练习。练习时可采用双人练习，两人面对面做一抛一踢的练习；熟练后两个人面对面做对踢练习或多个人围成圆圈，进行多人踢球练习；也可以把学生分成两组进入比赛场地，一组做发球练习，一组做起球的串联练习。

（五）触球技术及学练方法

1. 触球技术

触球是指利用毽球比赛规则允许的躯干部位接触球的方法（两臂及手除外）。通常触球的部位高于膝关节，毽球可以进行触球的躯干部位包括头、肩、胸、腹、大腿等。头、肩、胸触球除用作拦网外，各种触球用于接球时，通常在触球后会接连自身的一个踢球，把球处理给对方或者本方其他队员，因为触球的力量较小，不适合用于直接的进攻或直接的传球。触球经常用于比赛中的接发球，因为发球力量大、速度快、飞行路线比较高，适合先用大面积的部位进行触球，对球进行缓冲，然后再将球处理出去。

（1）头触球。当来球达到头部高度，可移动双脚并调节身体位置用头部来处理球。具体做法是，当身体移动到最佳位置后，两脚自然开立，当球传到头前10厘米处时，两脚蹬地，同时颈部紧张向前摆头，用前额触球；触球后，使球落在自己身体的前方，然后用脚将球踢出（图9-1-19、图9-1-20）。

图9-1-19　　　　　　图9-1-20

图9-1-19至图9-1-20　头触球的击球位置与动作

（2）肩触球。当来球达到肩部高度，可移动双脚并调节身体位置用肩部来处理球。具体做法是，当身体移动到最佳位置后，两脚自然开立，当球传到肩前10厘米处时，肩稍后拉随即前摆，用肩部触球；触球后，使球落在自己身体的前方，然后用脚将球踢出（图9-1-21、图9-1-22）。

（3）胸触球。当来球达到或者超过胸部时，可移动双脚并调节身体位置用胸部来处理球。具体做法是，当身体移动到最佳位置后，两脚自然开立，当球传到胸前约10厘米处时，两臂自然微屈，两肩稍用力向后拉，挺胸，同时两脚蹬地，身体挺出，用胸膛部位进行触球；触球后，使球落在自己身体的前方，然后用脚将球踢出（图9-1-23）。

（4）腹触球。当来球达到腹部高度时，可用腹部来处理球。具体做法是，对准来球，屈膝略向后蹲，稍含胸收腹，用腹部触球，当腹部触球的一瞬间向前挺腹，使球轻轻弹出；触球后，使球落在自己身体的前方，. 然后用脚将球踢出（图9-1-24）。

图9-1-21　　　　　　　　　图9-1-22

图9-1-21至图9-1-22　肩触球的击球部位与动作

（5）腿触球。来球虽低于腹部，但相对较高，又比较近身时，可采用腿触球。具体做法是，大腿触球时，要注意抬大腿迎球，大腿带动小腿上摆，当球下落到略低于髋部时用大腿的前半部分（靠膝部）触球；触球后，使球落在自己身体的前方，然后用脚将球踢出（图9-1-25、图9-1-26）。

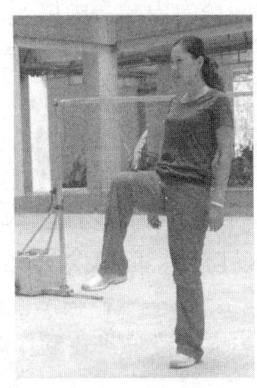
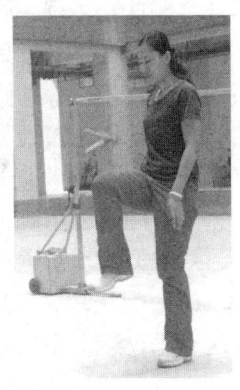

图9-1-23　胸触球　　图9-1-24　腹触球　　图9-1-25　　　　图9-1-26

图9-1-25至图9-1-26　腿触球的击球部位与动作

2. 学练方法

触球是毽球技术中的一个难点，进行触球时需要学生有良好的球感。因此，练习从培养球感开始，自己持球、抛起，进行各种触球练习。具有一定球感后，可以进行双人练习。两人面对面站好，一人用手抛球，一人做触球练习；熟练之后，可以用脚代替手，一人用脚踢球，一人做触球练习；也可以在多人围圈踢球时练习，练习中比较高的球利用触球来处理。掌握一定技巧后，把学生分为两组进入场地，一组轮流做发球练习，另一组做接发球练习，练习各种触球。

（六）进攻技术及学练方法

1. 进攻技术

进攻是完成战术配合的关键一击，也是得分的重要手段，强有力并富有战术目的的进攻可以使对手防不胜防。进攻技术主要有头部攻球、倒勾攻球、肩压攻球、脚踏攻球。

（1）头部攻球。头部攻球的特点是力量大、速度快、变向多，给对方防守造成一定的难度。具体做法是：面向来球，队员从限制区外助跑起跳，在空中使身体形成反弓，当球距离头前10厘米左右时，用力收腹甩头，借助腰部、颈部之力，用额头的正面或侧面将球击出。头部攻球可根据攻球瞬间面部的朝向，分为正面头攻球和侧面头攻球。正面头攻球时，面部朝向对方场地，便于观察，准确性大，能扣出各种线路的球；侧面头攻球时，头转向一侧，耳朵朝向对方场地，可增加扣球点，扩大进攻面，利用摆头的幅度处理各种来球。

（2）倒勾攻球。倒勾攻球的特点是击球点高、球速快、力量大、易控制、变化多，通常可根据对方不同的阵形攻出直线、斜线、外摆、内扫、轻吊和凌空等不同特性的球，给对方造成很大的威胁。通常情况下，倒勾攻球有四种方法。①正倒勾攻球。背对球网，两脚平行站立，右腿蹬地发力，左腿先屈膝上摆，上摆至最高点时，左腿迅速下摆，同时右腿屈膝，大腿带动小腿有力上摆，当球下落到头的右侧斜前上方时，小腿用力摆出，击球的一瞬间，踝关节抖屈，以脚趾或脚趾跟部击球，随后左右脚顺势依次缓冲着地，维持身体平衡。正倒勾攻球的特点是线路多、能变线，是进攻的主要手段；但背对防守方，容易被对方拦网。②内倒勾攻球。基本动作同正倒勾攻球，不同点在于踢球腿向内侧斜前上方摆动，踢球脚击球一瞬间稍向内翻。内倒勾击球能打出转体或不转体的大小斜线球、直线球，其变化大、角度好、技术动作难度大。③外侧勾攻球。动作方法基本同正倒勾攻球，不同之处在于击球前腿向外摆出，在体外侧击球。④凌空倒勾攻球。背对球网，两脚左右站立，右腿用力蹬地，左腿屈膝稍向外侧上摆起跳，起跳到空中最高点，当球下落到体内侧斜上方时左腿迅速下摆，同时右腿向里上摆，在空中往里转体，击球的瞬间小腿加速上摆，脚背绷直，用脚趾或脚趾根部击球，然后左右脚依次缓冲落地。这种击球方法难度大、攻击力强、对方不易防守，但失误率较高。

（3）肩压攻球。肩压攻球是一种辅助性进攻手段，当来球离网较近，进攻队员的站位离网也比较近，无法做出大幅度的进攻动作时，可以看准来球迅速起跳，在空中用肩部前侧压击球。这种处理球的方法力量不大，但是速度较快，对手无法在短时间内应对，可以起到意想不到的攻球效果。

（4）脚踏攻球。面向球网站立，左脚向前迈出一步支撑身体或跳起腾空，右腿大腿带动小腿迅速上摆，当摆到距离球还有10厘米左右，以展髋、展腹、伸腿、押扣脚，用脚掌的前半部分击球过网。根据击球的效果不同，脚踏攻球可以分为左右变向球、吊球、推球、压球、抹球。①左右变向球。抬腿举头上，触球能变向，动作幅度小，吊在空当上。②吊球。加力助跑高举腿，迷惑对手向后退，将球轻托送网前，力量大小都适宜。③推球。助跑腾空跳，防守向前靠，触球向后推，球落空当处。④压球。助跑腾空跳，防守往后跑，小腿快回收，压球落近网。⑤抹球。抬腿举头上，触球抹侧方，速度虽然慢，轻抹吊空当。

2. 学练方法

首先不用球，单人徒手练习各种进攻技术；熟练掌握各种进攻技术后，可以双人配合练习，一人用手抛球，一人做各种进攻练习；待技术有所提高后，可以用脚代替手，一人用脚踢球，一人做各种进攻练习。

（七）防守技术及学练方法

1. 防守技术

防守是毽球比赛中得分的另一关键技术，是缓解对方进攻的最好手段；同时，为自我反击创造良好条件。毽球防守一般包括拦网、踢防、触防、跑防几种技术。

（1）拦网。拦网是在防守反击环节中最重要的技术。有效地拦网能够直接得分，削弱对方攻击威力，还能阻止有效的反攻。拦网技术的要领为，防守队员面向球网，双脚平行开立，与肩同宽，身体距离球网20~25厘米，双膝微屈，重心下降，自然收腹，上体稍前倾，两臂自然弯曲，置于体侧，目视来球，准备跳起用躯干进行拦网；当对方攻球利用倒勾、蹬踏等方法进行时，力度较大，拦网者两脚要用力蹬地起跳，两臂收拢自然下垂于体侧，提腰收腹挺胸堵击球。击球后，身体自然下落，双脚前脚掌先着地，屈膝缓冲；若是双人拦网，二人盯住对手的击球点，利用滑步选准位置，一同起跳对来球进行堵击。

（2）踢防。踢防是当对方将球攻击过网后，防守队员利用脚的各个部位将球击起以便调整进攻的技术。

（3）触防。触防是三名队员根据对方攻球情况，在前面单人拦网的同时，后面两名防守队员判断扣球的线路，用膝关节以上的身体部位触球，防守对方攻球的技术。

（4）跑防。跑防是在对方攻球落在本方较大的空当区域，且球速不是很快的情况下使用的防守方法。看准来球，准确判断球的落点，积极跑动，跑到最佳起球点，进行接球。

2. 学练方法

首先做无球的单人、双人拦网练习，着重练习助跑和起跳的配合；动作熟练后做隔网抛球的单人、双人拦网练习，着重体会起跳的时机，技术提高之后可以用脚攻球代替手抛球。具有一定的攻防水平后，可以组织学生在比赛实践中练习拦网、触防和跑防这三种防守的方法。为加强拦网能力，可以让学生做双腿弹跳的力量练习，使双腿的弹跳能力得到锻炼和加强；做步伐移动的练习，增强跑动能力，以便发挥跑防的技术。

三、毽球的基本战术

所谓的毽球战术，是指队员在比赛中根据毽球运动的规律、双方的具体情况和临场的发展变化，正确地分配力量，合理地运用技术及采取有组织、有目的、有预见性的协调配合行为。在讨论毽球的基本战术之前，要弄清楚毽球比赛的阵容配备。

（一）不同人数比赛阵容配备

阵容配备是合理使用本队队员的一种组织形式。其目的在于把全队力量有效地组织起来，最大限度地发挥每个队员的特长和作用。如图9-1-27所示，图中①②③代表比赛场地上的位置，即一号位、二号位、三号位。

（二）一人赛打法

一人赛要求运动员反应敏捷、判断准确、步伐移动迅速，攻防技术均衡，这样才能在

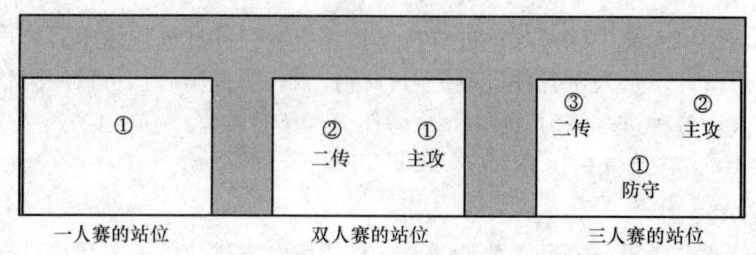

图 9-1-27 不同人数比赛阵容配备

比赛中取胜。一人比赛时要注意及时回位,击球后应及时回防到场地中央位置,等待防守对方的下一次进攻。毽球规则规定,一人赛中,一人最多击球两次过网,否则视为犯规,对方直接得分。

1. 一人赛的发球战术

发球是一人赛中最重要的一个环节,是第一个回合的进攻,发球的质量高、攻击性强、变化大、准确率高,就会破坏对手接发球的质量,为防守和反击创造机会,发球时可采用以下战术。

(1)追人发球。发给对手腹部或头上接球困难的部位,破坏接发球的质量。

(2)找角发球。发给对手网前两角、后场两个大角,破坏接发球的质量。

(3)破坏性发球。采用发高弧线球、速度快的球来破坏对手的接发球,或者采用长短结合、平高结合、远近结合、快慢结合的发球来破坏对手接发球的质量。

2. 一人赛的进攻战术

进攻战术是进攻队员将接球、调球、攻球意识等个人行动综合体现的战术,有强攻打空位、推搓后场、搓吊前场、防守反攻四种。

(1)强攻打空位。接发球后,队员应用调整假动作避开对手的拦网、胸挡等防守方式,打对手的空位,以求得分。

(2)推搓后场。接发球后,根据对手的站位,队员利用假动作向网前调整,然后突然推搓对方后场,以求得分。

(3)搓吊前场。接发球后,根据对手的站位,队员利用假动作把对手骗向后场,然后搓吊对手前场两个角,以求得分。

(4)防守反攻。防守反攻以逸待劳、后发制人。队员以高质量的发球破坏对方的接发球,致使对手勉强接发球过网;或前一回合队员以推、搓、吊四角,调动对手在跑动中勉强回球。这两种情况下,对方进攻质量不高,队员要抓住机会进行防守反攻。

3. 一人赛的防守战术

防守是反攻的重要环节,没有良好的防守做基础,进攻就无从谈起。防守战术分为拦挡结合、中后场判断选位两种。

(1)拦挡结合防守。进攻方的球迅速、凶猛,又比较近网时,防守方队员可以采用跳起拦网或胸挡技术进行防守;但防守队员要判断好球过网的位置,并调整好起跳的时机。

(2)中后场判断选位防守。进攻方的球速度较慢、离网较远时,防守方队员可以采用退到中后场进行有针对性的区域防守;但防守队员要判断好球的落点,采取有效的处理球方式，以求组织有效的反攻。

（三）双人赛打法

双人赛是两个人相互配合完成的比赛。其特点是，易攻难守，战术简单而实用。双人赛对运动员的判断与反应能力、技战术水平、体能要求较高，具有一定的观赏水平。规则规定，双人赛两人最多击球三次必须过网（其中一人可以连续击球两次），否则视为犯规，对方直接得分。

1. 双人赛的发球战术

（1）双人赛的发球战术可以参考一人赛的发球战术。

（2）双人赛的发球可以发对方两名队员的"中间地带"，制造对方接发球的困难。

（3）双人赛的发球，发给对方两名队员中的二传，以致对方在第一回合中无法形成有效的进攻，自己趁机形成有效的反攻。

2. 双人赛的进攻战术

（1）双人赛的基本站位如图 9 – 1 – 28 所示。

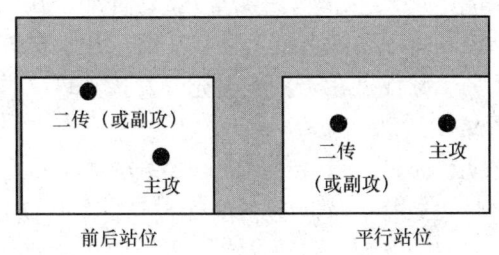

图 9 – 1 – 28　双人赛的基本站位

（2）一攻一传的进攻战术（一个主攻一个二传）。一攻一传的阵容适用于球队的初级阶段使用。此战术打法虽然变化不多，比较简单，但分工比较明确，稳而不乱，往往也能打出较高水平的比赛。一攻一传的阵容在比赛时，主攻队员尽量去接发球，接到发球后传给二传，二传再将球传给主攻，主攻采用各种进攻技术攻击对手，形成有效的进攻。

（3）一主一副的进攻战术（一个主攻一个副攻）。上场的两名队员，都是攻球手，同时又都是二传手，没有明确的分工，比赛中，根据临场状况决定充当什么角色。此阵容要求运动员的技术比较全面，既会传球，又会进攻。这个阵容在任何一个位置上接发球后，都随时可以组织起进攻。这种打法战术组成率高，进攻战术灵活多变，适应能力较强，是一种先进的战术打法。

3. 双人赛的防守战术

（1）双拦挡防守。进攻方的球迅速、凶猛又比较近网时，防守方两名队员可以采用双双跳起拦网或胸挡技术进行防守。防守队员要注意判断好球过网的位置，并调整好起跳的时机；同时要保证两名队员的同步性，调整好两名队员之间的距离。

（2）双中场防守。进攻方的球速度较慢，且离网较远时，防守方两名队员可以双双采用退到中后场进行有针对性的区域防守；但是，防守队员要判断好球的落点，采取有效的处理球方式，以求组织有效的反攻。

（3）一拦一防。两名防守队员，一名在网前进行拦网，一名退其身后进行防守。这种阵形可以网上拦网封线路，网下中场前场防落点，拦防结合，有利于反击。

（四）三人赛打法

毽球的三人赛，又称团体赛，是三名队员相互配合完成的比赛。三人赛是正规毽球比赛中上场人数最多的比赛。规则规定，三名队员最多可以利用四次击球把球处理过网，否则视为犯规，对方直接得分。

1. 三人赛的发球战术

（1）三人赛的发球战术可以参考一人赛的发球战术。

（2）三人赛的发球可以发对方三名队员的"中间地带"，制造对方接发球的困难。

（3）三人赛的发球，发给对方场上的二传，以致对方在第一回合中无法形成有效的进攻，自己趁机形成有效的反攻。

（4）三人赛的发球，发给对方三名队员中技术水平相对较差的队员，破坏对方的接发球质量，使对方无法在第一回合中形成有效的进攻。

2. 三人赛的进攻战术

（1）"一二"配备及战术形式（主攻型配备）。这种配备在上场的三名队员中，一名队员的进攻能力强大，二传和另一名队员攻击力较差时采用。即安排一名主攻队员，一名二传队员和另一名防守队员。其优点在于，能够充分发挥主攻队员的进攻威力，场上队员分工明确、配合简单（图9-1-29）。

（2）"二一"配备及战术形式。当二传队员脚攻能力较强时，即安排一名主攻队员，一名二传助攻队员和一名防守队员。这种配备的优点是，二传队员脚攻突然，隐蔽性强，进攻效果较为理想；同时可牵制对方的封堵队员，为主攻队员减轻压力（图9-1-30）。

（3）"三三"配备及战术形式（全攻型配备）。"三三"阵容就是上场三名队员既是攻手，又是二传手。全攻型战术打法是最理想、最有效的进攻战术形式。目前，只有少数高水平的毽球队采用这一阵容和战术（图9-1-31）。

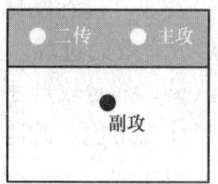　　　　

图9-1-29　"一二"配备　　图9-1-30　"二一"配备　　图9-1-31　"三三"配备

3. 三人赛的防守技术

（1）双拦挡防守。进攻方的球迅速、凶猛，又比较近网时，防守方两名队员可以采用双双跳起拦网或胸挡技术进行防守。另一名队员退回中场进行防守。拦网队员要注意判断好球过网的位置，并调整好起跳的时机；同时要保证两名队员的同步性，调整好两名队员之间的距离。后退防守队员要注意观察球的落点，积极移动步伐，调整身体到最佳击球点进行防守救球。

（2）一网前、双中场防守。三人进行防守时，一名队员可以在网前进行拦网，另两名队员退到中场进行防守。拦网队员要注意判断好球过网的位置，并调整好起跳的时机；退回中场的两名队员要判断好球的落点,采取有效的处理球的方式,以求组织有效的反攻。

(3)两拦一防。三名防守队员,两名在网前进行拦网,一名退回中场进行防守。这种阵形可以网上拦网封线路,网下中场前场防落点,拦防结合,有利于反击。

四、毽球的比赛场地(图9-1-32)

(一)场地面积

毽球比赛场地长11.88米、宽6.10米,场地上空6米以内(由地面计算)和场地四周2米以内不得有障碍物。

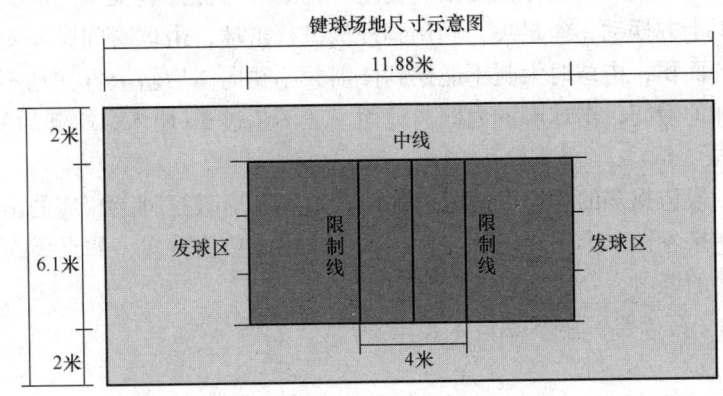

图9-1-32 毽球比赛场地平面图

(二)界线

比赛场地应按平面图画出清晰的界线,线宽4厘米,线的宽度包括在场地面积之内。较长的两条边界叫边线,较短的两条边界叫端线。连接场地两边线的中点与端线平行的线叫中线。中线将场地分为均等的两个场区。在中线两侧各画一条与中线平行的线叫限制线(此线包括在限制区内),中线至限制线的距离为2米。

(三)发球区

距两端线中点两侧各1米处向场外各画一条长20厘米与端线垂直的短线,叫发球区线(此线不包括在发球区内)。发球区线向后无限延长的区域叫发球区。

五、花毽的基本技术及学练方法

花样踢毽简称花毽。花毽的基本踢法有盘踢、拐踢、磕踢和绷踢四种,这四种踢法是花毽的基本功。除此之外,还包括里接、外落、里串腕、搂腕、小毽股、别子等动作。

(一)盘踢(双脚内侧踢)的基本技术及学练方法

1. 基本技术

盘踢是利用双脚的脚内侧轮流击球。在做盘踢练习时,膝关节向外张,大腿向外转动,稍有上摆,不要过大,髋关节和膝关节放松,小腿向上摆动,踢毽时踝关节发力,踢起的毽子一般不超过下颌。通常情况下,左脚踢一次,右脚踢一次,也可以每只脚做多次的练习。

2. 学练方法

一般人的左脚没有右脚灵活，没有踢过毽子的人，左脚也能踢一两次，所以练习时左脚先开始为宜。即先用左脚踢一次，垂直起球，用手接住；右脚再踢一次，用手接住；反复多次练习，熟练之后，左右脚分别连续踢。左右脚都可以连续踢后，改为左右脚各踢一次接住，各踢两次接住，各踢三次、四次接住，依次增多；灵活熟练后就不用接住，左右脚轮流连续踢即可。

（二）拐踢（脚外侧踢）的基本技术及学练方法

1. 基本技术

拐踢是用两脚外侧轮流踢球的方法。在进行拐踢时，注意髋关节、膝关节放松，踝关节发力向体后斜上方摆动，勾足尖，利用脚外侧进行击球，击球瞬间脚外侧尽量与地面平行，增加击球的面积；击球时大腿不能摆到体前，小腿向体后斜上方摆动不要过高，毽子和脚外侧接触球的瞬间，击球脚的内侧离地面一般不超过30厘米，踢起的毽子不易太高。

2. 学练方法

先不用球，模仿拐踢的动作，使身体协调；再用毽球敲打脚上相应的击球部分，使之产生感性认识；接着做单个拐踢的练习，拐踢一次用手接住一次，如果踢的效果好可做连续拐踢的练习。

（三）磕踢（膝盖踢）的基本技术及学练方法

1. 基本技术

用两腿膝盖轮流将毽子击起的踢法叫磕踢。磕踢时，髋关节、膝关节放松，小腿自然下垂，膝关节发力，将毽子击起；击球处为膝关节上约10厘米处，脚尖下压，大腿不要外展或里扣，大腿抬起后尽量与地面平行，小腿自然折叠，踢起的毽子的高度最好不要超过下颌。

2. 学练方法

开始练习时，先做一抛一磕的练习。即先用手抛球，然后由左腿膝盖磕球，然后用手接住球，再次抛球，右腿膝盖磕球，反复练习；动作熟练之后，可以尝试左膝磕球之后右膝直接磕球；技术娴熟之后，可以做左右膝轮流磕球的连续练习。

（四）绷踢（足尖外三趾踢）的基本技术及学练方法

1. 基本技术

毽球的绷踢与足球的颠球具有相似之处，是用两足尖外三趾部分互换踢毽，单足完成也可以。绷踢时，大腿向前抬起，与身体成150~160度夹角，小腿向前摆动，髋关节、膝关节放松，踝关节在踢毽子的瞬间发力，同时足尖外三趾向上猛地发力，将毽托起。

2. 学练方法

先不用球，模仿绷踢的动作，加强身体的协调性；再用毽球敲打脚上相应的击球部分，使之产生感性认识；接着做单个绷踢的练习，绷踢一次用手接住一次，如果踢的效果好可做连续绷踢的练习；熟练后，可用双脚轮流的方法进行练习。

（五）里接（足内侧停毽）的基本技术及学练方法

（六）外落（足外侧停毽）的基本技术及学练方法

（七）里串腕的基本技术及学练方法

（八）搂腕的基本技术及学练方法

（九）小键股（跳踢）的基本技术及学练方法

（十）别子的基本技术及学练方法

【思考题】

1. 毽球常用的发球方法有哪几种？
2. 毽球的触球有哪几种？可用于拦网的触球技术有哪些？
3. 毽球比赛有哪几类？上场人数分别是多少？
4. 毽球常用的移动步伐有哪几种？
5. 毽球比赛中一人赛和双人赛的场地有什么不同？
6. 常见的花键技术包括哪些动作？

【参考文献】

［1］吉林体育学院阳光体育运动丛书编写组．毽球［M］．长春：吉林出版集团有限责任公司，2008．

［2］国家体育总局社会体育指导中心．毽球竞赛规则［S］．北京：高等教育出版社，2012．

［3］张军，龙明．毽球运动［M］．北京：高等教育出版社，2008．

第二节　赛龙舟

【学习目标】

赛龙舟是为了纪念爱国诗人屈原而兴起的，通过此部分的学习，可以使学生了解赛龙舟是中国民间传统水上体育娱乐项目，已流传2000多年，是多人集体划桨竞赛；与此同时，还可以培养和增强大学生的爱国主义和集体主义精神。

一、赛龙舟概述

龙舟是做成龙的形状或刻有龙纹的船只。赛龙舟又称为划龙舟，还有些地方称为爬龙舟，它是中国民间传统水上体育娱乐项目，已流传2000多年，多是在喜庆节日举行，是多人集体划桨竞赛。史书记载，赛龙舟是为了纪念爱国诗人屈原而兴起的。由此可见，赛龙舟不仅是一种体育娱乐活动，更体现出我国传统的悠久历史文化的继承性和人们的集体主义精神。近年来，国内外的龙舟运动得到了长足发展，发生了巨大的变化。我国已成功地举办了11届"屈原杯"全国龙舟赛；并且自1988年开始，多次成功地举办了各种不同规模、具有特色以及颇具水平的国际龙舟赛事，为弘扬中华优秀传统体育文化、增进各个国家和地区之间的了解和友谊、推动国际龙舟运动发展做出了积极的贡献。目前，我国已有遍及30个省、市、区的地方开展了龙舟运动或举办各种规模的龙舟赛事。

龙舟，与其他船只有所不同，长短不一，桡手人数也不一。传统的龙舟是根据龙的造型、结合舟的特点制造而成。

龙舟可分为三类：①赛舟，又称为快舟，是专门用来比赛、竞渡的龙舟。根据各地方龙舟绘制的色彩以及绘制的风格、手法不同，将赛舟分为青龙、乌龙、菜花龙、黄龙、五彩龙、飞龙等，对龙舟的称谓各地也存在一些差异；根据赛舟的船体大小和外形构造，将赛舟分为大龙舟、双体龙舟、独木舟等。②花舟，也称戏舟、彩、造型龙舟，这类龙舟往往外形宽大。其特点是：不参与赛龙舟，只在江面上停泊，供人欣赏。③游舟，也称为看船、赏船。这类船只是皇亲国戚、豪富商绅、官僚弟子制作或者雇用来参观美景、品茗听戏、逛江游玩的画舫游船。

从古至今，人们用属于自己民族的图腾文化，运用视觉冲击的创作手法，制作了各具特色的龙舟，通过民间风俗为传播途径来传承龙舟文化，表达对龙舟、赛龙舟丰富的想象力，使得人们在视觉、触觉、心理上产生了愉悦的、共鸣的情感升华。

二、龙舟的基本技术

（一）参赛人员

龙舟竞赛参赛人员有舵手、桨手、鼓手、锣手和标手。

（二）划桨技术

龙舟运动主要是通过运动员划桨推动龙舟前进。目前，运动员的划桨姿势基本有两种：一种是坐着划，另一种是站着划。但无论坐着划还是站着划，划桨动作都是以一个划桨周期动作重复出现，即入水—拉浆—出水—划桨。

为了使龙舟获得较快的速度，划桨时一定要做到快、狠，并要尽量减少桨叶在水中的移动。桨叶在水中移动与桨叶的结构和划桨技术有密切关系，桨叶在水中的移动对龙舟前进速度很不利，因此我们必须把桨叶在水中的移动减少到最低限度。龙舟在划行阶段划桨动作要稳，并适当掌握回桨的速度，使参加划桨的肌肉在极短时间内得以放松，保证在下次划桨时仍有最大的力量。

（三）鼓手技巧

鼓手是全队最重要的人物。比赛时，一个队的实力是否能够发挥，在很大程度上取决于鼓手。有一个好鼓手，全队就有希望划出好成绩，增加必胜信心。

1. 鼓手的形态与素质要求

（1）形态要求。男子身高一般在 1.65~1.75 米，体重在 50~55 千克；女子身高一般在 1.55~1.60 米，体重在 45~50 千克。

（2）专业素质要求。节奏感、频率感、速度感好；善于掌握裁判的工作尺度；临场应变能力强，反应快；起航时注意力集中；熟知全队实力水平和每个队员的技术、体力、素质、机能、心理等状况；比赛时，能较好地掌握各种比赛距离的体力分配。

（3）思想素质要求。责任感、荣誉感强，有威信、有号召力，善于调动情绪和鼓舞士气；能与教练员密切配合，准确理解教练员的意图，能按教练员的意图处理训练中的各种事宜和比赛中的随机事件；情绪稳定，性格稳重，不心浮气躁，善于稳定军心，具有大将风范。

2. 鼓手的专项技术

（1）鼓声节奏。一声重，一声轻，重声桨入水，轻声桨出水；双槌同时击鼓，或只敲一声，桨入水。鼓可以变化许多敲法，不论鼓手怎样敲和划手怎样跟，目的只有一个，划手都是以插桨动作的入水瞬间恰好落在鼓声节奏中的强拍上，使全队划桨动作整齐划一、节奏一致。

（2）鼓声力度大小与节奏快慢。鼓手鼓声力度大小和节奏快慢的变化可有效地控制船速，鼓声力度大、节奏快能有效刺激划手中枢神经的兴奋性，调动情绪，奋力划进，反之船速则降下来。尤其是在训练中，单调、枯燥乏味的划进容易使队员产生厌倦，使训练质量下降；而当鼓手变化一下鼓声节奏、敲敲花鼓，可调动运动员的积极性，提高训练质量。而在比赛中，尤其是两条船并行划进、不分上下势均力敌时，鼓手的鼓声控制尤显重要；一定要有气势，要能提高队员的兴奋度，不然一旦落下，冲刺时则很难追上。

（四）舵手技术

舵手是否优秀，对一个队的成绩有重要影响，一个好的舵手有助于提高全队的自信心；舵手太差，影响军心。

1. 舵手的形态、年龄与素质要求

（1）形态要求。男子身高要求一般在 1.65～1.70 米，体重要求在 50～55 千克；女子身高要求一般在 1.55～1.60 米，体重要求在 45～50 千克。

（2）年龄要求。25～40 岁较为适宜。年龄太小，心理素质难以承受大赛的刺激；年龄太大，难以满足训练与比赛的需要。年龄小，如果心理素质突出，或者有比赛经验，头脑灵活、反应快可予以考虑。

（3）素质要求。注意力集中，观察力强，反应敏锐，熟悉水性，对风向辨别能力强，熟知各种风向对龙舟行驶方向的影响，了解每个队员的技术与体力状况，认真负责、稳重踏实、善于用脑、善于积累经验。

2. 舵手专项技术

（1）点式技术。舵入水中很快就提出水面称为点式。这种技术适用于龙舟在行进过程中方向改变较小时。舵手坐在船尾，应全神贯注，非常敏锐地感觉到船体方向微小的变化。当船稍微有点偏航时采用点式技术效果较好。这种技术产生的阻力最小，自然对速度影响不大。如果船继续偏航，可采用有节奏的点式打舵技术，即舵断断续续地入水、起水，舵叶的入水角度应视偏航的大小灵活掌握。这样既保持了航向，又保持了速度。如果舵手精力不集中，或者技术较差，让船体偏航很大时再纠正航向，那将产生很大的阻力。由于速度产生的惯性，让船偏航很大时离心力很大，舵手需要花费很大气力纠偏方能保持航向，这对速度影响极大。

（2）拨式技术。当船偏航较大时，选中水中一个点，迅速下桨朝相反方向横向拨桨打舵称为拨式。水中这个点的选择，应视偏航大小灵活掌握。在风平浪静情况下的龙舟掉头、靠岸，以及龙舟进入航道时摆正航向，采用此技术效果较好。而在有风浪的情况下，采用此技术掉头靠岸则难以使船保持平稳。此技术在行驶中一般不宜采用，因为阻力比点式技术要大，同时难以使船保持平稳。

（3）拖式技术。船在行驶中，舵叶始终在水中控制方向称为拖式。当船体方向改变较大时就采用此技术。此技术为民间龙舟普遍采用。它能有效控制方向，比较稳定，在有风浪的情况下采用此技术掉头靠岸比较平稳。但因舵长时间拖在水中，故此技术产生的摩擦阻力最大。当船偏航越大，舵桨与前进方向的角度也就越大，阻力也就越大，对船的速度影响也就越大。建议在比赛中尽量少采用此技术。

（五）集体配合技术

龙舟竞渡有表演性质也有比赛性质，但不论是表演还是比赛，在一条龙舟里全体桨手动作的一致和统一很重要。如果龙舟划行表演，桨手动作不统一，给观众印象就是乱糟糟、不整齐、不美观；如果龙舟在激烈的比赛中，全体桨手的划桨动作不一致，就不可能获得较强大的合力推动龙舟前进，龙舟就不可能获得较快的速度。

要使龙舟获得较好的集体配合，必须做好以下几个方面。

（1）以运动员握桨的上手和下手不同，龙舟的桨位分左桨右桨。握桨时右手在下称为右桨，左手在下称为左桨，也就是在舵手的右边称右桨、在舵手的左边就是左桨。在安排两边桨手时必须考虑桨手的身高、体重和力量等因素，使左右两边的划桨力量相等，这样不会出现偏航。

（2）龙舟在高速前进中，桨手的划桨动作必须做到四个一致：①桨手的上身前倾和后仰角度一致，移动速度一致。②桨叶的入水和出水时间一致。③桨叶的吃水深度和拉桨速度一致。④桨叶回桨时在空中的高度和速度一致。

（3）龙舟上运动员集体配合的好坏主要靠平时的训练，而平时训练中舵手是主要的，因为平时训练中舵手对桨手和划桨的动作看得非常清楚。桨手的桨叶高低、上身前倾和后仰角度的大小、桨叶入水和出水时间等，在训练中舵手发现桨手动作不一致时，要敢于及时纠正，使他们在统一节奏中划出统一的动作。

（4）龙舟上的鼓手在集体配合中也非常重要，桨手划桨动作的快慢是靠听鼓的声音——鼓声快就划得快，鼓声慢就划得慢。因此，鼓手是掌握龙舟比赛时桨手的桨频的，也是掌握桨手体力的分配的，是教练战术意图的贯彻者及执行者。平时训练中，鼓手必须了解每个桨手的体力情况和全体桨手的体力情况，指挥在比赛中每段距离使用的桨频。在龙舟比赛中，运动员动作变形和集体配合混乱，往往都是因为运动员体力不支后出现的。

（六）起航技术

龙舟起航，即龙舟从静止状态到在短时间内达到较高速度，优异的起航技术能保证龙舟在起航后立即取得领先位置，糟糕的起航必然会使龙舟处在落后的位置。龙舟起航总的要求是准时、快速。龙舟起航方法有很多种，因此要求也各不同。

1. 活动起航

活动起航是各参赛龙舟在各自航道起航的后方，并且没有裁判船固定。各龙舟只能在听到发令枪声响后才能冲过起航线。一般长距离或超长距离的往返划或绕标划等比赛形式采取活动起航。活动起航要求龙舟上的运动员判断起航时间很准，要准时和全速通过起航线，但又不能抢航。如果出现两次抢航，会被取消比赛资格；如果不准时，全速通过起航线，则起航后龙舟必然处在落后位置。

2. 固定起航

固定起航是在起航线的后方，每条航道中都有一艘裁判船固定参赛龙舟，在听到起航发令枪响起立即放船。在2000米、500米、200米的直道竞赛中，一般采用固定起航。短距离的直道竞赛要求有标准的水面场地，有航道浮标，且航道明显。龙舟在比赛中，始终要在本队的航道中划行。

龙舟固定起航要求运动员及时起划，迅速改变龙舟的静止状态，达到高速行驶。要做到这样，全体桨手必须做到准、狠、快、齐。

准——准时，龙舟进入航道后，起航发令信号未发出之前，舵手或鼓手指挥全体桨手高度集中精神，使龙舟在起航线的中央，船头对准起航线。离发令信号还有 20 秒时，全体桨手的准备动作应该是一致的，只要发令信号一响，桨手同时迅速把桨插入水中。

狠——当桨叶插入水中后双臂即用百分之百的力量拉桨，在保证拉桨时的桨叶与水面的角度在 90 度的前提下，用力要狠。

快——快速划桨，桨频为每分钟 80～100 次。划桨弧度要短，快速划行 20～30 桨后，龙舟有了起动速度后，划桨弧度逐渐加大，划 60～70 桨后转入大弧度的途中划行。

齐——龙舟短短的几十秒的起航中，桨频快和弧度短，全力划的情况下如果桨手的划桨动作出现不一致，龙舟不可能在瞬间获得统一的力点，不可能迅速改变静止状态，达到高速前进。因此，要求桨手在高速划行中，桨叶入水深度一致，入水角度一致，动作速度一致；同时，在回桨过程中不忘转动桨叶，以减少桨叶在空中的阻力。

龙舟在竞赛中要有优异的起航技术，在平时的训练中绝不能忽视。龙舟是一个大集体体育项目，几十名桨手在起航时快速配合，没有经过较长时间的训练是不可能做到的。因此，在每次训练课中都必须安排 10～15 次起航练习。

龙舟起航要全力和快速，因此，起航练习必须做足准备活动，在全体桨手处于较兴奋状态下训练起航效果更佳。起航练习一般安排在训练课中下段时间较合适。

三、龙舟的训练方法

一个初学划龙舟的运动员首先要熟练龙舟的结构和舟上的设备。为了使运动员能很快掌握这些知识，教练员最好在课堂上先进行理论的教学；此外，还要进行龙舟划桨基本技术、水上训练安全措施、登离龙舟的次序和桨手的分配等知识教学。如果运动员在训练之前未能懂得这些知识和基本动作要领，则在训练中就会出现混乱。因此，一个初学划龙舟的运动员在实质操作之前必须掌握上述知识。

【思考题】

1. 简述龙舟运动的起源与分类。
2. 龙舟的基本技术包括哪些？

【参考文献】

［1］秦伟. 赛龙舟［M］. 北京：中国社会出版社，2010.
［2］谢冰. 端午节与赛龙舟［M］. 长春：吉林文史出版社，2009.